思想觀念的帶動者

文化現象的觀察者

本土經驗的整理者

生命故事的關懷者

Holistic

探索身體，追求智性，呼喊靈性

攀向更高遠的意義與價值

是幸福，是恩典，更是內在心靈的基本需求

企求穿越回歸眞我的旅程

家族占星

Planetary Threads: Patterns of Relating Among Family and Friends

作者—琳恩・貝兒（Lynn Bell）

譯者—魯道夫、陳燕慧

目次

contents

第二部　兄弟姊妹與朋友

【中文版序】

與家族同在

這本關於家族的書能出中文版，對我來說是一份榮耀。中華文化一直是世界偉大文化中的一部分，蘊含著智慧的寶藏與令人敬佩的成就，數千年來，與祖先的連結一直是華人生活的重要關鍵。雖然本書討論的「祖先」是心理學層面的，但並不會因此而減低影響力。

我們與先人們保持連結，他們在我們可看見的基因中有所貢獻，而我們也被所有家族成員編織進他們的故事中，無論他們是否活著。

我們與家族間的關係自始至終持續著，這也是人類文化基礎的一部分。然而，即使它對我們如此重要，而且是非常個人性的，但我們對「家庭」的定義，卻隨著歷史的影響、社會的壓力及意外事件而有所不同。多年前第一次閱讀《易經》時，我還記得在儒家影響下，那些卦爻被解釋成長男或幼女，更藉此抽象地暗示事物是否合宜或錯置，這使我意識到我們活在截然不同的世界中。

上個世紀中葉，在西方許多社會中，家庭的結構經歷了令人屏息的改變，包括離婚、同居、多次婚姻，甚至對同性結合的接受度也提高了，這些都改變了家庭的定義。在中國，一胎化政策造就歷史上最大的社會變遷，而在傳統文化強力根植的台灣，新與舊的事物在不同層面相互牴觸，產生摩擦。每個世代都必須融合過去，然後將繼承到的事物以新的方法重新定義，希望本書能在我們承接過去的業力時，同時也透過賦予往昔事物榮耀而釋放創造力，如此我們才能真正充滿能量地進入「我們自己」的生活。

我想謝謝心靈工坊的王桂花總編輯對本書的信任，也特別感激熱心將心理占星帶入台灣的魯道夫，感謝他與燕慧孜孜不倦、辛苦地翻譯本書，有位好的占星師將我的文字靈活地翻譯成他的母語，這真是一件很棒的事。此外，香港的 Jupiter 老師也是主要的支持者，在此也謝謝他們的熱誠。

我特別為中文版加入導讀，希望這些理念能感動讀者的心與想法。最後，我要感謝所有曾經與我分享故事的人，也感謝他們讓我得以瞥見星空與人之間那神祕運作的連結。

琳恩・貝兒

二〇一二年八月

【譯序】

一探內心世界的根源

第一次見到琳恩老師，是在倫敦占星學院的課堂上，她生動活潑的講課方式與大多數嚴謹的英國老師截然不同，也因此讓學生更樂於分享自己的故事；而她也以不帶批判且專注在事件主軸的探討方式，帶領學生看清來自家庭影響的始末。此後，無論是在哪一個學院，只要是琳恩老師開課且剛好有空，我都會參加。她的研究方式有清晰的脈絡可尋，並將占星的資源延伸到文學、社會學與心理學，這些都豐富了我的視野。

家庭對華人來說一直是重要的一部分，而當代社會變遷對家庭的衝擊，更是生活中的主題之一。我們總是專注在親子之間的連結、婆媳之間的問題，卻沒有發現一些莫名隱藏於個性中的特質，竟可能來自好幾代前曾祖父母未能完成的遺憾，或是更早之前祖父與父親的衝突，又或者，我們對待伴侶的態度，竟被父母之間的關係影響著。

從小就對家庭關係既畏懼又感到神奇的我，因為與雙親之間的緊張關係，一心期盼長大後要離家遠遠的，對於家庭的探究一直敬而遠之。直到看了琳恩老師的書、跟隨她學習星盤的家族模式探索，甚至到翻譯此書的今天，才從每一次探索家族過去的根源中得到一點釋放，而每一次的釋懷又讓我多認識自己一些、帶來更多自由和創造的空間及力量。

我一直想將如此珍貴的體驗帶回華人世界，因為有太多人在親子倫理間的衝突、掙扎中犧牲自己、犧牲寶貴的天分，或抱著歉疚感而活著。閱讀這本書，或許能幫助我們一探內心世界中愧疚與遺憾的根源，並在了解自身與家庭的關連後，還給自己生活該有的原貌。

本書原是以一九九八年，琳恩老師在心理占星學院的講座內容編寫而成，並由心理占星學院的CPA出版社出版，如今英文原文書已絕版不再發行。當我與琳恩老師討論本書的中譯本出版工作時，我們知道從版權到翻譯都有一定的困難，但我們一一克服了，琳恩老師甚至特別為本書增加新的導論章節，好讓大家了解在占星學中，星盤的哪些地方暗示了這些家庭無形的牽連，而我們又如何被影響。

我強烈建議未讀過這類講座形式書籍的讀者，從導論部分開始閱讀較佳，另外，在與出版社及琳恩老師共同討論之後，為了讓占星初學者更能進入狀況，特別收錄AOA國際占星研究院教材中的基礎占星關鍵字詞，好讓大家能對照翻閱。

最後，我要感謝琳恩老師願意和我們分享這些知識；感謝本書的共同譯者陳燕慧，幸好有她不辭辛苦、美妙的文筆與對占星深刻的理解，本書才能如此迅速出版；感謝占星研究院 Jupiter 老師、Monique 老師、Cici 老師與 Yvetta 等幾位夥伴的協調與配合；更感謝心靈工坊的王桂花總編輯，以及所有夥伴對我們的信任，與對本書的的全力支持。

魯道夫

導論

父母是童年時期最大的主宰力量，透過他們，我們初次體驗到個人星盤中的太陽、月亮、土星與金星。我們解讀這個世界的方式受到父母教導的暗示，而他們的反應也受過其他人的影響，好比三代同堂的家庭、過往先人的成功、挫敗、怪癖與才華，這些特質都能從自身的星盤配置裡找到對應。當愈深入檢視這些星盤，就愈容易在早幾代長輩們故事裡，從不相干的事件、光怪陸離的命運中，發現神祕重複的日期，而這些類似往往透過相同的相位模式，呈現於兩代之間的星盤中。生命的歷練引領我們正視先人們逝去的能量，這些能量往往會以強烈、有時甚至是強迫的方式在我們的生活中重新展現。事件運作的模式，潛藏於生命的表層下，彷彿無意識跳動的脈搏，讓其一再重複發生。祖先們的亡靈發出召喚，我們必須知道如何回應他們。

該如何識別並應用這些模式？從個人星盤中可以發現許多家族故事。當星盤中有強化的土星能量時（例如土星合相四個軸點、土星落在守護的位置——摩羯座，或是強勢的位置——天秤座等等），可能揭示著個人與族譜中某個特殊人物的天分與負擔產生連繫；而擁有強化的海王星人，或許吸取了他人沒說出口的夢想與來自他們的啟發。每一張星盤蘊含著完整的世界圖像，個人的故事反映著獨特的內在體驗。本書第一章，即是透過個人星盤，介紹家族在我們生命中銘刻的印記。

在此同時，還有世代性的因素、外行星呈現的模式、重複的相位或宮位配置，也讓我們與宗族產生連結。本書將在後續章節中繼續探討這些主題。綜觀此書，我們將來回往返於「個人」與「更大的家庭系統」這二個概念之間。身為個體，每個人都以自己的方式與更大的典範相連。我們從家庭這片土壤中萌芽，突破遺傳，成就獨特的自我。

一個人在家族中所處的位置，對於處世的應對影響甚鉅，但我們通常沒有察覺。直到看見了這些牽連才會明瞭，雖然身為獨立的個體，卻如此地鉗制於謎團般的模型之中。若跟循家族成員所鏈結的行星脈絡，或許會來到某個故事的開端。這些脈絡感覺像是劇烈的情感糾纏與共有的歷史，或像受制於傀儡大師手下令人無法抗拒的隱形拉力。當覺察出是哪個部分受到影響，便開始瞥見家庭排列的外在輪廓，直到此時，才能做出有別以往的不同選擇。一個家族所傳承的整體模式與獨特特徵，將依家庭成員生命中各個階段的不同狀態，以各自的方式展開。占星學讓我們明白自己和宇宙原為一個整體，而《家族占星》這本書，能將這個整體提升到另一個生命的層次，也就是個人和家庭與祖先們相連相繫。

星盤中顯示的家族傳承

第四宮

許多家族的占星研究起始於第四宮，然後延伸到第十宮，這二個宮位是家庭生活的根基與榮耀。通常人們是因為希冀了解未來而接觸占星，結果往往是更深刻地理解過去帶來的影響。占星學顯示出深層的自我圖像，而如何揭示內在的烙印則是諮商過程中帶來的禮物。早年的生活以及父母照顧的方式，都在心靈發展中占據了重要的地位。我們最早感受到的情感可能是慷慨或苛刻的，過度褊狹或恰到好處的。

重要的是必須留心第四宮。天底（Immum Coeili）是隱藏於視野之外的，它描述著無法從外在世界看見的影響力，但這些影響卻非常深刻，如影隨形，即使某部分隱藏於我們有意識的記憶之外，但其實仍活躍於生活的表層之下，將在日後的親密關係中重新浮現。第四宮同時連結著最深層的自我感受與最早期的家庭經驗。它也包含由更久遠的過去所發出的回響，即父母與祖父母的生活痕跡。

第四宮是所有探索家庭傳承工作的起點，但須留意星盤上的其他部分，才能看見更廣泛的影響。占星學中，人們提了許多解釋太陽、月亮與理想典型父母【譯註一】（imago）的相關論述，還包括土星扮演父母權威角色的意涵，這些都是家族探索的第一步驟。

家族故事開啟了內在的探索之旅，在這一宮的行星為童年以及往後的人生立下基礎。為什麼有人留在出生地附近，與宗族緊密地相連，而某些人卻移居到與家鄉極為不同的地方？關於這個問題

譯註一　imago在心理學當中指一種理想的形象，通常是在孩童時所形成的對父母的理想形象，且持續在成年時產生影響。

的一部分答案，或許可從落入四宮的行星與星座中找到。天王星通常會促使一個人從宗族中分離出來，而海王星落於此則讓人與家族分離的過程更為艱難。並非每個人的第四宮內都有行星，若第四宮內沒有行星，則第四宮的守護星【譯註二】將成為家庭議題的首要指標。

落在四宮裡的個人行星【譯註三】強烈的受到行星的星座與相位的影響。例如月亮、金星等行星【譯註四】通常會創造出強烈的關係與深刻的情感、與家族成員之間共享歷史和喜好；這兩個行星支撐早年生活中極為重要的安全感，並帶來陰性特質綻放的能量。若這兩個行星有過多困難的對分相與四分相，故事的發展將會十分不同，情緒可能明顯的不穩定，或者受困於與女性角色相關的議題。

土星在第四宮往往帶出對於過往的強大責任感。這過往可以是集體的，也可以是個人的，擁有責任感，可能會帶來力量，但也同時承接了令人喘不過氣的沉重負荷。土星的體驗往往很難獲得平衡，且通常帶來與父親相關的議題，可能是嚴苛的家長、神話中吞下孩子的克羅諾斯（Kronos）【譯註五】、或者持續幾代父親失蹤的模式。土星入四宮的人，經常是家庭中被要求供給的對象，即便供給的內容是他們未曾獲得過的。

太陽或木星在四宮帶來正面的家庭經驗，並會與父親或另一位男性人物產生強烈的連繫。然而木星可能代表著比想像中更為曖昧的形象，也許它召喚著我們離開家庭，到遙遠的國度去，又或者象徵當事人被領養，特別是當木星呈現出困難相位的時候。落在四宮的行星是個人故事的一部分，敘述着我們將成為何等人物，而且無論繼承了什麼，落在四宮的行星都賦予我們特定的方式去探索更深層的自我。儘管有些案例中，傳統上像木星這樣的吉星【譯註六】特質並未直接在童年體驗中反映出來，但這些行星仍為個人往後的生活提供了資源。

有時候我們的挑戰是去說不，拒絕老舊的行事方法，例如：拒絕汙染土地、拒絕羞辱，不以不正當的手段取得事物。每個世代的行事態度不盡相同，並總會促成一些改變。冥王星與象徵父母的

譯註二 守護星（ruler）在占星學當中透過每一宮的起點落入的星座（即宮頭星座），都可以找到與該星座相關聯的守護星，有時會是兩個，若某一宮的起點是牡羊座，守護星則是占星學上與牡羊座有守護關係的火星。雖然不同的學派可能使用不同的守護關係，但一般來說常見的行星守護關係如下。牡羊座—火星，金牛座—金星，雙子座—水星，巨蟹座—月亮，獅子座—太陽，處女座—水星，天秤座—金星，天蠍座—火星與冥王星，射手座—木星，摩羯座—土星，水瓶座—土星與天王星，雙魚座—木星與海王星。

譯註三 在心理占星學當中將太陽、月亮、水星、金星、火星等行星稱為個人行星，認為這些行星比起其他行星更能夠影響個人生活領域當中的範疇。木星、土星稱為社會行星，代表人與社會的互動。至於天王、海王、冥王與凱龍則被稱為世代行星或外行星，象徵更大範圍的全球與時代性的特色。

譯註四 月亮在天文學上的歸類並非行星，但在占星學中被視為具有與其他行星等同的影響力，所以占星師常直接這樣稱呼，而不跟隨天文學的系統區別。

譯註五 神話中的克羅諾斯，害怕自己的小孩會和他一樣推翻父親創立的政權，所以將每個剛出生的孩子直接吞下肚，直到被他自己的么子宙斯推翻。這裡暗示著管教嚴厲，並限制小孩自由發展的父親形象。

譯註六 在古代希臘的占星術中，對於行星的概念，含有吉星與凶星的論斷，所謂的吉星代表直接的助益，或是事情有很好或是正面的發展，例如：金星與木星；相對的，凶星則傾向於破壞，或是讓事情產生負面的發展，例如：火星與土星。

宮位（四宮／十宮）【譯註七】產生關聯時，促使演化的主題變得更為迫切；火星在這個宮位暗示著我們可能與家人（或者為了他們）抗爭，它也可能意味著世代之間存在着某種競爭。火星通常指向某種行動，對水星而言，也可能存在着相同的情況。

對於某些家族成員來說，成為獨立個體是一種原始的衝動，但在孩童階段，這種特質卻會帶來「我與他人不同」的差異性焦慮，例如天王星會加強「局外人」的感受，甚至是「家庭中異類」的問題。或許家族賦予這些人展開新章節、開始新故事的任務。像天王星這樣脫離宗族束縛的才能，可以用出人意表的方式帶來療癒。那些從家族中分離、選擇截然不同道路的人，或許也正為了家族而努力。

第四宮的行運與推運

就算是遺世獨居、遠離家園的人，也依然與家庭有情感上的牽扯，儘管他們通常沒有意識到這股力量。重要行運【譯註八】發生在四宮時，可能會透過夢境，並在現實生活中引領我們進入深層結構變化的階段。這些行運使我們與童年產生連結，去認識自我的內在層面。在此期間，人們經常告訴我他們最近的夢境，或開始問一些以前不感興趣的話題，於是我們開啟裝滿過往信件的盒子，讓故事一一浮現，與那些造就現狀的神祕事件有了接觸。

有位女士十幾歲就和她先生在一起，在得知先生有了外遇後離開了他。此時二次推運【譯註九】（Secondary progression）的太陽剛好進入她的四宮，她無法忍受先生曖昧不明的態度、逃避留在家中扮演父親的角色，這情形同時也與在七宮的行運行星產生關聯。這位女士是二次大戰後駐守法國的美軍後裔，自小和有情緒障礙的母親相依為命。因此不難想像這樣的情況對她來說有多麼困難。太陽在占星學當中象徵父親，一般來說也經常代表著男性；通常當行星行運進入四宮時（如此案例中二次推運的太陽），即需要進行新層面的整合。

就在她與先生分手後，她收到尋找多年未果的父親的訊息。她得知父親回到了自己的出生地義大利，且已兒女成群，他們告訴她非常期待與她見面，這讓她非常開心。即便父親已不在人世，但她仍然受到同父異母的姊妹們與繼母的歡迎，還到那裡住上一段時間，學習當地的語言與文化。

二次推運的太陽用一種出乎意料的方式照亮她的過去。讓她看見她來自何處，看見自己的可能性，並引領她找到生命的新根基，讓她覺得獨自照顧子女比以往更為快樂。這一連串的事件，為她艱困的童年帶來療癒。讓人驚訝的是，冥王星在太陽回歸【譯註十】（Solar return）當中落入了天底，

譯註七　原文僅提到父母宮位，在心理占星學當中第四宮與第十宮都象徵著與父母相關的宮位。

譯註八　行運，通常是指推運法（Transit），是將當下行星移動的位置，對照當事人的星盤，觀察彼此之間的互動關係。此處的行運，泛指各種推運法，包含「二次推運」、「太陽回歸」、「太陽弧正向推運」等。

譯註九　二次推運屬推運系統（Progression system）中的一種流年觀察法，是以出生第二天同一時刻繪製出的星盤，用來預測二歲時的狀況，第三天用以預測三歲，以此類推。

譯註十　太陽回歸是使用每年太陽回到出生時刻的黃道位置所繪製的星盤，這張星盤透露出當事人未來一年內生活重心將調整到哪一個領域。

同樣強調這個相似的主題，象徵著過去遮蔽隱藏的部分。

在我們準備接受過去提供的線索時，往事便自然地浮現。一位男士在母親過世時繼承了家庭信件，他把這些信件擱置了好一陣子。當行運的天王星進入四宮時，他拿出了這些信件並且找人幫他解讀信中老式的書寫體和他看不懂的德文。這些信件看似普通，內容卻令人震驚。信件寫於一九三〇年代，是他猶太裔德國籍的祖父母寫給逃往國外兒子的信件。祖父母死於集中營的消息傳來後，信件即告中斷。他能夠感受父親當時的震驚，也讓他明白了許多過去無從解釋的事情。

看著行運啟動星盤，並與外在事件有著同時性時，總是讓人驚訝。一位剛出生就被領養的男士，在行運木星經過他的天底時，搭船展開尋找生母的旅行。他抵達加拿大後，僅透過某個節目快速播放了幾分鐘他的照片，便讓他聯繫上生母。他本能地選擇這個完美時刻做他想做的事，並且找到了在傳統占星學中此宮位所象徵的寶藏，也同時找到了全新的情感基礎。從上述的案例中可以發現，四宮的活動允許我們將某些失去的部分重新整合納入生命。

伴隨著行運或推運進入四宮的事件，通常把潛藏在底層的情緒主題帶到檯面上。每當這種情況發生，都得去消化感受，釐清過去，方能重新定義情感的世界；一次遷移，一場洪水，家庭成員的離去，一場婚禮或孩子的誕生，都有可能在這樣的時刻發生。每一面敲掉的磚牆，每間重新上漆的房間，都蘊含着我們與過去之間的細微變化；實際事件本身具有相當的影響力，但隨之而來的內心轉變歷程也不容小覷。一扇門開啟，發出了召喚，就好像是生命邀請我們步入下一個樓層，更深入自我的內在。

追求完美——家族動力中的價值

第二宮

儘管子女們最終經常發展出與父母截然不同的美學觀與興趣，但人們對於金錢與財產的態度深受原生家庭的影響，是顯而易見的。無論這個家族是傾向勤儉或是奢華，喜歡書本、食物或者銀行存款，這些喜好都塑造了孩子對於財務的態度。內在的價值通常不容易顯露，但對於自我的感受來說相當重要，有時候可能某個孩子的天賦，在本質上與家庭中的其他成員相當不同，例如在身材高大的家族中可能有位個頭嬌小的孩子，或是運動世家裡出現了一個充滿書卷味的小孩。這些不同的差異可能招致喜愛或欽羨、恐懼或失望，第二宮與第五宮的四分相格外強烈地呼應這個主題。

如果一個兒子覺得他沒有達到家族的標準，日後很可能透過無法處理金錢的方式來呈現。一般而言，涉及負債、貪婪和吝嗇相關的主題，經常根植於價值的心理層面。當一位母親認為美麗是有價值的，但她的女兒卻喜歡奔跑和爬樹，她們的關係中可能會激盪着一種無法相互認同的細微感受，這會反過來影響孩子的價值判斷，也就是自我價值感。我曾經遇過幾位極具吸引力又有天分，卻認為自己在某方面有缺陷的人，他們同樣都在處理物質生活上面臨難題。就算證據全擺在眼前，他們仍無法正確列舉自己的天分。星盤中的第五宮是關於如何去展現天賦，也與是否接收到愛的感受有關，象徵困難的行星【譯註十二】在這兩個宮位（第二宮、第五宮）當中，透過相位的連結，或許說明著一個在自我評價中掙扎的故事，這些都要求個人要與眾不同並且勇敢地追求所愛。

任何與二宮內行星形成的四分相，都會帶來與選擇有關的壓力。榮格的海王星與凱龍星落在二宮，反映出他牧師父親的宗教價值觀。當榮格覺得自己無法與父親教會中敬拜的上帝有所連結時，他決定從事與醫療、科學相關的職業。他的太陽與海王星四分，吸引他進入心理分析的領域，直到後來他的心理價值觀再次與「父親」抵觸，悖離了「父親」，他在精神分析領域才獲得豐盛的成就，而這一次扮演父親角色的人物則是佛洛伊德。太陽與海王星的四分相，同樣要求自我消融；就在他的心理論述誕生之前，榮格在探索內在的過程中長期處於近乎瘋狂的狀態。我們可以將此視為與二宮內行星有四分相的部分結果。在榮格的案例中，海王星靠近三宮，而太陽幾乎在七宮，這也加強了價值觀衝擊重要關係的影響力。

二〇〇〇年的英國電影「舞動人生」（Billy Elliot），是一部敘述礦區小鎮的年輕男孩比利，奮力要成為芭蕾舞者的勵志電影。劇中，比利的父親一想到這陰柔的兒子就感到丟臉與恐懼，但比利有著足夠的熱情與天分，並有一位支持他的老師（這老師代表著另一個權威的形象），因而能夠渡過家庭及社群中的嚴重衝突。但並非每個如此強烈的價值衝突中都會有童話故事般的美好結局，有時這樣的衝突會造成自我價值的低落，並且讓人無法繼續在生命中向前邁進。無論金星的困難相位與二宮有無關聯，都可能產生類似的共鳴。當個人走出社群或階級時，便可能涉及與十一宮相關的相位。

其他人想為我們爭取的事物，可能與我們本身渴望的事物有相當大的差距。當孩子喜歡的東西，與其他家庭成員重視之物不同時，可能會在他的自我價值上留下永恆的烙印。接下來，我們會了解價值是如何透過家庭系統，反映在更龐大的相位意涵裡。在某些家庭中，家族的金星脈絡或許可以顯示實現價值觀的特有方式，以及每個人是如何和這更大的模式產生共鳴。自我價值的問題是許多複雜家庭動力的核心，承認最親近的人無法以我們的方式去看待、品嚐或傾聽世界，多少可以讓我們感到釋懷。

金錢、失去與愛

第八宮與第二宮的對立特質，經常創造出家庭中金錢流動的焦慮。或許資源足以分配，但這只有在個人遵從某些條件下才會成立。這樣的態度或許反映著暗藏的權力主題，而且通常出現在與性欲相關的領域裡。關係中的許多層面會發生給予和苛扣的行為，情緒性的情結與心理的驅力在第八宮的領域中相當常見。

譯註十一　困難行星（Difficult planets），在占星學上並沒有明確定義，每一位占星師對困難的定義也不同，不過，傳統的占星學當中多半將火星與土星視為困難的行星，但當代占星師大多認為，土星、天王星、海王星、冥王星、凱龍等行星暗示著一些挑戰，或許我們可以將之視為困難行星。

資源往往掌握在一人手裡，而非與大家共享，長久的文化模式造就一家之主控管財務的權力。直到一九六五年，法國的已婚婦女在未經丈夫許可下，仍無法以自己名義在銀行開立帳戶，而相關的限制在中東及其他地區依然存在。在英國，直到二十世紀中葉，女性員工一旦進入婚姻，就必須辭去工作。即便諸如此類的限制在許多地方已經消失，那世代的慣例仍然在心理上產生持續共鳴，且可能透過第八宮內的困難行星反映出來。當我們落入了來自過去情境的詛咒時，或許會抗拒、合作、順從或者轉變。但首須揭開星盤中這個領域的情緒性力量。

關於失與得的故事，或許會為家族奠定「分享」的態度，無論分享的內容是關於情感、財務或性關係。第八宮可能象徵：破產、突然的失去或獲得，或是出自繼承遺產而產生的罪惡感。由於就八宮而言，這個宮位也包含了死亡與消逝的議題，所以，「失去」可能具有一種全然不同的本質，代表那些現有的、曾經歷過的，而無法承認的傷慟。因此，八宮稱得上是一個充滿冤魂的宮位，這個宮位通常會在無意識中不斷向我們索求。這個宮位充滿祕密、誘惑、欲望和無法言喻的隱藏能量。

星盤中第八宮有行星落入的人，可能與家庭中的祕密有著無形的牽連，也與那種非比尋常的深層能量有所連繫。因為這種連繫的本質，他們有時容易受到徵兆或焦慮的控制。這樣的連繫也會創造出一套緊密的防衛系統，因為拒絕真正的親密關係而發展出的權力與支配系統。第八宮經常帶來強迫心靈驅動的感覺，有時候甚至是像著了魔一般。拘留在星盤中這一個宮位的情感可能腐蝕心靈，因此需要解決壓抑在此的家族故事。這將引領我們邁向一段與心靈中幽暗力量相逢的旅程，並深切地認識潛藏於人類生活狀態下的點點滴滴。一旦旅程啟航，即可能打開豐沛生命層次的面向，並重新建立更順遂的人生。

母親與父親，原生家庭

太陽與月亮輪流守護著白天與黑夜，是成對的陽性與陰性原型。有時候它們清楚地描述着個人星盤中的父母，但有點要謹記在心，我們塑造個人形象的天份是相當厲害的，例如我曾看過星盤上十宮的金星比喻噴上香水穿著美麗又擅長交際的母親，落入十二宮的月亮卻是象徵口說西班牙語的女傭。這些問題在本書後半部將有深入探討。

實際諮商中，我使用四宮作為父親的象徵以及父系的傳承，而母親與母系的脈絡則多透過第十宮描述【譯註十二】。關於這樣的區分，最吸引我的解釋是——全世界見證我們的誕生過程。毋庸置疑地，我們的肉體來自母親的身體。直到基因檢測之前，幾乎任何人都無法確認誰是孩子的父親，因而父親的認定在雙親中不如母親般顯而易見。

最好的方式是透過諮商時的對談確認出這些關聯性，因為這將涉及我們對於父母的內在體驗。從小孩的觀點來說，透過周圍的人活出（演出）我們的星盤是很自然的。所以「成長」的某一層意

譯註十二　在占星學中星盤的第十宮，是一個被全世界看見的位置，包括作者在內的許多占星師，多將這一宮作為母親的象徵，與第十宮相對的第四宮則是隱藏在水平面底下的最深處，暗示著父母中隱藏起來的一方。

涵，是將曾投射於父母親與其他家族成員身上的能量接收回來，而這可能需要多年的努力。

星盤上關乎父母親象徵的範疇之廣，超乎我們的想像，而由宮位的守護關係切入，也就是觀察第四宮與第十宮的起始星座，特別有趣。摩羯座或土星，可能象徵著孩子出世時父母已經年邁；有些孩童誕生在父母尚未成年，或仍然處於就學的階段，那麼孩子們的星盤中，或許由水星來代表父母；一個愛運動、有活力的父親，就以火星描述最為恰當。在這些情況中，更多促使父親原型清楚浮現的其他的要素，很可能會透過家族中其他的成員，如祖父、姑姑、長兄來呈現。至於木星則是雙親象徵當中的一個特例，父母之一可能帶來一種猶如神話般的存在，或者只是孩子的願望與幻想。

在古希臘占星學的研究中，他們將十宮歸屬母親，父親坐擁四宮。對於出生於日落之後的人（夜生者），使用土星來象徵他們的父親，而將日生者星盤上的父親形象託付給太陽。我深刻地和這些想法產生共鳴，也在個案研究裡細心觀察。

成功，犧牲與補償

第十宮

長子通常承擔著家族中對於成功的需求，但若更換了性別，由「他」變成「她」，情況將是如何？抑或長子的個性沒有追隨家族的傳統時，會發生什麼事？一如二宮，十宮也屬於土元素象徵的宮位【譯註十三】，落於此處的行星讓事物變得具體成型。祖先們牽引我們向前邁進，但也拉扯我們往後倒退。從移民第二代身上可以看出，子孫的部分作為是為了家庭，他們的成功讓父母的付出顯得有代價。當個人的需求與家族的要求產生衝突時，兒子或女兒可能會犧牲個人天賦來滿足家庭的夢想，這很可能持續衝擊後代。某些時候，活出自己與生俱來的能力會與家庭的責任產生衝突。立足於世，不可缺少家庭的關懷、鼓勵與支持，然而個體的生命之路總是出人意表，無論家人的認同與否，我們會在某些時刻突破這原有的依靠，並走出自己的道路。第十宮不但是家庭對我們的期待，也是自我志向的召喚，兩者之間可能微妙地相互交纏，也可能是強力地彼此連結。

當一個人的外行星落在第十宮，會發現要繼承某個行之有年的傳統顯得困難，就算只是延續下去都覺得棘手。他們在家族裡也許要扮演某種突破的角色，必須努力排除萬難才看得到成果。我認識一位女士，出身在擁有十二名孩子的北非家庭，她的金星、天王星與冥王星合相天頂。她全然地走出原生環境，成為一名前衛藝術家，雖然這不是她刻意的選擇，但她的成功在無意中彌補了上一代的缺憾。她的職業成就不僅只出於自身的努力，同時也受益於先人的付出。這天頂上的行星有許

譯註十三　關於土元素的宮位：在占星學中會把從上升點開始劃分的十二宮位與黃道上的星座作連結對應，第一宮與第一個星座牡羊座相對應，依此類推，而星座當中可以分成火、土、風、水四種元素的屬性分類，其中金牛（第二個星座）處女（第六個星座）摩羯（第十個星座）都屬於土元素的星座，於是與它們對應的第二宮、第六宮、第十宮則是宮位當中與土元素有關的宮位。

多不同層面的作用，在她的案例裡，天王星可說是這個家族的女性從傳統角色裡解放的方式。和父母相關的行星指標通常出現在天頂附近，生命初期的「二次推運」或「太陽弧正向推運」（Solar arc direction）【譯註十四】等推運法可能會觸發這些指標元素。以這位個案的母親為例，無論是在渴望移民或鼓勵女兒讀書、受教育的層面上，都勇於打破習俗，展現無比的勇氣，也為個案的未來奠下基石。

與十宮產生關聯的對分相與四分相，能進一步地定義出個人和雙親之間可能的衝突。另一位剛寫完家庭回憶錄的男士，木星在雙魚座落於十宮。他的母親是個備受推崇的女強人，曾是紐奧良地區餐飲界的傳奇人物，照片更一度登上美國各大報紙的醒目專欄，至今在紐奧良當地仍廣為大眾所知。儘管這位男士的才智卓越，仍然覺得無法達到母親的特殊標準，他寫下自己常因不夠好，而沒有受到重視的感覺。他十宮中的木星對分四宮的土星，同時土星四分在雙子座的太陽。在他的家族中，女性的地位多半高於男性，這種女尊男卑的模式在他的關係中帶著奇怪的破壞力，也在他多年的個人成長上造成影響。

他曾經開玩笑地介紹自己是一位王子，但母親卻不曾明確地承認他或弟弟有一天會成為國王。他的母親在離世前出售了所有的產業，所以這王國並未落入兄弟倆的手中。他感受到母親的成就與光芒反射出來的榮耀及財富，卻無法在親子關係中接收到親密的母愛，甚至只有拒絕繼承的認可。他星盤中木星與土星的對分相，太陽與土星的四分相描述著這一部分，十二宮裡的月亮更加強了這種無法捉摸的深層情緒感受。

木星在十宮也展現出追求卓越對他的吸引力。他不只是在一間頗具盛名的大學完成博士學位，也是富於愛心的慈善家，他針對特定議題予以財務支援，例如努力創作的藝術家，或為了榮耀他母親而將餐飲教育帶入偏遠地區的計畫。個人生活中他持續與尊貴的母親抗衡，但外在世界中他們卻攜手合作。

榮耀祖先

其實我們可能在未經父母同意的情況下榮耀了他們。有人說我們身上背負著八個世代的基因特質，年代久遠到已無法考究名字的祖先，他們的力量與成就、考驗與困境都是我們基礎的一部分。許多時候，會發現祖先的生活與我們之間，有著神祕的連結或是相似的部分。甚至會在毫無所悉的狀況下，被要求著手完成他們的未竟之業。對家族的忠誠，在無形中影響我們，力量之大，遠遠超過想像。我們或許需要透過特殊的挑戰去榮耀這份傳承，但不必放棄自己的成長途徑。四宮與十宮中的行星，通常只引出了方向，而其間的對分相卻能描繪這路途上的阻礙將如何呈現，但唯有經歷這些障礙，我們才能獲得釋放，開始過自己的日子。

譯註十四 太陽弧正向推運，是將出生當天太陽移動的度數視為一個移動基數，用以推測運勢。假設出生當天太陽移動一度，推測個案二歲星盤時，就將個案星盤上所有星體（連同上升和天頂）一起移動二度，以此類推。使用「二次推運」和「太陽弧正向推運」二種推運法，可明顯觀察出個案在年幼時即受到天頂附近行星的影響。

溝通與交換

溝通與三宮的主題將在本書第二部有更深入的討論。每個家庭都具有獨特的溝通模式，有善於言表的家族，也有沉默寡言的宗族，一旦他們聯姻，誤解便有可能在世代之間傳遞。就算表面上的溝通看似流暢，每個家庭中仍有不能討論的議題。過於貧脊的交談或是刻薄的辭彙，將使得家庭分崩離析。當觀念不能流動，或者缺少理解的能力，那麼家庭就僅是個遮風避雨的地方。倘若困難的行星落入三宮，或象徵衝突的相位位於此處，常強調著溝通的必要性，並能促使個人去學習化解原始衝突的技巧。

標示出家人的水星位置，是看清家族溝通動力的有效方式，此外還能理解無論與家人多麼親密，你仍然不會使用與他們一樣的眼光看待事物。

家族中的光亮與陰暗

許多家庭都可以挑出某個奇特的成員，如同家族中特立獨行的異類或是讓人傷透腦筋的問題兒童。這樣的陰影通常伴隨著五宮內困難的行星排列，或是與太陽有關的壓力相位，又或者太陽、月亮落入十二宮或八宮。一個擁有這樣行星與宮位配置的小孩，多半自發性地與家族中否定的事物產生連結。月亮與太陽若有困難相位，也常顯示這樣的小孩反映了雙親最不喜歡的特質。當這些屬於個人面向的特質遭到排斥或拒絕時，孩子多少會接收到不受疼愛的感受。有位女士和她有虐待傾向的哥哥一同長大，當她的大兒子成年後，她發現大兒子和她哥哥有著類似的人格特質。於此案例，若我們將母子二人的星盤，以合盤【譯註十五】的方式相互比對，或許能有些幫助。母子的月亮同在處女座，並有著幾乎一樣的度數，這代表兒子反映出母親尚未解決的情緒；其餘部分的配置則不盡相同。個性上與父母截然不同的小孩，父母可能視之為威脅家族形象的禍首，也容易成為背負家族陰暗面的代罪羔羊。占星學裡，小孩由第五宮管轄，這裡的行星或許描繪出父母希望孩子替他們發展的特質，不論是好是壞，是光亮或陰暗。

同時，八宮與十二宮中的行星具有某種負面投射的擴散效果。在剛才的案例中，兒子的月亮在八宮，母親則有些行星落入十二宮。母親的雙親忽略了她特有的需求與焦慮，讓她覺得不受重視，形同孤兒一般，甚至有段時間依賴海洛因來麻痺自己。成年之後，她移居到地球的另一端，並找到生命的意義。她的子女也在長大後重複著這樣的模式，都選擇定居在不同的國家。

有些時候，性格強烈的小孩會讓其他手足無法與之競爭，可能是擁有卓越的運動天份、校園表演裡的風雲人物、外貌出眾或是拼寫冠軍。這些天份特殊小孩的星盤中，可能有許多行星落於一宮或十宮，也可能有個醒目的第五宮，在家中較其他成員享有更多特權。他們並非有意如此，但他們的存在將耗費父母較多心力，他們的天份耀眼，但也同時消耗家庭的資源。有時父母會分別關注不

譯註十五　合盤（Synastry）是將不同的星盤相互比對，找出其中有哪些相同、相反，或相異之處。

同的孩子，試圖做些平衡，例如受到父親關愛的，或許沒辦法從母親那裡得到回應；而媽媽的心肝寶貝就可能得不到父親關照。這種令人苦惱的模式，會反彈到自我價值中，並持續發揮好幾個世代的影響力，以致於在這場資源爭奪戰中，獲得成功的子女懷抱罪惡感，將自己囚禁於神祕的陰影中，在事業與私生活中不斷抗衡。

忌妒與競爭

光亮與黑暗不斷在手足關係裡發揮作用，忌妒與競爭會以最直接的方式在兄弟姊妹間發酵。這些力量可以鞏固與強化家庭，或是造成家庭的分裂。若伴隨忌妒與競爭的議題缺乏完善處理，可能會在親子之間產生無意識的共鳴，影響彼此的信任與信賴。手足間的衝突可能源自父母的緊張關係，孩子有樣學樣，雖並非絕對，但結果很容易反映在兄弟姊妹的關係裡。關於手足之間的互動，本書第二部第三宮——兄弟姊妹與朋友的主題中將有更多元的討論。

僕人、孤兒與無用之人

當一個人擁有強化的六宮與十二宮時，他可能成為家庭的僕人或是代罪羔羊，換句話說，也就是成為背負宗族重擔、療癒他人或為親人承擔痛苦的替身。不妨從生物學的角度切入，從另一個面向來了解陰影——身體來自於先人的基因，先人們的健康或是傷殘常顯示出家庭不能解決的議題，麗茲・格林在她重要著作《命運占星學》（*The Astrology of Fate*）中也提到這點。當肢體障礙或帶著缺陷基因的孩童誕生時，對週遭的親人而言雖是個悲劇，但同時也召喚出他們內在無比的勇氣與寬容，願意去完成必須完成的課題，這便是家族療癒的一部分。

一位在學齡前就患有嚴重偏頭痛的女士，太陽落入她的十二宮，她在五個孩子中排序老三，以致於或許沒有足夠的自我空間。偏頭痛意味著她必須待在窗簾緊閉的家中，無法外出上學，這份孤寂是太陽十二宮的基本描述。這並非暗示她的偏頭痛沒有生理根據，她的母親與祖母也同樣為此飽受困擾，但毫無疑問的，她在嚴肅、冷漠、無法踰越規範的教養環境下成長，自然將這份壓抑轉化為身體上的病痛。幸好她逐漸找到了引發病痛的原因，開始檢視自己苛刻無比的成長環境。一般而言，最敏感的孩子會發展出身體或心靈上的症狀，就像是煤礦區裡用來偵測毒氣的金絲雀，牠們的痛苦提醒旁人週遭環境已無法停駐。在緊密的家族系統內，有時可以從家族困境中找到疾病的起因，雖然以此詮釋每種疾病或許過於天真，但賦予這些痛苦有其意義，確實讓人深感安慰。

相較於身體的症狀，與精神疾病相關的症狀更常遭受污名化。這些精神扭曲的模式也在一個家族的情緒氛圍裡堆疊累積。某位誕生時六宮內有許多行星的年輕男性，負責照料飽受精神疾病之苦的母親，從十一歲開始，他就得傾聽母親說話，使她免於恐懼，並想辦法讓她開心。這使他成為一個「乖孩子」，當然，乖孩子付出了代價，即是將所有人的需求排在自身之前。而擁有天王星特質的弟弟則是一個「壞孩子」，他破壞了所有的規矩，惹上法律問題，並染上毒癮。兩個男孩以不同的方式反應出家庭的困境，壞兒子極需感覺父親的存在，年近三十時，這種父親的存在感幫助他找到了內在指引，引領他進入成熟的人際關係；好兒子在上大學之前，即便沒有人稱讚，仍會將事情做到盡善盡美，然而上了大學之後，卻對許多事情失去興趣。他需要崩潰、想要搞砸一些事情、想失敗，也開始這麼做。透過這些行為，他才能看見好兒子的角色或許會讓他耗盡一切。這段時期雖然辛苦，卻迫使他思考自己的需求，逐漸以負責任的態度工作。儘管他依然覺得媽媽的困苦羈絆著他，但在父親死後，當母親要求他用全部的時間來照顧時，他終於能夠斷然拒絕。

某些文化裡，父母挑選最年幼的女兒作為邁入年老時的照顧者，但事實上是當事人選擇了這條道路。第六宮可能意味著一個孩子的價值僅在於能替家人工作、在親人間給予他人協助。雙親會在無意識中損傷這女兒的美麗或天賦，用一些方法將她綁在身邊，並產生依賴，好讓他們年老時女兒不至於離得太遠。至於強化的第十二宮，則可能帶有流放與驅逐的感覺，或置身於錯誤的場合，甚至是身為孤兒般的強烈感受。

六宮與十二宮是相當神祕的，它們的運行方式並不符合世俗對於公平正義的看法。這兩個宮位包含超過心理層面的業力及靈性回歸的概念，也常夾帶著強烈的家族議題與需要療癒的主題，同時賦予一個人幫助他人的技巧，許多醫師與治療師來自於這樣的家庭環境。此外，第十二宮象徵家族亡靈寄居的區域，也就是那些沒有真正活出來，和被遺忘的故事，這通常會激烈地呼應著祖先的課題。

地平線上的宮位

地平線上的宮位（七宮至十二宮）是指星盤中為人所見的部分，它們通常與廣大的世界連結。我們已經看到八宮、十宮、十二宮皆是祖傳模式中的關鍵宮位，尤其象徵成就的第十宮反應著家庭對成功的推動力。不僅如此，其實整張星盤都涉及家庭議題。

伴侶關係模式

七宮內的行星通常描述父母間的互動方式，而這方式也是孩子心目中最初的伴侶關係模型。這並非意味孩子必將追隨父母親的框架，而是需要理解並將之轉化，以免在不知不覺中，將伴侶關係拉入壓抑、扭曲或糾纏的情境，才能在未來與伴侶擁有成功的互動。以上對於家庭如何影響伴侶關係的簡短陳述，僅是七宮繁雜主題的粗略引介。

在七宮裡，我們全然地接納另一個人，故此處的行星們可以視為他人的事物。我們可以將這些行星投射出去，甚或看作事不關己，即「非我」的領域。當木星落入七宮，可能視其他人為特殊不凡的、在某些方面卓越優異，這可能反映出對父母婚姻的理想憧憬。海王星可能述說著救贖、償還、失望，以及失落的模式。天王星則指出不尋常的配對，或是中斷的婚姻模式，這對家族中有多次婚姻的人而言並不會顯得突兀。透過七宮的星座與行星，看得出每個人是如何回應雙親婚姻中的某個特殊觀點。

七宮裡的行星也可能描述著童年時期重大的影響，當挑戰性的行星在此時，我們可能感覺不受接納，或遭某人拒絕。第七宮是我們與他人正面交鋒的場域，因此這位「某人」可能正是手足或雙親之一。第七宮也象徵公開的敵人，有時孩子的誕生可能會導致最直接的衝突。弔詭之處在於，父親覺得孩子取代了他，只因他再不是妻子關注的焦點。就這樣，極其年幼的孩子不小心成為父母關係中的第三者，等到孩子漸漸長大，火星或土星等加入戰局，這種競爭關係就會演變成排斥、敵意，爆發成實體衝突，抑或這些衝突可視為雙親關係的一部分。

落入七宮的月亮顯示母子之間的關係將特別緊密。若父親鮮少在家，或漠視伴侶的需求，那麼這種關聯將更為強烈。這可能意味著母子較夫妻間有著更為強烈的情感。日後，此種經驗可能導致孩子在親密關係中傾向「照料他人」或「依賴照料」，因此在進入一段平衡的成人關係前，需要解決這樣的議題。如果落入七宮的是太陽，將類似前述例子中的月亮般，可在父親與孩子間看見類似的束縛，甚至當其他行星落第七宮，也可能發生這種情況。有位未婚女性的木星與土星都落於第七宮，她是老闆的特別助理，與事業有成的老闆形影不離；而她另一段重要的男性關係，對象是她的死黨，一位男同性戀。自小與父親的互動教導她在生活中成為男人的哥兒們，所以她與傾慕對象總保持一定程度的距離。

我們能將與七宮內形成四分相的行星，描繪為原生家庭與其擇偶方式間的緊張狀態。這種擇偶方式最能反映自我成就的渴望，透過當事人選擇的結婚對象以及與原生宗族間的連結表現出來。諸如此類的故事也將隨著家族綿延而傳承下去。

家族中的世界觀

家庭往往源於特定的文化，親人們共享某些看待世界的信念。當家中某個成員對世界懷有不同的詮釋時，例如將自由主義帶入保守主義的家庭，或悖離了家人共守的宗教觀，家庭本體因而承受威脅。宗教的問題、信仰、哲學觀與倫理道德隸屬第九宮的範疇。當強硬行星坐落此宮，可能描述著道德與權威不容質疑的環境。長久以來第九宮常被視為幸運的宮位，可能是有位睿智的祖母或祖父，或是家族傳承着深奧的思想或榮耀。有位木星落於九宮的年輕女士，深受身兼老師和知名作家姑媽的影響，姑媽幫助她處理與父母間的憤怒感受。火星在她的第七宮，暗示著雙親在婚姻中長期的摩擦與爭鬥，父母雙方無法在相異的渴望與價值觀之間獲得共識，而她的第九宮則為激烈的家庭衝突提供了一個喘息之處。

當第九宮的行星遭遇壓力，尤其是與其他行星形成對分相時，可能誘發一個重量級且讓家族無法團結的爭議，情況可能會是不知該相信什麼，又或該相信誰的判斷。家族中追隨不同教育途徑或長年旅外的成員，也許會在某段時間內需要將家族擱置一旁。這將導致依循傳統成長的人格外激動，並覺得必須質疑這成員到底信仰什麼，他們或許會認為這位成員瘋了，不該如此特立獨行，甚至有段時間將其排除在家族之外。無論是猶太男孩娶了一個天主教徒，一對不信神祇的科學家父母與虔誠禱告的兒子，或是在某些宗教儀式中成長的人，都需要尋找那份能以自己觀點來看待世界的自由。

這些差異也許是由不同文化背景、宗教或氣質的父母造成，也可能因為孩子所受教育凌駕於父母。擁有獨特第九宮的人，可能帶有以新方法詮釋世界的使命，他們的挑戰或許是帶來更寬廣的視野與啟發，讓家族接觸智慧與尊敬知識。

社會的介面：十一宮

每個家庭，如同每個國家，各有獨自看待世界的方法。有些講求生存至上，一旦察覺外界存有威脅便閃躲以自保，絕不讓陌生人跨越邊境；有些則會張開雙手，歡迎局外人，讓他們參與社群並扮演活躍的成員。小至社會階級，大到個人在世界中的位置，我們常在第十一宮裡看見身分與整合的議題。

生長於四處遍佈藥罐子的環境中，或許會慢慢侵蝕一個懷有堅定價值的忠誠家庭；貴族的子女，因為在特權下受益，而難以拋開社會的陋規。我們所屬的團體與就讀的學校，經常反映出父母的世界觀，好比一個總是避開有色種族與貧窮環境的家庭，為孩子灌輸的便是有所侷限的觀點。這一宮的對分相與四分相，可能激起家庭價值與社群之間的緊張局勢。

第十一宮是一個成就個體的宮位，也代表突破瓶頸、打入更大社交圈的宮位。友誼和沒有血緣關係的連結帶來的可能性，或許能夠解決家庭的困境，我們所做出的選擇能替生命開拓新的道路。這個主題在本書第二部有更詳盡的整理。

從個人到家族系統

我們的故事從出生前就開始了，猶如細胞中的基因，將我們與好幾個世代之前的先人們相連。當我們攤開身邊親友的生命藍圖（星盤）時，或許會看到許多相連之處，有時卻不如預期，有時甚至一點呼應也沒有。就算是擁有共同記憶與經驗的兄弟姊妹，對家庭也可能有著徹底不同的觀點。當我們把所有星盤一一並列，就能看清這些連結的元素與彼此間的差異。

首先，我們可以比對兩個人的合盤，也就是將兩張星盤並列瀏覽。透過雙方星盤的相位和行星配置了解家族成員間的異同，觀察特定關係裡的動力。參照兩張星盤，能夠展現出兩個人之間的緊張、默契和懸殊對比。當我們考慮到家族裡的其他故事時，或許就可以了解，也許緊張的父子關係裡牽扯到家族中更早先的成員，而這種情緒的歷史張力一直延續到後代身上。這些模式似乎會自行複製，直到它們被意識到，或直到某種修復的力量出現為止。本書邀請你一起探索自己與家族的系統，了解你與先人間那條看不見卻又緊緊相繫的連結。你是龐大系統裡的一小部分，而這幅全景的規模，遠遠超乎你的想像。

第一部

行星的脈絡

本文為一九九八年六月二十七日倫敦攝政學院（Regents college）之心理占星學研究中心研討會（Centre for Psychological Astrology，簡稱 CPA）的紀錄，本研討會為該研究中心暑期課程的一部分。

1-1 從星盤看家族故事

著手進入「占星學與家族模式」的議題後，很快就會因為需要吸收、消化大量的星盤和訊息而遭受打擊，容易迷失在複雜的資料中。今天我要提出一個相當簡單，且能從一組家族星盤中整理出有效訊息的技巧，即是從觀看父母親的形象開始。我個人運用這方法約有十到十二年了，在座諸位已在本中心其他研討會中學習過這個部分。我喜歡由個人星盤中整理出家族的故事，也偏好從這個方法開始，探詢出每張星盤中所涵蓋的獨特內容。每張星盤都給予我們一幅完整的世界圖像，所以實際上並不需要參照整組星盤才能勾勒出某個家族的外在輪廓，但任何一位家族成員的星盤只能提供部分觀點，好比手足之間看待事物的角度就可能大相逕庭。將這些成員各自的星盤並列排放，它們會呈現出截然不同的特質。

因此，深吸一口氣，將親人們的星盤匯集起來，敞開胸襟，細細品味。研究自身和親人的星盤時，會感覺到彼此的經驗彷彿糾纏成結，讓我們無法與親人們隔離開來。當彼此間的關聯浮現，我們可以跟著軌跡前進，但不久後就陷入迷陣或感到困惑，不僅是因為其中涉及了過多的訊息，同時還受制於對親人既定的印象與想像。我們需要保持客觀，若欠缺了超然的觀點，可能會侷限在自己的星盤中而感到孤立無援。追蹤家族中其他成員的行星脈絡，可以幫助我們跨越個人的侷限感，從更寬廣的格局中看待自己，也能理解其他成員是如何安置於家族星宿的行列中，這種視野的擴展，是種力量強大的改變工具。我確信你們已經注意到自己與家人星盤間的關聯性，遲早你們也會渴望了解它。請問在場有哪位的月亮與土星呈現合相？你是否也發現你母親有月土相位？

學生：我曾看過我母親的星盤，可是從來就記不住！但我女兒有月亮和土星的三分相，我想這應該是一種遺傳吧。

琳恩：我常聽到學生們如此訴說親人們的星盤，有時甚至是這麼敘述自己的！這彷彿是關乎時間的問題，關乎於是否準備好去看父母的星盤有無符合心目中的想像。學生們經常是停頓了多年，才初次展讀母親或父親的星盤，也許是不敢去發掘那些討厭的相似點。我們花了許多時間討論雙親在自己星盤中的形象，但若真的著眼於他們的星盤，反而會莫名奇妙的失去興致。有時候，我們會基於星盤中相位的呈現與既定認知有所衝突，而不知所措的放棄探索，好比某張子女星盤上雙親的形象，與另一張手足星盤中的父母特徵完全不符，導致我們一頭霧水，感到挫敗。有些人會熱切地繪製出手足、父母、祖父母的星盤，建置為數可觀的資料庫，然後在整理出部分的概念後，惋惜的鬆手。尤其對一個母親而言，觀察孩子星盤中的月亮和天頂（兩者皆為母親的象徵），更是備感壓力，孩子心裡究竟帶著怎樣的母親形象？這如同燙手山芋，難以處理。今天，我把這些議題放在較大的格局裡討論，並將打開心房多說一些。

想像一位本命盤裡月亮與土星合相的女士，這意味著她內心當中存在著月土相位所代表的意象。日常生活與週遭環境中任何與月亮意涵相應的事物，都會讓她產生標籤化的反應，好比她可能有位辛苦工作、負有責任感、沮喪的，或是拒人於外的母親（母親是月亮的象徵之一）。具有月土相位的人，會用一種特別的方式來詮釋世界，經常是以匱乏與受限的感覺切入。天生有此相位的人，家中其他成員很可能擁有月亮與天王星相位，也就是身處在一個要求大量自由與自治權的家庭。因為月土合相的人需要架構來感受安全，所以他們的挫敗感可能來自於家中某些「應該存在卻不見了」的事物。這位女士對於母親的想像也許與她母親的星盤不盡相符，我想我們都曾見過這種例子，並為此苦思不已。一位月土合相的人，相較於母親、祖母與曾祖母等幾代都有月土合相的人，是非常不同的，後者描述帶有沉重義務、責任與悲痛，並一代傳承一代的土星傳統。在本命盤裡的某些元素也許對於家庭的某個成員來說是特別的，而其他的元素則可能表現出整體家族共同分享了這個觀看與存活在這世界的方法。

永不結束的故事

讓我們來檢視一下「家庭」的概念，我們都是經由母體，透過雙親的基因與血緣的結合，來到這個世界。無論喜歡與否，我們都誕生在某個家庭，與其他人有所連結。在古老的神話中，據說靈魂會選擇誕生在最適合其意志發展的家庭。不管我們是否相信這種說法，有些神祕的事件就是會從這代複製到下一代，例如某些家庭中的男人都在年紀輕輕時就離開人世，某些家族的孩子離家後就不再回來，還有些家族的配偶發了瘋或是罹患不治之症。為什麼我們總是重複先輩們的生活經驗，這是怎麼一回事？

星盤中發現的事物，一部分適用於個人獨特性的對應，其他部分則是世代的特質，所有土星與海王星合相，以及天王星與冥王星合相的人，都有些類似的氣息。但星盤上重複出現的星座、相位的組合，以及強調的宮位等部分，則十分緊密地將我們與親人們連結在一起，就像所有成員共同拼接一幅拼圖，每個人手中都持有不同的一小片。親人間星盤上的連結，提供了我們線索：是什麼將一家人緊密相繫？在哪些層面有著不只屬於個人的天賦或矛盾，而是所有親人都擁有的特定模式？當這幅拼圖懸而未決，缺少的那一小片就會繼續流傳下去，有些問題超越了個人的範疇或是此生的領域。以不同的方法檢視整個家族，會激發我們說故事的能力，我們必須聆聽那些世代傳承的原型模式，用行星與星座來幫助我們追蹤其意義與影響。有種幫助病人的技巧稱為「敘事療法」，將那些痛苦的事件和難以達成的成就，當作是故事的一部分，當作是必須遇到的困難，然後才有機會可以轉個彎，另闢他路。家族中的每個成員都有各自的故事要說，我們也都是串起家族故事的一部分，而這個故事早在我們出生之前就已經持續前進了。

有天，我閱讀瑞芙・林白（Reeve Lindbergh）所寫的《羽翼之下的記憶》（*Under A Wing: A*

Memoir, 1998），深受感動，她是老么，上有四個手足。小查理・林白（Charles Lindbergh Jr.）悲慘的綁架謀殺案是一九三〇年代的頭條新聞。小查理的父母——安娜與查理，是對極具魅力的名人夫妻，一位是作家，一位是知名飛行員，因此孩子失蹤成為眾所皆知的公開事件。後來他們基於安全性及隱密性的理由搬離美國，離開眾人的目光、閃光燈與記者，到英國扶養之後出生的小孩。瑞芙在書中描寫，年幼時就因籠罩在死亡氛圍中而意識到哥哥死亡的事實，但直到自己的小孩在十八個月（與她未曾謀面的哥哥一樣的年紀），死於幼兒疾病時，才真正了解發生過什麼事。她記得半夜喚醒母親時，母親說：「不管你做什麼，別讓任何人把他帶走。」她們並肩坐在孩子身邊，徹夜守護著他。瑞芙這時才徹底體悟母親再也看不見她的哥哥，無法像這樣全心哀悼失去兒子的悲傷。聽到這類故事讓人震驚，我們該如何理解它？

瑞芙清楚孩子逝去的同時也是療癒家族的機會。沒有人希望失去子嗣，然而在這個家族中，下一代再次經歷失去小孩的震撼如此強烈，像是命中註定一般。這種巧合經常發生在小孩成長到記得初次創傷的年齡，好比有個留在家族無意識裡的共振回憶，暗藏強大的威力，將在某個事件如同石頭丟入海中，漣漪從同心開始散佈時，重新啟動。這種情形比一般人想像的還經常發生，家庭治療師稱之為「週年紀念日反應」（Anniversary Syndrome）。

學生：這是屬於占星學上的範圍還是其他領域的？

琳恩：多數家族模式的研究——在法國稱為「家族心理學」（Psychogénéalogie），已將此類故事和反覆事件，在心理學的論述裡詳細闡述。即便不在占星學的範疇，仍是意義深遠且豐富地描述著家族史與家族故事。然而研究此領域的心理學家們卻困惑於，該如何解釋這世代相傳的重複機制？他們將這些狀況記錄下來，卻以命運的概念來迴避解釋。其實，研究的目的在於明白是什麼貫穿了一個家族的歷史，以透過理解和彌補去釋放可能冠上「宿命」的事件。我則關注於：占星學模型如何呈現這些資訊，並提供哪些暗示來闡明這些極為複雜的狀況？你們有多少人知道艾琳・蘇利文（Erin Sullivan）的著作？她在《朝代：家族動力心理占星》（*Dynasty: The Astrology and Psychology of Family Dynamics, 1996*）這本書中，提供一個精湛的、很有系統的入門概要，整合並使用占星學的家族治療研究，如果你們對這主題有興趣，可以閱讀此書。以林白家族而言，瑞芙有水星、太陽、海王星、木星及凱龍的合相星群，而在母親安娜不尋常的星盤中也可找到諸多類似的合相組合（圖一）。

林白家中有五個小孩，但卻是瑞芙（和她母親一樣是小說家）在自己兒子過世時，才分攤了母親不堪的失落。兩位女士都擁有強化的海王星特質——在無法抗拒的失去議題上，曾有過完全無法承受的經驗，並有不分人我的惻隱之心。母女間的貼心和心靈交流，以及敞開心胸，和感同身受的同理心，也都屬於海王星的範疇。海王星經常喚醒某種犧牲、個人的身分認同與情感上的愉悅，這種犧牲可以是無意識或救贖的表現，決定替他人受苦而到達基督教典範裡最崇高的神境界（summum）。不意外的，除了海王星的部分，母女的星盤中還有著明顯的月亮與南北交點的關聯（合盤中，兩人的南北交點與對方的行星產生重要相位）。當彼此共有強烈的宿命經驗時，這些都常顯示在星盤中。

有段文字出自安娜．瑪洛．林白（Anne Morrow Lindbergh）所寫的書《來自海上的禮物》（*Gift From The Sea, 1991*）：

星空下，我們散步到海邊，累了，便躺在佈滿星子之下的沙灘。我們感覺伸手便可觸碰璀燦的星宿，星子傾瀉於身，直到幾乎滿滿覆蓋；

在每日瑣碎工作、甚至是喧囔繁雜的貧脊後，我體會到，這是人心渴望，渴望暗夜裡滿天星斗的遼闊無垠，傾注於猶如新生的潮汐。

終於，自浩瀚的星空中，我們從這片奇異的海灘慢慢閒晃，走回黝密樹叢後燈火輝煌的小屋。在細緻、安全、溫暖、親切的氛圍中，我們認出了人性中對抗混亂黑暗的微小燭光，然後回到孩子們的甜美夢境。

這段文字結合了親密與莊嚴，美好的呼應了安娜處女座上升與明顯的巨蟹座星群，藉由海王星，觸及到夜晚的浩瀚與神祕之處，充滿對於更大世界的神聖感受。以相似的方法，經由個人與家族的故事，我們試著去辨識行經生命中天體運行的圖樣。

在繼續進行下去之前，對於今天的星盤，我有些話想說。星期五晚上，差不多是土星與海王星形成準確四分相的時間，我忽然靈光一現（這並非我常發生的事），有個小小的麥田圈浮現在腦

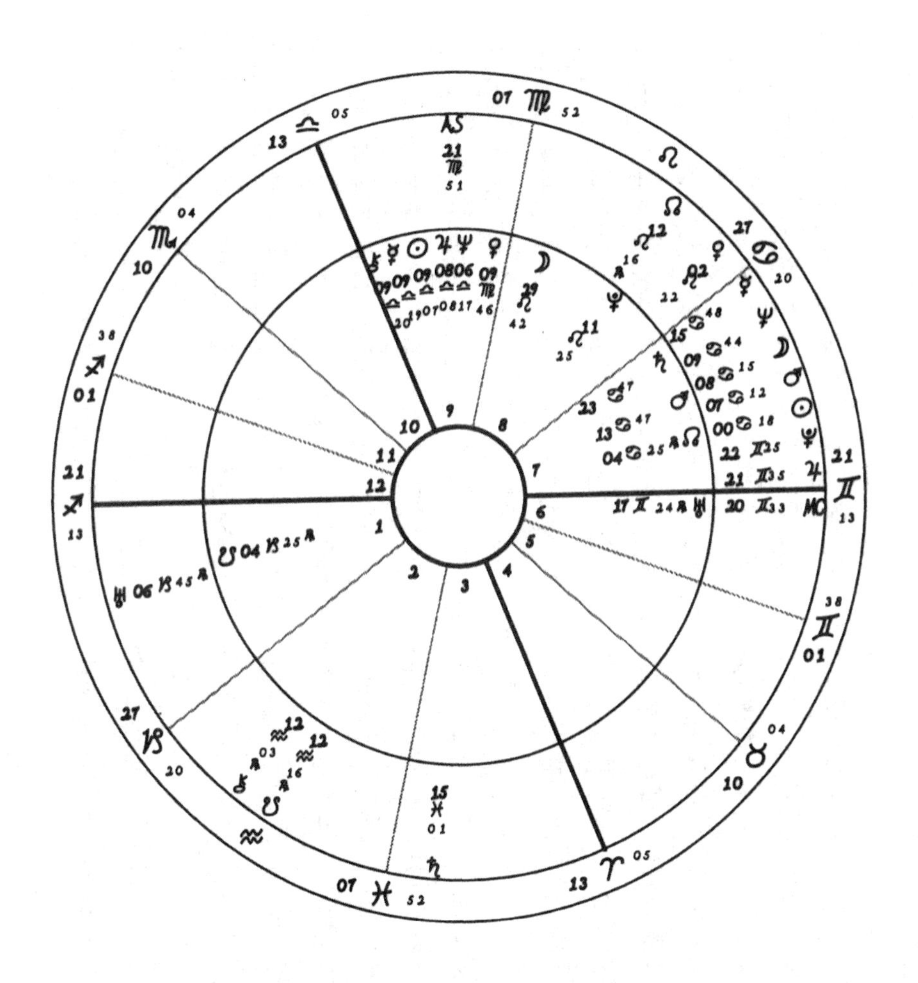

圖一

內圈星盤：安娜・瑪洛・林白，1906年6月22日早上11點15分生，EST，美國紐澤西州，恩格爾伍德（Englewood），普拉西度制（Placidus），實際月交點。

外圈星盤：瑞芙，1945年10月2日生。沒有出生時間，因此以正午為宮位劃分的時間。

海。儘管神祕的圖形從模糊變為清晰，但我真不知那是什麼意思，似乎是個與土海相位的搞笑關聯。土星與海王星的四分相是要帶出存於內在的夢想，而此時實際環境將如何阻撓這些急著嶄露的夢想——我們可能選擇放棄或是努力實現。

不管怎樣，夢想都受到現實層面的考驗。四分相帶出個人意志是否堅定的議題，考驗緊握夢想的力量，並挑戰著我們是否願意為夢想付出行動。在集體及個人的層面上，幻想也許與現實相互牴觸，某些不切實際的念頭，結果終將不如預期。既然此刻，如此貼近兩顆星準確形成相位的時間點，這告知並加深我們對於土海四分的了解。當海王星與土星相遇，我們的視野改觀，並可將此運用於家族面向的研究上。隨著月亮處於獅子座（火元素）的二十八度，外加金星逐漸向火星對面移動，我們將首先觀察到事物的情緒層面。代表水元素的宮位【譯註一】，即隱藏在表象之下的事物，將藉由月亮在十二宮，與木星在第八宮而突顯出來。

當看見新生兒的星盤與家族內的其他成員，在月亮與上升、太陽與月亮，或是上升與太陽等相位上，有許多直接的連結時，我的敬畏之心油然而生。這些連結不會顯示在統計學內的分析圖表中，但卻馬上映入占星師的眼簾。當著手觀察一整組家族星盤時，家族間暗藏的交錯模式便開始浮現。今天，我們要專注於一些類似的案例，看看家人們是如何迂迴曲折的編織出家族的故事。我試著不用細節來困擾你們，而是依循這些交錯模式，像是織毯中上了顏色的紗線（從家族的這一面穿入，再由另一面梭出），交織成不同的圖樣與景象，也許之後這交錯的模式將逐漸隱藏起來，只有在不同環境的觸動下，才會再次浮現。某些親人似乎是模式中的主軸，其他成員則作為一種對比，填充故事裡的其他部分。這些交錯的模式是占星學巨大的神祕處之一，呈現出沒有明顯機制、也無法解釋是如何串連的底層結構。

另外要補充的是，某些家族較其他家族有著更為緊密的連結。一位星盤中有月天相位的朋友，其星盤中幾乎找不到他與父母的關聯，他感覺自己非常像位「局外人」。兄弟姊妹們鮮少見面，與趣與價值觀也大不相同。他與家族的連結極其特殊，但也許不受原生環境滋養，才是他真實的本質。當他快要五十歲時，對於自我的認同完全改觀，他辭職、離開了妻子與原本居住的地方，重新展開生活。因此，並不是每個人對於自身的族群都有著相同程度的緊密關係。

家族神話

各位應該思考過生活中的神話力量，從伊底帕斯情結到原型的關聯。令人震撼的故事，也如此在家族之間上演，通常在我們出生之前就既定的事件會將我們捲入其中。在探討兄弟姊妹的研討會中曾提到海倫（Helen）和克莉坦娜絲（Clytaemnestra）這對姊妹。克莉坦娜絲嫁入了阿特伊斯（Atrues）家族——一個數世代以來，不是小孩弒親就是虎毒食子的家族。這些謀殺事件也

譯註一　亦稱水象宮位，即第四宮、第八宮、第十二宮。

許出於意外、無意識，抑或是如伊菲姬妮亞（Iphigineia），在特洛伊戰爭中，她為父親阿加曼儂（Agamenon）所殺，作為獻祭給神明的犧牲品，好讓希臘大軍的船隻獲得神佑，順利啟航。但這故事是從坦塔羅斯（Tantalus）【譯註二】開始的，他砍了兒子佩洛普斯（Pelops），燉熟後獻給諸神。雖然佩洛普斯奇蹟似的為天神宙斯救活，還有了一個新製的象牙肩膀【譯註三】，但他不甘於這肩膀揭露自身的殘缺，立下誓言，要世代子孫不得背叛他。佩洛普斯寧可收買與背叛他人，並背信贏得妻子【譯註四】，也不願相信神所賜予他獨自駕御高速馬車的能力【譯註五】。

受到諸神鍾愛的佩洛普斯，看似有機會從他父親毛骨悚然的行徑中擺脫，且幾近毫髮無傷的全身而退，但卻為毀滅性力量所取代，讓之後好幾個世代的子孫捲入戰車御者詛咒的命運。當阿加曼農的長子奧瑞斯特（Orestes）為了替父親報仇而手刃母親，這輪迴般的劇情終於告一段落。雖然奧瑞斯特因為弒母而遭復仇女神（Erinyes）【譯註六】追殺，最後卻是由太陽神阿波羅赦免了罪行，並終結了循環。在這則原罪之中，一開始坦塔羅斯背叛了他與宙斯的情誼，最後卻是由與皮拉德（Pylades）有著堅固及傳奇友誼的奧瑞斯特，解除了家族的詛咒。這故事也點出了解決家族問題的重要關鍵——必須帶入家族以外的因素及資源，以打破重複模式的僵局。這家族重複的悲劇模式是：受到背叛、驕傲，與受制於錯誤的判斷。這一連串可怕的死亡與失落，並非來自神的旨意，而是致命的詛咒。雖然坦塔羅斯的罪行無可饒恕，但只有當子孫們表現出與聲名狼藉的祖先一樣傲慢自恃時，才會捲入命運的鎖鏈。

幸好，大部分人的經歷都不會如此極端，只是以這個故事說明我們將如何陷入家族的神話，並神祕地受縛於某人過去的行為。與此同時，它也提供了一個防止悲慘傳統萌芽的方法。在這故事中，「重複的背叛與背信」是啟動詛咒的指令，然而卻未有效利用可能解開命運鎖鏈的方法——若非佩洛普斯背信，沒什麼能讓佩洛普斯以及他的子孫滅亡。即使當奧瑞斯特滿腦子充滿了報復與報應的仇恨想法，他的行動仍是出於公平正義，也以忠誠心啟發了他最親近的朋友。或許是這樣，重建了由坦塔羅斯所破壞的神人之間原本的情誼。

家族中，那些沒有充分化解的誤會（如同佩洛普斯的肩膀），將在家族成員的心理層面上產生

譯註二　坦塔羅斯深受天神宙斯的寵愛，常獲邀至神境奧林帕斯用餐，但他卻常偷走諸神的瓊漿玉液，並把神仙們的祕密洩漏於世。宙斯漠視於他踰矩的行徑，直到坦塔羅斯殺了皮洛普斯，才為宙斯懲處，罰他終身飽受飢餓與口渴的折磨。坦塔羅斯是阿加曼儂的曾祖父。

譯註三　農業女神狄米特因痛失愛女，過度憂思而誤食了佩洛普斯的肩膀，在場的火神黑斐斯塔斯（善於工藝）立即以象牙為佩洛普斯補製。

譯註四　佩洛普斯與厄利斯（Elis）的公主希波達美婭（Hippodamia）一見鍾情。國王奧諾瑪默斯（Oenomaus）不許女兒結婚，便與女兒的追求者一同賽車，輸的一方只有受死。由於國王的戰車御者彌爾提洛斯（Myrtilus）技術精湛，從未逢敵手，佩洛普斯不確定自己是否有勝算，他（另一說法是希波達美婭）要求彌爾提洛斯故意落敗。雖然彌爾提洛斯也深愛公主，但為成全愛人，他遵從指示鬆開國王戰車的輪子，讓國王墜車致死。事後佩洛普斯卻恩將仇報把彌爾提洛斯拋下海，以致彌爾提洛斯臨終前詛咒佩洛普斯夫婦和他們的子子孫孫。

譯註五　海神波賽頓曾送給佩洛普斯一輛能快速奔馳的馬車。

譯註六　三位復仇女神的總稱，生活在冥府，只有在懲罰人間的罪孽時才會來到地面。受到克莉坦娜絲陰魂的召喚，復仇女神因而追殺弒母的奧瑞斯特。

持續影響。有強化的水象宮位和強勁外行星配置的人，因為具有穿越家族無意識層面的滲透性力量，沉重、沮喪、沒有明顯原因而導致奇怪的症狀，可能極為明確地在他們的生活中發酵，這些人可以意識到家族亡靈的存在，在極端的例子中，他們甚至可以感覺到來自於過去的持續騷擾，能將意識抽離現有的時空。一個家族神話包含一個看不見的動力結構，將個人帶進它的敘事模式中。有位女士離開德國的家鄉，到倫敦打工換宿，之後又到了巴黎，與一位法國男士談戀愛，自此定居法國二十年。多年之後，她發現一個家族祕密，原來母親是非婚生子女，母親的背景裹著一層神祕的色彩。經過仔細的詢問，她得知祖父曾經是阿爾薩斯人（當時法國東北部的阿爾薩斯區隸屬於法國），當祖母懷孕時，祖父便逃離家鄉，並加入法國外籍兵團。早在這位女士知道這些事情之前，她就帶回了一位法國男士，將這條遺失的絲線重新織回家族圖像中。

這位女士有強化的八宮，太陽與冥王星合相，很可能她將自身的敏感性表現在「不曾謀面的祖父」主題上。每個家族對此類議題都帶著不同的主題，這例子裡特別強調「多餘的孩子」，以及「消失的父親」，稍後我們會看到。這些主題是家族研究的一部分，它們很容易稍稍改變後再度重現，呈現不同程度的困難，直到有人找出有創意的解決方法，或是全然踏出這種模式。跟隨這些主題，以占星學的方法追蹤，例如追蹤一個好幾世代都有火星、冥王星相位的家族，直到這相位在新一代的星盤中淡出。這代表有些事物已經解決了，而新的家庭故事也已悄然上演，並占據了一席之地。

1-2 行星的家族議題

月亮

也許你們有些人聽過維琴尼亞．薩提爾（Vrginia Satir），一位天賦異稟的家族治療師，她提出一個問題：「家庭的功用是什麼？」她提供了探討家族模式有用的架構。她發現家庭的主要任務是養育個人——「家庭是一種養育人類的農場」。從占星學的觀點來看，個人的養成大致是以太陽為主導，因為太陽象徵個人意識到的自我，每個人都有表達出自己是誰、本質為何的能力。另一個層面，家庭也攸關經濟上的生存議題，一小群人聯合在一起以求安全與防護。而這些，是哪一種行星的能量？

學生：月亮與土星。

琳恩：是的，如果你們之中任何一位是成長於非常貧窮的家庭，就會知道這問題的答案：安全感，包含情感層面和物質層面，情感層面是與月亮相關的部分。當吃穿飽暖，才能顧及到其他的層面。假設基本的生存問題已經照料完善，月亮便有希望使家庭成為提供情感滋養、讓人茁壯的地方；土星則代表家庭環境提供的安全照顧與關注。當情感與心理環境都相當健全時，個人的本質就會浮現。但誠如大自然的運作，完美的情況少之又少。外在的事件扮演了一部分，我們的內在則深受長久以來一代代匱乏或盈滿經驗的影響，就像缺乏養分的土壤，如同從家庭中流失的那一小塊，將會以殘缺的方式去影響後續的發展。你們大部分的人都非常清楚這點，因為在自我療癒的過程裡，經常需要彌補年幼時所失去的部分。

接下來我要以家族的角度簡短地介紹行星，看看每個行星引發哪些特別的議題。簡單地從它們的基礎意涵開始，標示出家族是如何讓我們建立起自身的經驗。畢竟，不管好壞，這是我們最初的環境、最初的鏡像。之後，當觀看行星排列的家系圖（genograms）時，它將提供我們理解的線索。

火星

人類極具彈性，即便是一丁點保障，就能發展出獨立性及主動權。火星代表離開父母安全羽翼的需求，去探索及測試自己的極限。許多占星學家已指出第一次火星回歸和「可怕的兩歲孩童」之間的關聯性。如果星盤中月土相位呈現出的功能是不穩固時，很可能促使當事人過度使用火星，以補償年幼時所缺乏的安全感。有時，當早期的成長環境極端艱困時，一個嬰孩可能就從世界上消失。記得在羅馬尼亞孤兒院裡嬰兒的故事嗎？他們不曾受人擁抱與撫慰，心智發展嚴重遲緩，而呈弱智。因無力從幼年的匱乏環境中得以發展火星的能量，這些嬰兒就這樣離開了。

金星

家庭中的每位成員都希望感受到愛與尊重，而不是非得活出父母的期待。在這裡，以占星學的術語來說，我們進入了金星的領域。每個家族都會傳遞某些價值，這些價值會轉變為各種議題，例如：金錢、美麗、學習、忠誠、宗教、力量等，不勝枚舉，可以想見這些在家庭中都是相當直接的議題。維琴尼亞．薩提爾將此標示為衝突的主要場域，即便是雙親之間對於子女教養的意見一致，每個孩子還是用自己的方式去愛世界，而當親子間對於事件最關鍵的部分意見相左時，可能就苦不堪言了。例如：一位有藝術氣息的小孩生在大男人主義的家庭裡，或是辛苦工作的父親有個拒絕繼承家業的兒子。

困難的金星相位直指價值觀上的緊張，或是感覺父母愛得不夠多，又或是關愛的方式不對。這些價值與自尊的內涵奠基於孩童時期以及青春期，當這些內涵變換為符合年輕人追求時尚的實際行為時，他們會投資在音樂、服裝以及理想上，但可能又與父母的價值觀背道而馳。在場大部分的人已經整合了這些觀念，但孩子認為的愛好及興趣與我們不同，經常使得親子的關係相互拉扯。在許多認為行星有其象徵年齡的系統裡，金星掌管了十四或十五歲之後的七至八年，此時期決定了我們喜愛誰，以及所愛何物。如果父母或祖父母在經歷這些議題時曾遇到極大的困難，很可能反映在我們的星盤中；但若當我們與父母和祖父母共享相同的相位，或其他家人們都有此相位時，便進入了一個充滿着「世代」意義的領域——代表可能的天份或是反覆掙扎的地帶。

太陽

金星並非與自我價值有關的唯一因素，同時還必須檢視太陽和它的相位，太陽的相位也握有關於自尊的問題。為人父母，如果本身不曾為原生家庭所了解，或許也很難「看見」自己的小孩，而產生自我形象的問題。猶如愛神愛芙羅黛蒂（Aphrodite）手持圓鏡的畫像，我們也需要從父母關愛的眼神中看見自己的模樣。經由這投射，才發現了自我認同。若缺少了他人，我們會繼續迷戀於自我的形象，無法區別人我的差異，如同神話中的納西斯（Narcissus），愛上自身危險的倒影，迷惑於自己的形象，然後跌落水中溺斃。

水星

維琴尼亞・薩提爾在陳述家庭問題時總會回歸到三個主題：價值觀、溝通與規則。當我首次讀到這些，占星學的敏感神經馬上被挑起。我確定你們聽過這些關聯：金星／價值觀、水星／溝通、土星／規則。水星作為媒介者，從內在移動到外在，從一般的世界到地底世界。當我們的水星不能與家族的成員配合時，即理解世界的方法與我們最親近的人大不相同，將會感到失去連繫，也受到誤解。我們也許會懷疑自己的理解能力和智商，而水星天生的好奇傾向，很容易轉變成持續性的自我懷疑。

木星

木星描述的是，在這充滿善意的世界中，我們的信念與自信、信仰系統，以及發現新世界的意願。木星、土星這兩顆星同是「社會行星」，象徵個人與社會的接觸界面，一般說來，是我們如何與世界所提供的機會和限制連結，以及如何取得道德（木星）與倫理（土星）的價值感。例如：木星與太陽的不和諧相位，也許是指父親在社會地位、認同度以及與社群融合方面的緊張狀態。

土星

在家族的藍圖中，土星是關鍵的行星，最好的解釋是「父親的原型」，「制定法規的人」，以及「大家長」，並且經常帶著有關家族歷史的訊息。土星的循環能夠解釋在每個獨立個體中，與家庭分離和建立穩固身分能力的重要時刻。獨立、穩定立場、確立個人界限等能力，都來自於健全的土星準則，但土星也同時表現出對於權威、規則、罪惡、壓抑及控制的恐懼，我們之後會詳細的檢視這個部分。

家庭可以說是個人的組合，父親與母親各自帶著過往的歷史，下定決心，攜手建立一個新的家庭。著名的家庭治療師卡爾．華特克（Carl Whitaker）說過，婚姻的確是兩種異國文化的結合，從來就不是件容易的事。例如為過往問題所拖累的母親，將很難自在的回應新生兒的需求；從小失怙的父親在面臨兒子與他作對時，會感到失落。並非所有的受虐兒童都會成長為施虐者或施暴者，即便有些真的如此。有些家庭建立了比其他家庭更為健全的環境，卻依然遭遇困難，但總能以某種方式找到解決辦法。這些成功的解決之道，便成了家族遺產的一部分。理想上，家庭提供了一個讓每個成員都可以茁壯的地方，「家族模式」則描述了這種獨特的家族色彩，讓我們了解哪些部分做的很好，哪些部分可能已經遺失。從以上描述中，有誰可以識別出自己家族中緊張的領域？嗯……你們似乎還沒準備好討論這議題，讓我們再多花些時間吧。

外行星

卡爾・華特克甚至質疑「個人」這個概念，在《與家族起舞》（*Dancing with the Family*）裡，他這麼說：

> 待在這個瘋狂的領域四十年後，我終於領悟到我並不相信「人」，真的沒有所謂「個人」這件事，我們都只是到處漂浮的家族碎片，試著過自己的生活。所有的生命與病理學都和「人與人之間」有關；專注於某位特定人物的心理過程，僅僅是一種不切實際和簡化生命的作法。基於這個觀點，我自然選擇研究家族，那是生命中真正的力量與能量的來源。

雖然我們可能還沒準備好進入卡爾．華特克「解構個人」那般深入研究的程度，然而外行星：天王星、海王星、冥王星，不僅促使我們打破個人的界限，還經常描述著潛在的情感和事件如何強力塑造我們的生活。你們都知道，外行星破壞土星謹慎建立的架構，在結構體上製造縫隙，如同在我們的經驗與意識中創造不可預期的機遇。然而，每個外行星的韻味與範圍都是相當獨特的，就像此刻星盤裡的冥王星出現在第四宮，似乎是一個很好的開端，有人對此有想法嗎？當冥王星的暗流流經一個家族，將會強烈突顯哪一類的議題？

學生：家族祕密、權力的議題與極端的情感。

琳恩：這聽起來好像是在講你自身的經驗！是的，冥王星與這些議題全都有強烈的連結，它同時也指出需要對巨大事件做出反應，有時候這是集體的經驗，超越了個人所能控制的範圍。我對一個年輕女孩的星盤過目不忘，她的火星、天王星以及冥王星在第四宮內合相，而雙親都有強烈的冥王星特質。她父親在她出生時已經五十五歲，年輕時從德國納粹手中逃出，其他家人皆在集中營中喪生。她來自一個殘破的根源，在這驚人事件的許久之後出生；她的父母必須為這些經歷做出回應，不是選擇死亡就是重生。她覺得內在總有股迫使她將情緒變為憤怒與無助的力量，為了盡可能地深入自己的感覺，她發揮了創作性的天賦，成為一個歌唱家與演員。我們之後將更深入地觀察這個星盤。

強烈的天王星特質經常打破既定的模式，從過去的傳承中冒出頭。天王星從過去的環境中掙脫尋求自由，並且發展出某些獨特性，有強烈的水瓶座特質的人也一樣。有時，一個帶有強烈天王星特質的人來到這世上，然後說：「等一等，這是錯的，它們將我送錯地址！」天王星人最喜歡這麼說：「這不是我的父母，我不是自願出生在這個家庭的。」

學生：這真的很有趣，我有太陽和天王星合相在天頂，我想我就是投胎到錯誤的家庭，我的母親也真的說過，如果她有選擇的話，她不會生下我。

琳恩：也許那真的不是你的原生家庭，你長的像他們嗎？

學生：我一輩子都在納悶這件事，我的確與我父親的星盤有著強烈的連結。我母親的月金合相在雙子座，她表達親密的方式，和我完全不同。現在我比較成熟了，我相當確定我與他們在血緣上的連結，但是就是有種奇妙的感覺。

琳恩：你們知道嗎？一出生就抱錯小孩的事件並非不可能，或者也可能是當某些重要人物過世時，家族祕密才得以揭露。我曾遇過有這類幻想的人，但在他們四十五歲時，竟然真的得知他們的父親並不是生父，或是被領養、發現年紀相差很多的姊姊其實是母親，又或是醫院出了錯。我並不是鼓勵天王星人胡思亂想，實際上，在身分錯誤或父母身分混淆的案例裡，反而與海王星更有關係。我們在此提及的是超越個體的一種衝動，以感覺在我們身生父母之外的，也就是神聖的生命本質。

有些人也許就是需要一個不適合的環境，以讓自己變得完整，因為並不是人人都像是一組配合好的家具或是擁有一個適合自己的靈魂，這意味著，當你的父母無法「看見」你、無法觀察出你內在的感受時，將十分令人痛苦。天王星人經常在花了時間釐清他們與家人的連結後，輕易的轉移焦點，然後繼續過自己的生活，也通常會走上一條與其他家人相當不同的道路。有時天王星在第四宮時，描述的是家族中的每個成員都古怪與不正常，或對社會而言是極盡優秀卻又令人頭痛的人物。你們看過瑪莉．雪萊（Mary Shelley）【譯註一】的星盤嗎？她的太陽、水星和天王星落在四宮，父母是卓越的社會思想家以及改革者。她擁有天王星的根源，來自於女性主義及激進思想家的族群，這樣的根源能夠培育出強烈的個人特質，也就是擁有獨立心智且能打破社會模式的特質。但當某個家族裡只有一個人的天王星坐落四宮，或天王星落在天底另一邊（天頂）時，你可以相當確定，他們總想要走出他們的家族。

我猜想，某種程度上，這屋裡的每個人都意識到自己已捲入自身的家族模式。一位著名的家族治療師穆雷．鮑溫（Murray Bowen）【譯註二】，過去的習慣總讓他困惑，為什麼家族裡老是有股力

譯註一　英國著名小說家、短篇作家、劇作家、隨筆家傳記作家及旅遊作家，因其一八一八年作品《科學怪人》（*Frankenstein*），享有科幻小說之母的稱號，丈夫是英國著名浪漫主義詩人和哲學家雪萊（Percy Bysshe Shelley）。

譯註二　美國心理醫生和精神病學教授，是家族治療的先驅。

量將他帶回那些已意識到且想丟掉的行為模式？他敘述成年之後帶著孩子回家過感恩節，不管事前如何準備，或是在其他場合顯現得如何不同，「某些東西就是會回到我身邊」，他發現舊有的行為模式會悄悄現身，然而長久以來他早就不是那樣的人了。我們也是一樣，反抗我們的兄長，跟父親發牢騷，和妹妹串通，怎麼會這樣呢？穆雷．鮑溫除了假設了一種心理學上的動力場域，設想每個人置身於某種情境時，會出現期待中的角色排序和慣性行為外，我並不認為他回答了這個問題。但我猜想你們大多數的人可從這個假設中聯想出什麼。

學生：聽起來似乎是在談關於神祕的海王星力量！

琳恩：是的，海王星與這個無意識的領域密切相關。當一個家族模式中有很強烈的海王星特質時，經常會產生關於誰是誰的混淆。這身分的模糊不清可定義為：小孩從未離開家，以致產生家族治療師口中的「融合」（過度緊密）家族。海王星總是催促我們去超越單純的個人，為了能與根源產生連結而放下小我。當然，危險的是，你再也學不會單獨的存在於整體之外，或是將父親或母親神化了。我看過一種海王星在四宮的作用是，父親生病了，女兒長大後成為護士，仍和自己的兒子與父母同住，她覺得如果放下父母不管，是一種背叛，所以犧牲自己的關係去照料他們。這是非常普遍的海王星主題，接下來我們將會看到更多。

1-3 家系圖

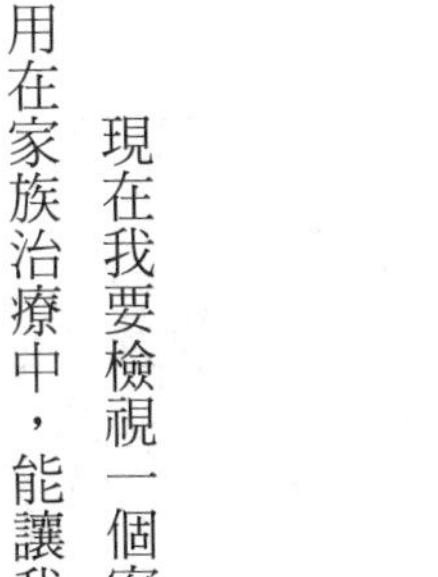

現在我要檢視一個案例，你們有些人也許知道「家系圖」（圖二），它是一種工具，已廣泛應用在家族治療中，能讓我們立刻看到誰是誰，在家族中占據著什麼樣的位置。這種圖表相當直接而清楚。

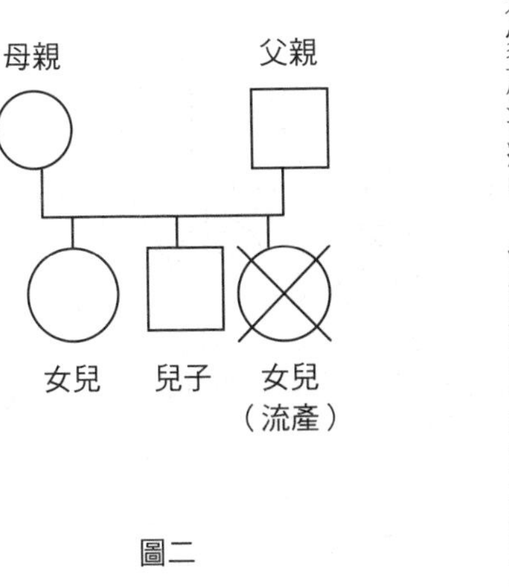

圖二

正方形代表男人、圓圈是女人，橫線連接的兩者代表父親與母親。子女按出生順序，由左至右個別顯示於橫線下方，用一條小直線及圖形代表性別與婚配。流產、墮胎、難產的子女也要包含進來——圓圈或正方形上的「X」象徵已故，其出生和死亡日期通常標示於下。離婚者則以水平虛線表示，也會標示離婚日期，其他重要的家族事件也一起加入。

這裡有一張簡單的家系圖（圖三），我沒有整個家族的星盤，但這張家系圖透露出來龍去脈。這家庭

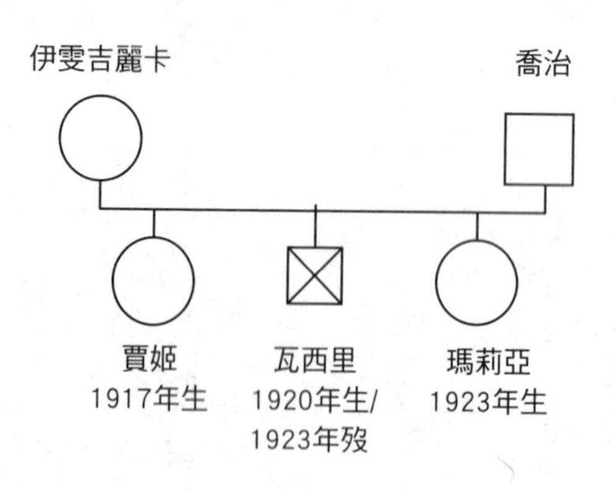

圖三

裡有三名子女，老大是女孩，生於一九一七年，接著是個兒子，生於一九二〇年；正方形上畫上「X」，我們得知他逝於一九二三年。第三名子女是個女孩，出生於一九二三年十二月，我們待會兒會解讀她的星盤。在這圖表中，對於一名子女在另一名手足死亡不久後出生，你們預期會發現什麼？又是以哪種行星的模式出現？

學生：凱龍落在第五宮？

琳恩：關於凱龍的配置，我比較期待是出現在父母親的星盤中。我經常在某個手足身故後接著出生的小孩星盤中，發現強烈的冥王星或是強勁的火星能量，這會讓你們感到訝異嗎？

學生：冥王星是合理的，它描述著某種盤據在個人心中的陰影，但為什麼跟火星有關？

琳恩：火星賦予我們從家庭環境中獨立出來的勇氣，讓我們有自信存活下去。失去一個孩子後，也許

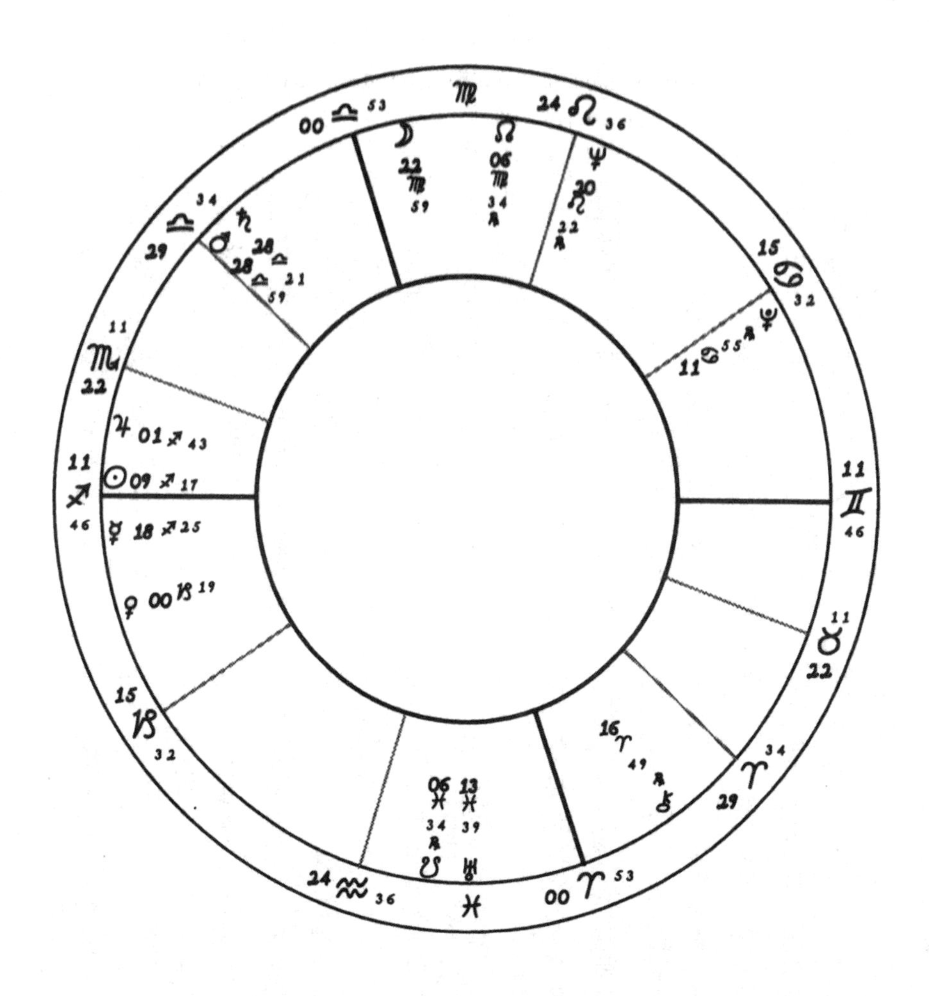

圖四

瑪莉亞，1923年12月2日，早上7點18分生，EST，紐約，普拉西度制，實際月交點。

會導致父母過度投注在接下來出生的孩子身上，無意識的綁住一個兒子或女兒，這些子女將需要更強大的火星能量去突破這個狀況。

讓我們來看看這位女士的星盤（圖四），資料不是非常清楚，有不同出生時間的建議，兩種時間都是由洛伊絲．羅登（Lois Rodden）【原註1】所提出。我所選擇的時間，太陽坐落在第十二宮，而非第一宮。無論如何，她的太陽和木星都在射手座並合相於上升點，木星強勢的落在自身守護的星座。星盤中突顯了強勁的太陽能量，而當太陽與冥王星呈現十二分之五相位時，卻暗示了一點哀傷的成分，這對於充滿活力及樂觀的射手座來說，似乎是太沉重了。

思考家庭中早夭事件的方法之一是，接下來出生的孩子必須替兩個人（自己與亡者）過活，有時會因此得到兩倍的生命力與生命資源；但這樣的情況反而較少出現，比較常見的是冥王星的特質——有種無法解決的悲傷與焦慮。

有個助於解釋此家庭事件的重要資訊，大兒子死於傷寒流行的時期，在那之後，這對父母幾乎立刻決定離開祖國希臘移居到美國。他們在一九二三年的八月抵達美國，當時這位母親已懷有五個月的身孕（類似這種家族中的主要事件也需加進家系圖）。女兒瑪莉亞（Maria），帶著嶄新的能量與一個早夭兄長的震撼來到世上。注意第九宮中的月亮以及十二宮中太陽、木星合相在射手座，二者都描述著文化的移轉，第十二宮也經常指出離鄉背景的可能性。她的父母不會說英語，父親雖是個藥劑師，最後也有小有成就，這個家庭仍經歷了一段困難的適應期。誕生於此時刻的孩子，帶給家族新生活的希望，瑪莉亞第四宮的宮頭起始點落於牡羊座零度更強調了這一點，而火星準確的與第十宮的土星合相，也指出了一個極大的決心與野心。到目前為止，你們有看見任何與這個家族故事有關的線索嗎？

學生：天王星對分月亮以及四分太陽，在我看來似乎是代表改變，甚至是不穩定的意思。我想三宮與九宮的強調，描述著遷移，第四宮裡的凱龍是指過去有些未竟之事嗎？

琳恩：是的，有懸而未決的事，或是沒有治癒的傷痛，這裡存在着整合過去經驗的困難。全盤看來，所有的射手座能量都推向未來而非過去。十二宮的議題經常提到家族靈魂，但也可以將十二宮的定義延伸為關於集體的感受和影響。也就是說，瑪莉亞在母親眼中變成了「特別的」孩子，母親在她身上灌注了大量的愛及熱烈的情感，也許是為了需要彌補失去的家園以及失去的兒子，這個跋扈的母親將她自己的意志與希望灌輸給女兒，她後來成為二十世紀中最偉大的女高音之一，瑪莉亞・卡拉絲（Maria Callas）。

卡拉絲的成就無人能及，擁有傳奇地位，對於歌劇形式的貢獻舉足輕重。十二宮與挖掘卓越的特質有關。在希臘，兒子出生通常是家族中最重要的事，而她出生於哥哥的死亡之後，等同是母親

原註一　洛伊絲・羅登所寫的《女性的側影》（*Profiles of Women*），美國占星協會（Ameican Federation of Astrologers Inc）一九七九年出版。資料不甚準確，有多種不同的日期與時間，主要是關於移民的影響與這個過世的孩子，然而為了研究的目的，多數占星師認為推測星盤是適當的。

投入了所有的精力與注意力在這個新生兒身上（其他的案例也許不盡相同），家族歷史中的此類事件反而成為我們自身發展的養分。通常，一個孩子出生於重大改變的時刻，特別是決定積極改變的那一刻，也許是因為父母充分意識到新的可能性，因而孩子接觸到強大的創造力。太陽與冥王星的十二分之五相位，產生一個鞭策往前進步、超越已有成就的持續性壓力。

卡拉絲以脾氣暴躁聞名，她是個原創型的歌劇女主角，擁有「歌劇女神」的封號。日木相位創造一個接近神的無限意識，也許她的父母視她如喪子不久之後失而復得的珍貴禮物。其他家庭裡，失去孩子可能會在心理上投下一道巨大的陰影，但在卡拉絲的例子中，喪子議題似乎賦予她某種使命，給予她充滿急迫、激動力量的火爆脾氣。當她還年輕時，外表笨拙、豐滿、不討喜，卻在年長丈夫、也是她的經紀人的改造後，搖身一變成為深具魅力的明星，這反映了冥王星在她第七宮的特質。卡拉絲終身對於權威人士敏感，離開她那野心勃勃的母親後，嫁給了經紀人，十年之後離婚，去追逐與希臘船王——亞里士多德．歐納西斯（Aristotle Onassis）的愛情。

學生：那是由於太陽和冥王星形成十二分之五相位的原因嗎？因為這相位難以將其他行星整合進來？

琳恩：是的，當她承接來自他人的壓力時，或許會有這種相位的感受。從這觀點來看，更值得注意的是她火星與土星合相於天秤座，這個相位與太陽和冥王星的十二分之五相位有著相同的意涵，也就拚命似的想要完成使命。看見有此相位的人，我總覺得非常有意思，他們有些人似乎無法從床上爬起來（土星的「阻礙感」所致）；有些人則像蒸氣壓路機一般，不肯停止的朝向目地駛去（土星的「不足感」所致）。多年前，我在《占星協會期刊》（*The Astrological Association Journal*）中讀過一篇文章，報導一群漁夫們在冰寒的冰島海岸翻船，沉入海中，其中一個生還者走了三十公里的路程到達最近的城鎮，他就有火星和土星的合相！卡拉絲的火星、土星合相於天秤座，她讓他人來驅策自己，也許是土星落在強勢位置天秤座，有助於她持續在自己的軌道上前進。

學生：我的女兒有對雙胞胎，一個死於出生時，我總在思考這會對她造成什麼影響。在她的例子中，小孩的火星合相軸線，而她自己有非常明顯的第四宮能量。

琳恩：雙胞胎出生的時間通常很接近，所以他們的火星都非常有機會與軸線合相，但只有一個人存活，就如同我們已經提過的，生存是火星的主題。有些研究指出雙胞胎為了爭取優勢，即使當他們還在子宮裡時就已經展開競爭。你女兒是非常有生命力及活力的人吧？（是的）如同魯德海雅（Dane Rudhyar）【譯註一】經常提出的「無法改變的事件，只能去回應它們」。有時，來自於過去的壓力，將長久的讓一個人裹足不前，然而，無須因為這些沉重的事件而譴責自己，在心理上留下終生愧疚的牽掛。若能成功適應早已啟動的激烈火星能量，便能給人強大的活力；但如果父親或母親

譯註一　法國派作家、作曲家和人文占星家，也是現代超個人占星學的先驅。

不能處理自己的悲傷，作孩子的便得經常承受。你女兒擁有強烈的第四宮，這讓她與家庭環境連繫在一起，暗示她有能力去療癒家族的傷痛，也許這就是她擁有的一小片拼圖。如果她能找到解決辦法，那麼事情的發展將會影響所有人。

學生：我的太陽在十二宮，我母親流產之後才懷了我。

琳恩：這是個有趣的十二宮呼應，因為它經常是等著某件事物兌現，需要一些時間才會浮現。你的太陽距離上升點多遠？十度嗎？愈接近上升點的行星將愈快行運到第一宮。我猜想你是否有時感覺需要多一點時間，或事情花了你比較久的時間？流產與未完成的潛能有關，對家族與之後出生的小孩造成不同的影響，但絕大多數取決於母親——她如何反應？以及她的身體付出了什麼代價？難產在家庭中留下不同的印記，從一個存活不到幾天的嬰兒，或是只存活兩、三年的孩子。十二宮裡的太陽象徵著消逝的某件事物，但卻依然徘徊在家族的無意識中。

學生：我也出生在我母親流產之後，但我從沒有真的認為此事與她的控制欲有關，直到現在。我的月亮和冥王星合相，我經常感覺被她生吞，接著就把我拖入深深的沮喪裡，她似乎不讓我與她切割。所以我猜想，當她剛看到我時，應該深陷在焦慮中，懷疑著我是否會死。我們的火星有著非常激烈的對立，關係也充滿衝突。

琳恩：我們已談到很多次有關於火星是種生存的能量，它代表為自己挺身而出的能力，去阻止他人踩在我們的頭上。如同我之前所說的，在孩子死亡或流產之後，需要加強某方面的生命力，而火星正可以勝任這項任務。

學生：我最大的孩子生於流產之後，但在她的星盤中我看不出任何與流產的關聯，她是個擁有強烈天王星特質的人。

琳恩：對於流產，我確信家庭中必然有其他的看法，但我們該如何理解？也許這個流產事件發生在懷孕初期，所以不曾留下難以抹滅的烙印。我想這跟你對事件的反應有關，人類總是無止盡地對事件產生反應，或許你選擇了抽離，作為保護自我情感的方式。

重複的家族模式：芳達家族

然而，即使家族模式令人難以面對，若善加利用也可以成為有用的工具，成為解決生命議題的方法之一。我帶來珍．芳達（Jane Fonda）的例子，她與弟弟彼德（Peter）都追隨父親，走上演藝之路，同行的還有姪女布莉姬（Bridget）。珍．芳達嫁給泰德．特納（Ted Turner），他們有一些共同的特點，有任何關於這將發展出什麼的想法嗎？

學生：金錢與多次婚姻。

琳恩：很正確，但除了金錢，他們在情感與心理層面上，也分享了一些有意義的事。兩人的父母之一都以自殺結束了生命。泰德．特納的父親在五十三歲時，達到自己所設定的目標後舉槍自盡。他擁有私人遊艇，身價百萬，但他無處可去，也沒有任何目標可以繼續前進。

讓我們看看泰德·特納星盤上的一些元素（圖五），特別是關於父親的形象。他的太陽與金星落在十二宮，並合相在天蠍座，同時與第三宮前的木星產生四分相。基於前述，我們可以看見緊張與衝突（四分相）和有些模糊的陽剛形象（太陽十二宮），與外向的、擅長社交的性格（日木相位）。但火星（天底的守護星）對分落在四宮牡羊座的土星，這是特納父子關係的最佳註解——老特納充滿暴力與控制欲，當泰德犯錯時，他會想出處罰他的方法，例如：用衣架打他，或是讓自己躺下，命令泰德鞭打自己；在泰德六歲時，就送他去寄宿學校，接受軍事化教育，從不讓他輕鬆過日子。

之後泰德·特納變得有控制欲及強迫傾向，強迫自己什麼都要要贏，喜歡支配、個性暴躁也無法預測。他深深為死亡著迷，曾參加極度危險的海上航行比賽，他獲得勝利，而同場選手卻有十五個人死於暴風雨中。他與父親一樣，在情欲爭戰上，戰功連連。他經常將自己置身於危險的情況，頻繁的把自殺掛在嘴邊，深信自己會在五十歲時死亡。在他二十歲時，妹妹死於紅斑性狼瘡，死亡的陰影在他成長過程中如影隨行，以至於他不顧一切地想要驅走十二宮中的鬼魂。

水星合相上升射手座，將特納在全球媒體前的角色詮釋得非常貼切，加上三宮宮頭前的木星與太陽四分，八宮的冥王星三分太陽、四分月亮也有此詮釋。特納開辦有線電視新聞網CNN時，受到大多數專家的揶揄，認為這是個不可能達成的白日夢。不難理解他雄心壯志的背後，是為了避免和父親一樣陷入漫無目標而採取的保護機制。然而，他是在接受了愛人的最後通牒，接受治療，並

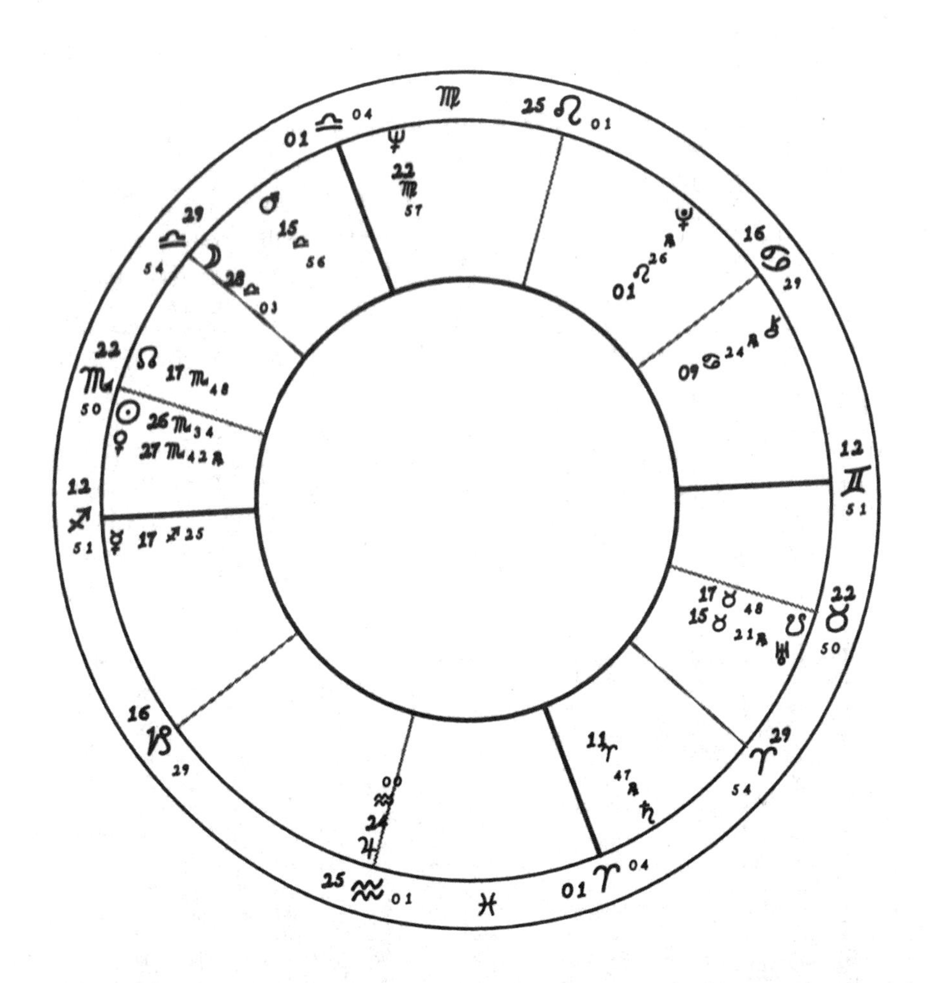

圖五

泰德・特納，1938年11月19 日，早上8點50分生，EST，辛辛那提，俄亥俄州，普拉西度制，實際月交點。

服用鋰鹽【譯註二】之後，才開始真正享受生活。根據那些非常了解他的人形容，接受治療之前的他是一個「大驚小怪」、「暴躁」、「瘋狂、一心只想要贏」的人。但在遇見珍・芳達之前，他就已經逐漸改變，珍・芳達也來自單親家庭，母親在她十二歲時自殺。當擁有相似家族模式的兩個人相遇，大部分的意義是取決於他們意識到多少潛藏於自身的議題。在極為深沉的層面裡，相通的心靈可以為彼此帶來療癒，特納在他五十三歲的前夕與芳達結婚，也就是在他的父親自殺時的歲數。

「週年紀念日」是非常有力量的轉捩點，常常無意識地觸發受創的事件，但也提供了從過去的情況中脫離、嶄開未來的可能性。然而，就在幾年後，行運的冥王星與特納的太陽產生相位時，醫生證實他為強烈紫外線所傷，罹患了皮膚癌。他再次面對致命的議題，並大聲疾呼防護日照的必要性。這次，特納將自我毀滅的衝動導向環境保育、全球和平、零污染發展等活動，致力於其他遠大的計畫。

自殺事件在家庭裡留下持續性的影響，不僅僅是它的破壞力與絕望，更是因為面對未來將會有股莫名的空虛感。詹姆士・希爾曼（James Hillman）【譯註三】曾說：「每個自殺事件都是因為無法允許改變發生，缺乏重新生活的能力」。家族裡的自殺事件傳達出：我不知道我的生命如何前進、我無法繼續、我不知道如何改變或找到一個出口。導致家族產生自殺模式的可能性來自於：缺乏度過壓力與困難的範本，以及無法從深重的罪惡感中全身而退。歐內斯特・海明威（Ernes Hemingway）【譯註四】的父親死於自殺、他的祖父也曾自殺未遂，他的孫女也延續這個傳統。身於海明威家族傳統中的男人們，認為自己擁有大男人的氣概與勇氣，拒絕接受歲月的摧殘。海明威在拿槍對準自己之前，承受了意外帶來的嚴重傷殘與病痛。一致的模式從這一代傳承到下一代，海明威家族傾向於回到相同的「解決之道」。

珍·芳達【原註二】有著強烈的五宮特質（太陽、金星落於此，圖六），太陽不僅三分她獅子座的月亮，還是上升獅子座的守護星，這些元素使她跟隨父親的腳步踏入演藝界。我對這張星盤的第一眼印象是，太陽以非常寬鬆的容許度合相金星，並六分火星，看來有個極為正面的陽性特質形象；但再進一步檢視，太陽與八宮雙魚座的土星，以及二宮處女座的海王星形成一個T型三角，這個圖形相位暗示著一個優秀、傑出的明星父親，卻是一個會定期（日土四分）消失的父親（日海四分），並因此侵蝕著珍意識中的穩定及確定感。太陽同時與冥王星產生十二分之五相位，冥王星守護她的天蠍座四宮，暗示著父親的能量下隱藏了或醞釀著某些事物。而四宮的守護星（冥王星）落入十二宮，通常指向家庭中有著憂慮的議題。

珍的母親法蘭西斯（Frances），亨利的第二任妻子（他結了五次婚），也是演員，飽受憂鬱的

譯註二 鋰鹽：為預防及治療躁鬱症的主要藥物，主要是針對躁期和輕微狂躁。

譯註三 後榮格心理學派學者，著有《靈魂符碼：橡實原理詮釋人的命運》（*The Soul's Code: In Search of Character and Calling*）等書。

譯註四 美國記者和作家，被認為是二十世紀最著名的小說家之一。

原註二 星盤資料出自洛伊絲·羅登《女性的側影》，同前揭書，出生資料由珍芳達提供。泰德·特納的星盤出自Michel & Francoise Gauquelin, The Gauquelin Book of American Charts, ASC, 1982.

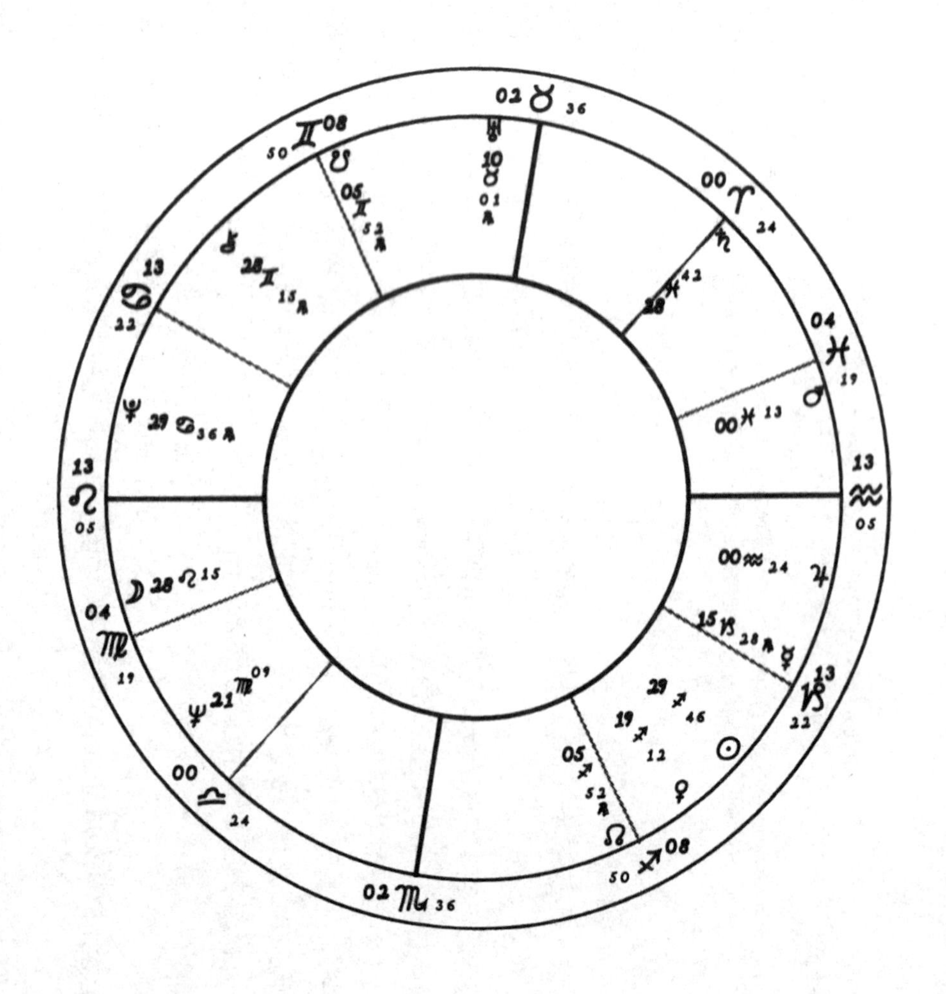

圖六

珍・芳達，1937年12月21日，下午7點57分生，EST，紐約，普拉西度制，實際月交點。

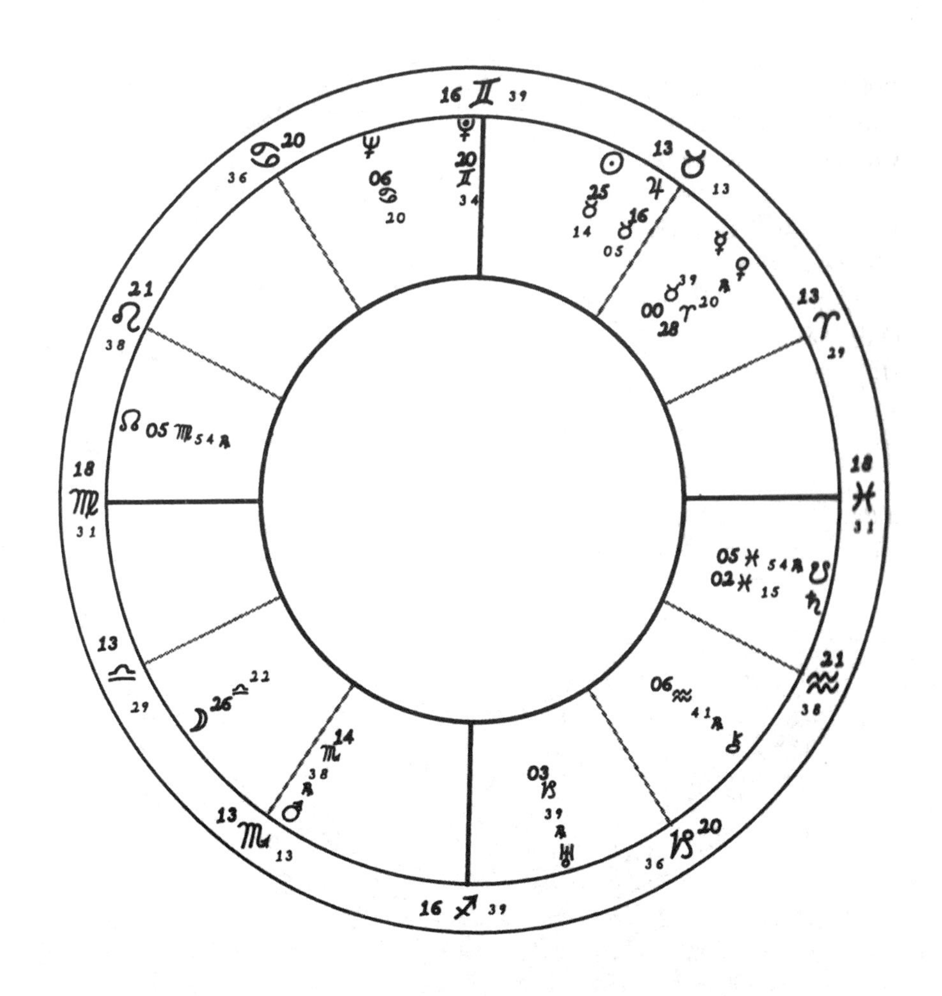

圖七

亨利·芳達1905年5月16日，下午2點生，CST，格蘭德艾蘭，內布拉斯加州，普拉西度制，實際月交點。

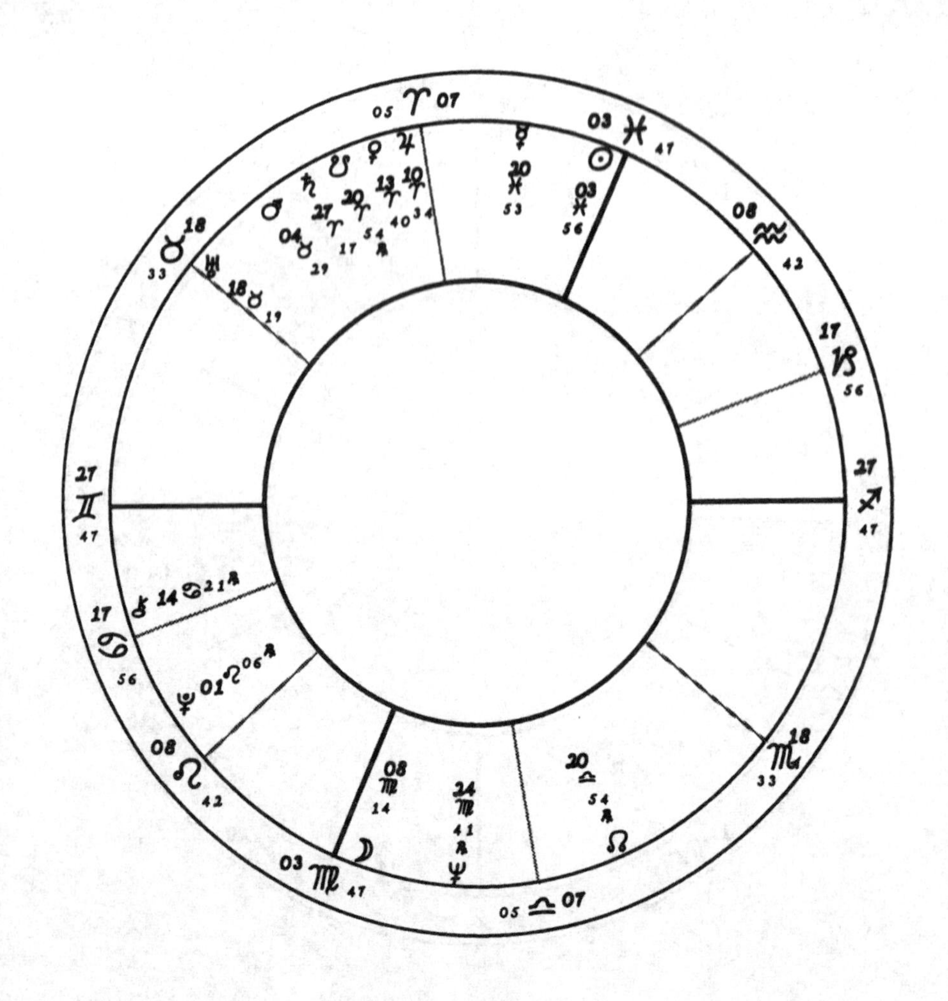

圖八

彼德．芳達，1940年2月23日，下午12點9分生，EST，紐約，普拉西度制，實際月交點。

情緒之苦，最後在精神病院裡自殺。珍的月亮（母親的象徵）對分火星，並與土星、木星形成一個上帝手指的端點，有意思的是在泰德·特納的星盤中也有一個上帝手指——包括水星與火星，而以天王星為其端點；上帝手指常常代表突然以及徹底改變的相位。當珍的母親用刀片割喉時（一種非常殘忍的自殺方式），亨利簡單的告訴孩子們，他們的母親死於心臟病發作，之後便不再提起。珍落在十宮（父母的宮位）裡的天王星描述著一個不穩定、不可預期的母親，而珍卻是在多年後，閱讀一本電影雜誌時才發現這個事實。

珍和彼德兩姊弟都形容亨利【原註三】是一個冷淡、有距離感、「是對於最親近的人幾乎不可能流露情感」的人。亨利的上升守護水星落入第八宮，冥王星合相天頂，雙魚座的土星與落在金牛座的太陽形成不同星座的四分相（圖七）。以上種種，再加上火星在天蠍座，描繪出一個內斂與感覺不好的父親形象。儘管亨利有木星與太陽的合相，兒子彼德卻描述他的家庭生活是「黑暗、沉悶並且充滿了陷阱」。

在彼德【譯註二二】的星盤中（圖八），太陽合相天頂落於雙魚座，暗示父親可能是位經常展現在眾人之前的重要人物，與海王星象徵的演藝事業有著雙重暗示；他的火星合相土星、四分冥王星，

原註三　星盤資料出自洛伊絲·羅登《占星資料二》。出生資料為大略並非完全正確。

原註四　星盤資料出自洛伊絲·羅登《占星資料二》。出生資料取自出生證明書，所以極為準確。

呼應了小時候，他那種暴躁、暴力、野蠻的性格。就在母親自殺後的六個月後，父親再婚去渡蜜月時，當年僅十歲的彼德拿了一把槍，朝向自己的腹部發射，接著是其他自殘的企圖與藥物濫用。在接受幾年的治療與建立穩定的婚姻後，如今彼德眼中的父親「是一個痛苦、害羞的男人」，但當他們還是孩子時，卻將這些性格誤解成憤怒。珍將自己月亮和火星對分的能量，化為一種極大的決斷力，越戰期間，她運用天王星式的叛逆方式，公然地宣布反戰，以及遠溯於一九八〇年代，因對抗老化而成為有氧舞蹈女神。年幼時她就很明確的認同父親，而月亮與海王星都落在第四宮的彼德則背負著較多的情感衝擊。這符合傳統的出生排序模式——最年長的孩子傾向於高度展現自我，而第二個小孩則較緊密的與家族情感連結。如果你有父或母過世了，你就必須選邊站，火星是與生存主題極度相關的行星，珍擴張月亮與火星對分相的情感力量，並用以督促自己向前邁進，她與弟弟在星盤的配置上截然不同。在泰德・特納身上，珍看見另一位鬥士，一位從邊緣回頭的人。他們兩人都來自幸運卻又十足毀滅性的背景，同樣都在「建設性的使用力量或毀滅」和「創意地使用力量或毀滅」之間抉擇，並都以此為生活的重點。

學生：在珍的星盤中，火星落在七宮對分月亮，是否暗示母親的婚姻中存在許多的憤怒？而第十宮裡的天王星，不是暗示一位比較獨立自主的母親嗎？你知道珍的父母親之間的關係如何？

琳恩：想像一位本身是演員又嫁給像亨利這樣的人並不容易，他到處留情，也不是個好溝通的人，因此可能累積很多的憤怒，這也許是活在有名丈夫之下所產生的情緒問題，但我們需要更多的資訊來佐證。十宮裡的天王星暗示著極度不穩定的狀態，加上月亮與火星對分，可能呈現二種傾向，一是精力不斷來回搖擺，另一則是擁有很大的勇氣與膽量。

學生：彼德．芳達的星盤也承襲了母親星盤的特質嗎？

琳恩：他自己的星盤當然反映出母親對於他的影響，他有一個充滿力量的滿月【譯註五】，合相於天底，而天頂的守護星——海王星，落在第四宮。某個層面上，這個母親（月亮）位於這張星盤的根源處（天底），強烈的第四宮能量則強調家族故事的重要性，以及忠於傳統，也就是忠於家族中強烈的情感表達方式！火星、土星與冥王星的四分相，附帶說明了彼德巨大的焦慮感與造成自我毀滅的暴怒。雖然他從事演藝工作多年，但在大部分的演藝生涯中只演出一些B級電影，未到達父親或姊姊的成就，也許這就是他自我破壞的面向。甚至，他也可能重複了母親在事業上黯然失色的經驗。

然而事情變得趨於複雜，由於亨利與首任妻子仍維持友好，她與亨利離婚後所生下的孩子，也與芳達家族的孩子們成為朋友。彼德最後與父親前妻的女兒布莉姬（Bridget）陷入熱戀。當布莉姬的母親自殺時，彼德陪侍在側並安慰她的失落，但九個月後，布莉姬也走上自殺一途；為了紀念她，彼德以她的名字為女兒命名。彼德與父親一樣，很容易受到具有自毀傾向的女性吸引。對彼德

譯註五　彼德．芳達的月亮和太陽呈現對分相，顯示出生當時靠近滿月時間。

來說，這是他再次經歷失去母親，必須再次在生死之間做出選擇。彼德有五顆行星落在第十一宮，包括木星和土星，這代表兩種截然不同想像未來的方式。一個家族中的自殺歷史需要我們關注，並且追蹤之後的發展，發掘值得讓生活繼續下去的事物。芳達家族中，不是死亡便是成功，不是名演員就是自我毀滅，所以需要特別留心他們的太陽、火星和冥王星，徹底去了解這些模式，因此我們也需要這位母親的星盤。

1-4 行星家系圖

我們如何研究這類的資料？當我在與個案對談時，如果適合的話，我常會畫出家系圖輔以解釋。我在巴黎組織了一個研究家系圖的團體，定期在每個月的某個星期天聚會，使用這個月內研究過的一系列家族星盤以及家系圖表，並在聚會前將資料全數備妥。我會試著讓學員專注在一個特別的議題，檢視行星在宮位及相位的配置，然後畫出我所謂的「行星家系圖」。

水星的故事

舉例來說，我曾在團體中提出問題：「誰的家庭中有溝通上的問題？」有位女士舉手，說她十七歲大的兒子大衛，不跟任何人說話了。她有兩個兒子，分別是十七歲和十五歲，「你兒子的水星落在哪裡？」她回答：「我兒子的水星在金牛座合相土星。」我說：「那很有趣，那你的先生的水星在哪裡？」她回答：「他的水星合相火星在牡羊座，土星在雙子座；我的土星也在雙子座。」

在她說話時，我已畫好一張行星家系圖（圖九），並把水星從四張星圖裡挑出來。如各位所

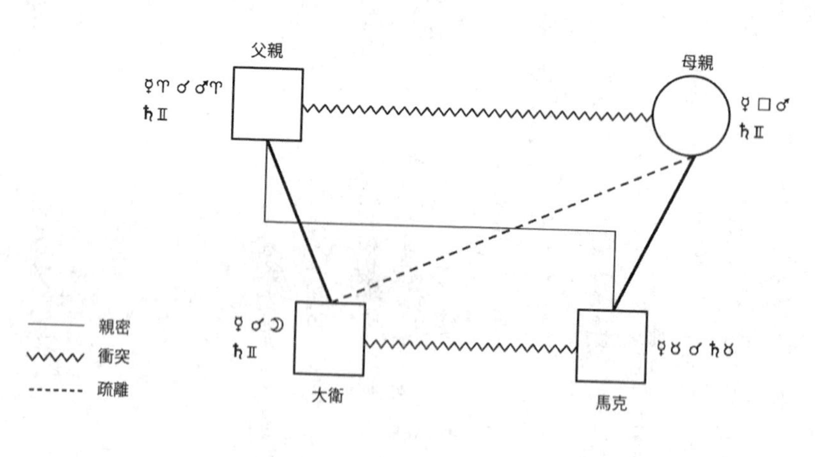

圖九

見，她的水星四分火星，第二個兒子馬克的水星合相月亮。現在，即便沒有仔細研究每個相位的意涵或是檢視其他的星盤，我很快就知道要問些什麼問題。

建構「行星家系圖」的步驟

1. 收集家族成員的星盤。你可能會希望先從父母親與子女開始，但請將資料保持在方便管理的數量內。
2. 規劃固定的家系圖模式，標示成員、出生於何時、以及出生的順序，這將成為所有行星家系圖的「樣板」。記住！男性用正方形、女性用圓圈代表，子女則依照出生的順序，從左邊排到右邊；如有墮胎或是流產，加上象徵符號。
3. 選擇這家族的問題領域，即設定主題。如果是溝通，就選擇水星；如果是與規範和權威有關，你可能會想看土星。選擇你最想先討論的行星。
4. 詳列出每位家族成員：此一行星的星座、宮位，還有度數，並確實標示出這行星所有的相位。

5. 將步驟四的資訊標示在家系圖中（請見步驟2）。

6. 設定其他有意思的行星，重複畫出家系圖，直到找出有意義的模式。理論上，一張行星家系圖只能以一顆行星為主，而我們也會很容易地從數張星盤中「一眼」挑出有意義的行星。

7. 擴張家系圖。加入祖父母、孫子、曾孫，以及姻親關係。謹慎地規劃，或是你可能需要大一點的紙張。

8. 可在水星的行星家系圖中加入任何與溝通有關的元素，例如：第三宮、落入雙子座的行星等等。然而，請不要加入太多資訊，因這技巧的重點是將資料規劃成容易辨識、具有意義的脈絡。

如果這張家系圖成為一張主題突出的案例，那真是非常幸運，每一種展現出來的家庭模式並不會完全符合你的期待。首先，這家庭裡的三位成員土星落於雙子座，其餘一人的土星則合相水星，這立刻讓人聯想到，談話在這家中是一種沉重的壓力或是非常吃力。我問她的第一個問題是：「在這兒子拒絕溝通之前，他最後說話的對象是誰？」結果，大衛曾經與父親非常親密，雖然說不上是很有話聊，但他們相互分享了許多事。這位母親覺得總是被父子倆排拒在外，因而與另一個兒子馬克建立起親密的關係，馬克的個性大致上是活潑而外向的。在這家庭中，有水星／月亮（代表母親）相位的兒子的確與母親有著共通的語言，而有水土（代表父親）相位的兒子則與父親溝通順暢。當然，接下來的問題是關於這對父母，他們之間的溝通狀況如何？

學生：他們爭吵嗎？他們同時都有水星和火星的相位。

琳恩：這對父母的確是小吵不斷，兄弟間也會爭辯與爭吵，這家庭分成兩種模式：在衝突的議題上，兒子們模仿他們的父母親；在親密程度的配對上，父母親各自分配一個兒子。溝通一直是他們家的議題，而這種「每人各自配對一個說話的對象」的模式，或多或少發揮了功能。

我在父母親的象徵圖形間畫了鋸齒狀的線，表示衝突，也同樣在馬克與大衛之間畫上。粗黑的線代表親密的連結，例如聯繫着馬克與母親之間的線。點狀線代表著疏離，或是缺乏連結。

稀奇的是，這對父母都有水火的相位，暗示了他們基本上的相似點，可惜他們都表現了這相位所象徵的缺乏耐性和傷害他人的層面，將言語變成了一種武器。這位父親因為工作的關係，經常在外地旅行，所以逐漸退讓、漸漸地不與妻子爭吵，但這並沒有改善雙方之間的溝通。這位母親和小兒子愈說愈多，幾乎可以替代她的伴侶，情勢趨向極端。突然之間，大衛幾乎不再和任何人說話了。這古靈精怪的青少年知道某些行為會讓家裡的其他成員抓狂，像這樣過了幾個月，這母親幾乎要失去理智，於是「必須」針對此事和丈夫討論一下，以了解這孩子是沮喪、生氣還是不高興？到底他們對他做什麼了，他們應該擔心嗎？

大家是否看出這其中發生了什麼？大衛十七歲半時，已經計劃好接下來的幾年，將離家去上大學，當他離開之後，這位父親要和誰說話？當他變得無聲，家裡其他的人不得不相互交談。當某種改變發生的初期，家庭機制也會跟著變化。事實上大衛的沉默是吶喊——需要父母親角色互換。與其說出自己的不舒服（即便他可以如此），這種沉默的方式似乎比較奏效。

此外，別期待能在自己的家族星盤中，立即找出與此類似的溝通圖表，它也許會是另外一顆行星——例如金星，那才是你家族中那片至關重要的專屬拼圖。現在，讓我們用另一種星座位置的方式來檢視水星，假使家中每位成員的水星都有良好的相位，並且落在風象星座，但就是有個小孩和大家都不一樣，出生時水星落在天蠍座、巨蟹座或雙魚座等水象星座，這會變成怎麼樣？發生什麼事？我們先將家庭中的其他因素擱置一旁，此時你們看見了哪一種動力？

學生：水星落在水象星座比起水星落在風象星座的人沉默多了，我認為這樣的人會覺得自己總在錯的地方。

琳恩：是的，水星水象星座的人不需要像風象星座的人那麼需要語言表達，水星在水象星座的人經常是靠吸收與直覺，不需要言語就可以感覺到連結。某種程度上，他們可以處在這種無聲的環境中，除非他們開始感覺無能或遭受貶低。這位與眾不同的家庭成員，若能和語言發展出某種特殊的關係，便可以從中獲得極大的力量；但也可能因為承受沉重的壓力，集中注意力在感受上，所說的話便不受人重視。這種家庭中的「異類」不見得會產生病徵，但若當他們說出的話遭人誤解時，便有可能朝那個方向演變。相反的，水星在風象星座的人出生在水星都是水象的家庭中，可能會更難受。水星雙子座的人會因為過度沉默的氣氛、寄出的電子郵件未見讀取、沒接到回覆的電話等等，而徹底崩潰大喊：「請跟我說話，拜託！」

學生：水星水象人是否可能身在一個充滿抽象思考模式的家庭中，但卻成為一個具有藝術氣質的人？

琳恩：是的，那是一種很不錯的想法，一個水星水象人也許需要更深入的研究，去發掘某種可以表達內在體驗的語言，這將對其他親人產生很大的影響力。當然就相位以及所在的宮位位置而言，還有更多的部分需要探討，星座只是檢視人們如何相互影響的方法之一。同家族的親人們傾向強調某種元素（風、土、水、火）是相當顯而易見的——這讓我們容易分辨出哪些人能適應家庭裡的主要模式，而哪些人則格格不入。元素的同質性可能會展現在：某些成員的太陽落在火象星座，或親人間有著類似的火星能量。每一種行星的脈絡都顯示不同的的連結，而每個家庭也都擁有各自的模式，這就是我們今天要探討的家庭動力模式。

1-5 追溯案例的家族史

自殺事件的脈絡

我們要回到第一個家族案例，將會陸續帶入一些星盤，我將試著慢慢建構家族的脈絡。而就像我先前所示範的，設問和引導你們關注焦點，都有助於了解這些脈絡。

這些星盤是由克里斯丁帶來給我的，他所擔心的是籠罩在他家族裡的自殺模式，他的兩位祖父都自殺身亡，另一位曾祖父也是；他感到不安並且不確定占星能否給他一些清楚的解釋，或應該注意哪些事情。雖然他從來沒有自殺的念頭，但卻擔心他的哥哥，因為哥哥將所有事情深藏在心裡；而他母親也經常提到要去尋找外公的遺體，然後陰鬱地暗示自己的結局。雖然克里斯丁不曾說出口，但對於籠罩著家族及其未來的命運，充滿了「這件事會再次發生嗎？」的疑問。當我們檢視這個家族星盤時，冥王星正行運至克里斯丁落於射手座的太陽。

我的第一個疑問是，克里斯丁這兩位祖父是否有任何的共通點？所以需要去尋找與他們死亡相關的特殊細節，但首先我要排出克里斯丁家族的家系圖。（圖十）我知道起初看起來很複雜，所以讓我們一起重新看一遍。如你們所見，克里斯丁是兩兄弟中幼小的那位，記住，正方形代表家族成

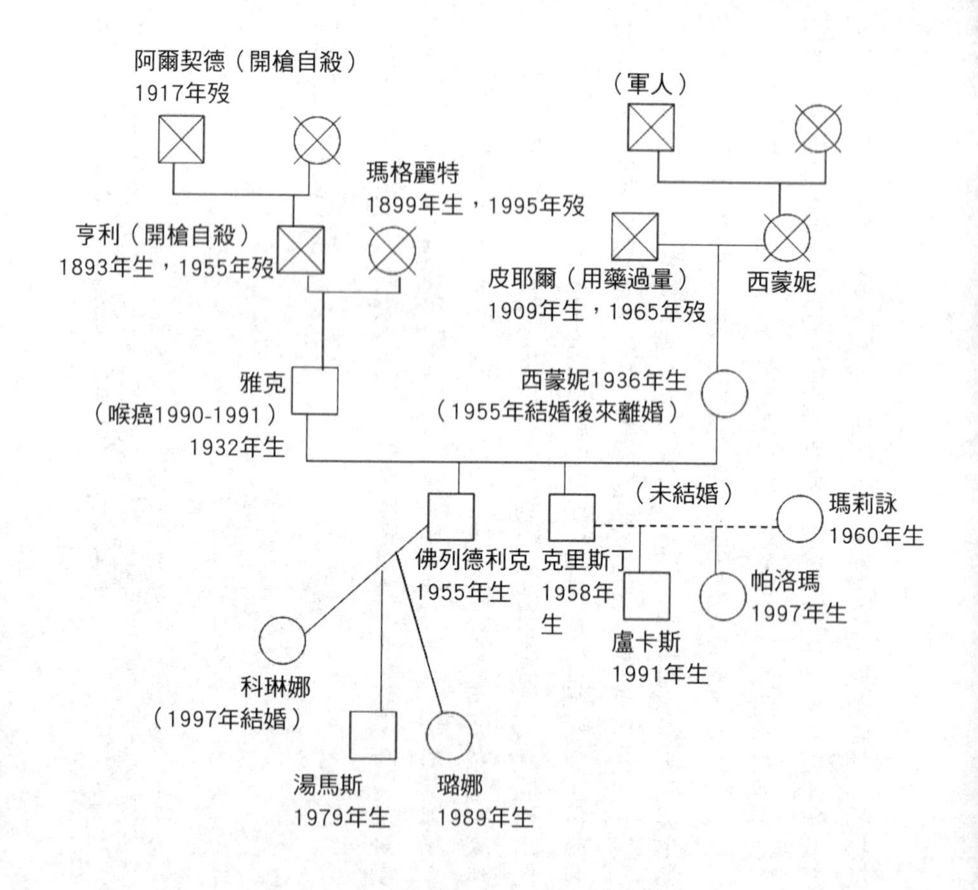

圖十

編者註：為了使家系圖更為簡潔，我移除了一些細節。值得一提的是，克里斯丁的母親西蒙妮（一九三六年生）有一個妹妹（一九三九年生），她的孩子和西蒙妮的丈夫雅克一樣也罹患喉癌；雅克和西蒙妮離婚後另和他人再婚，就在大兒子佛列德利克第一個孩子出生的九個月之後，於一九八〇年生下一個女兒瑪麗。

員中的男性，圓圈代表女性；讓我們先專注在父親這邊的家族，克里斯丁的父親雅克排行老么，上面有個姊姊。雅克的父親亨利在雅克二十三歲時自殺，正好是在雅克的第一個兒子佛列德利克出生後的兩個月。亨利朝自己的心臟開槍，而亨利的父親阿爾契德也是在亨利二十三或二十四歲時自殺——朝自己的頭部開槍，在家系圖中象徵他們的符號旁邊我加上「自殺」的註腳。

雅克的大兒子佛列德利克在雅克二十四歲時誕生，也就是父親雅克和祖父亨利同時失去他們父親時的年紀。我們來看看發生了什麼事。再婚之後的雅克一定立刻讓他新婚的妻子懷孕，因為九個月之後，當他四十八歲時，他又當爸爸了；這一次在這家族脈絡中我們看到新生兒的誕生而非死亡。但十二年後，當克里斯丁的妻子懷孕時，雅克被診斷出喉癌，他談到即將死亡的恐懼，他相信當一個人出生時，另一個人就會消失。顯然雅克尚未從父親死亡的震撼中復元，而將他心裡的死亡陰影與嬰兒的誕生作連結。亨利——一個負面而悲觀的人，朝自己的心臟而非頭部開槍，這是否暗示著在愛中受傷？（心臟與接收和付出愛的能量有關）在這家族中是否存在著一個與父親有關的整體焦慮，也許是一段來自於家族中先輩們懸而未決的父子關係？或著亨利的自殺事件是他日積月累的不順利，再加上健康惡化的因素。

讓我們從占星的角度來檢視，你們發現了什麼特徵？

學生：根據你的描述，應該有很強烈的冥王星特質。

學生：是否與火星和天王星相關呢？在這個舉槍自盡的事件裡，包含著一種爆發性、類似暴力

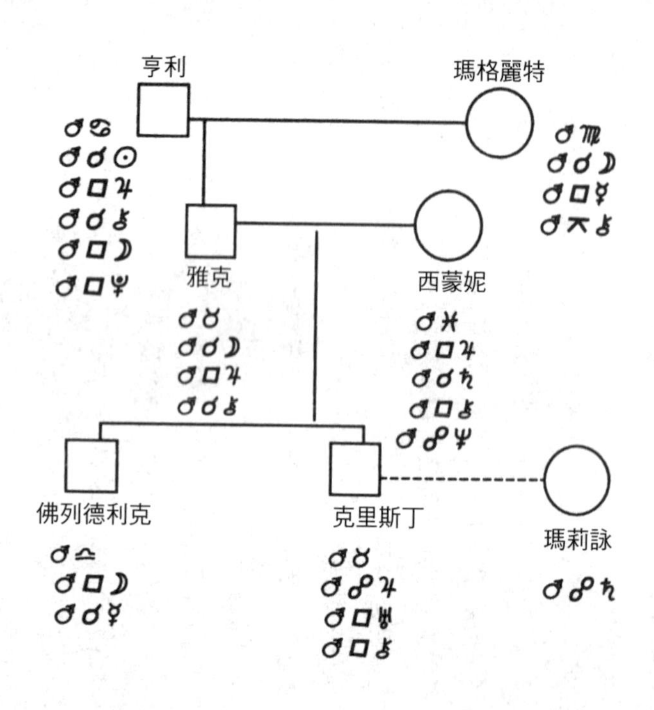

圖十一

的行為，對我來說似乎不僅僅是冥王星特質。

琳恩：這些正好是我想要檢視的方向，讓我們先看星盤，然後從建構火星的行星家系圖開始（圖十一）。我沒有曾祖父阿爾契德的出生資料，也沒有祖父亨利的出生時間，所以我使用日出時間為他們繪製星盤，無論如何，大部分的相位都維持在這一天的容許度內（圖十二）。

即便沒有出生時間，我們也可以找到具有意義的行星模式。太陽在獅子座尾端合相處女座二度的火星，兩顆行星在這一天內都四分落在金牛座二十九度的木星；月亮則是從日出時的射手座六度移動到午

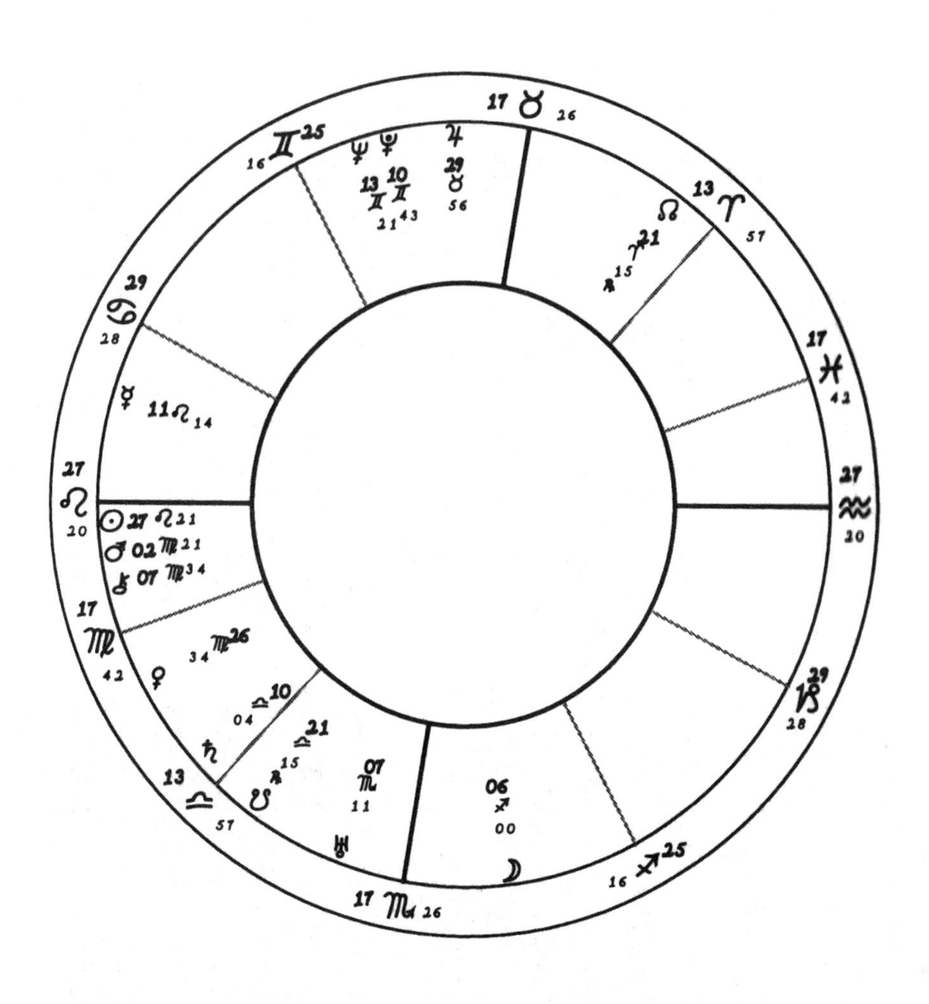

圖十二

亨利，1893年8月20日，日出時間生，巴黎。

夜時的十五度，這月亮不是四分火星就是對分冥王星和海王星。一個太陽在獅子座的人，朝自己的心臟開槍（獅子座對應身體的位置是心臟）！他在一九二四年十二月十二號結婚，然後「大約是在一九五五年的十二月十二號」自殺，非常接近他的結婚週年紀念日。

祖母瑪格麗特，月亮合相火星落在巨蟹座，四分落在牡羊座的水星，同時她的太陽落在牡羊座零度（圖十三）。亨利與瑪格麗特的火星都與極亮的星體（太陽或是月亮）產生合相（亨利是日火相位，瑪格麗特是月火相位）因此這裡有一個圍繞在支配與控制上的主題——激烈競爭的模式；而父親雅克的月亮在金牛座十二宮合相火星，四分落在獅子座四宮的木星（圖十四）——這是一個罹患喉癌的人的星盤，非常有意思的結構組合。

克里斯丁的哥哥佛列德利克在祖父亨利自殺的前幾個月出生。他的月亮在魔羯座，四分天秤座的火星，火星和水星以合相的方式產生關聯，而這個模式與他的祖母的相位模式相似（圖十五）。

克里斯丁的木星落在天蠍座，對分金牛座的火星，遺傳父親及祖父的模式，但是火星與月亮並沒有產生相位，是父系家族中唯一月亮和火星之間沒有相位的成員，同時月亮落在巨蟹座與木星形成三分相。此外，克里斯丁落在獅子座的天王星四分火星、木星又與水瓶座的凱龍產生四分相，四者之間形成一個強而有力的大十字（圖十六）。

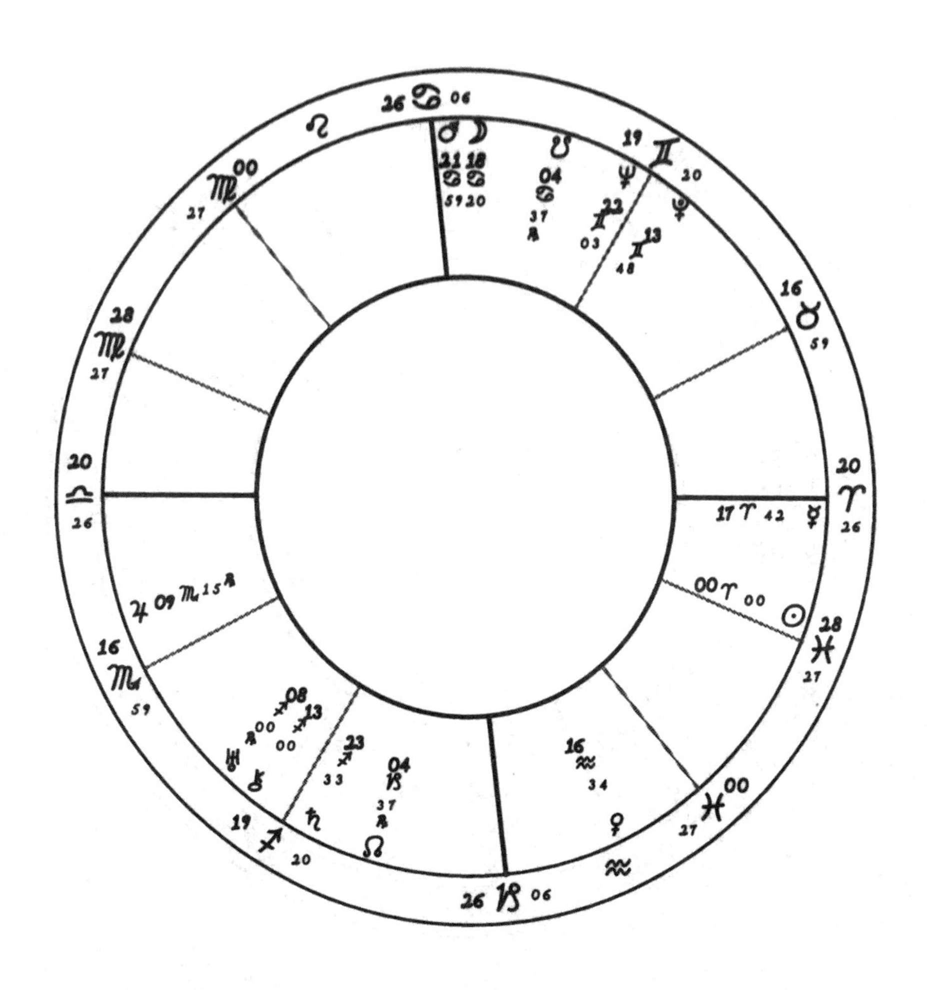

圖十三

瑪格麗特，1899年3月20日，晚上（估計是8點）生，LMT，巴黎。

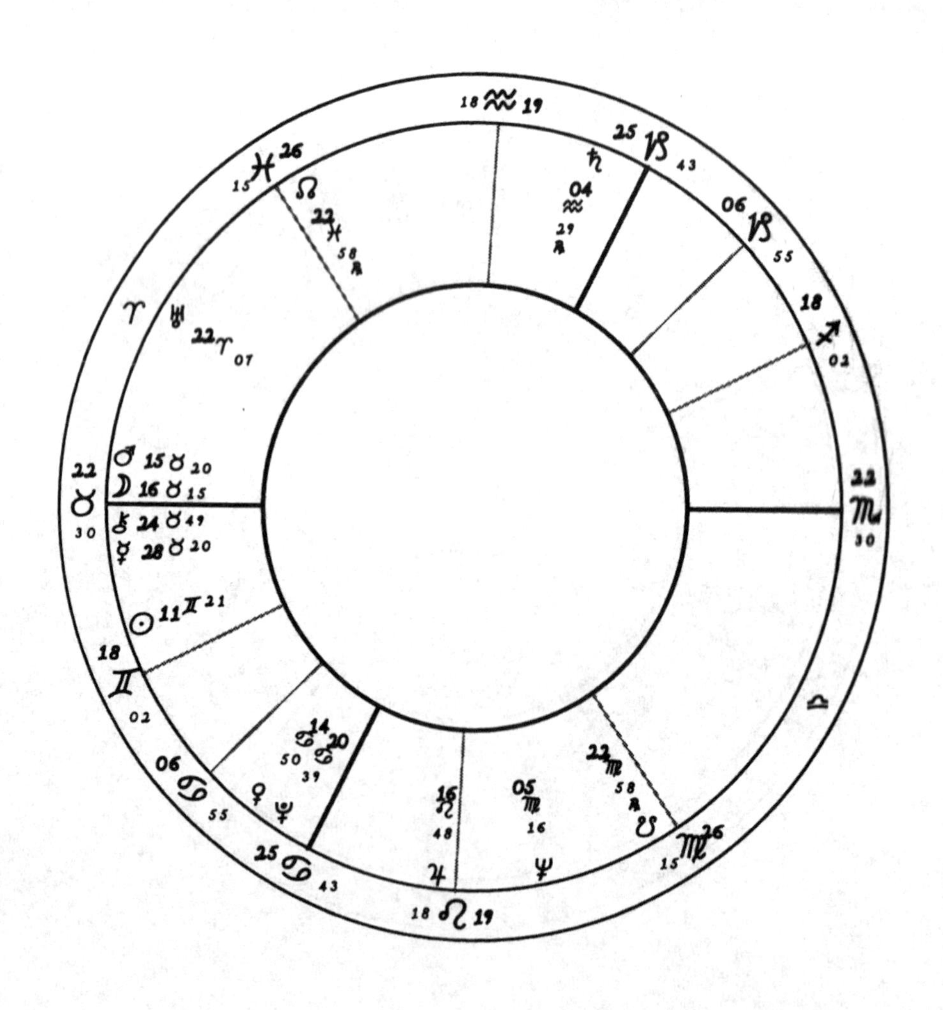

圖十四

雅克，1932年6月2日，早上4 點生，GMD，巴黎。

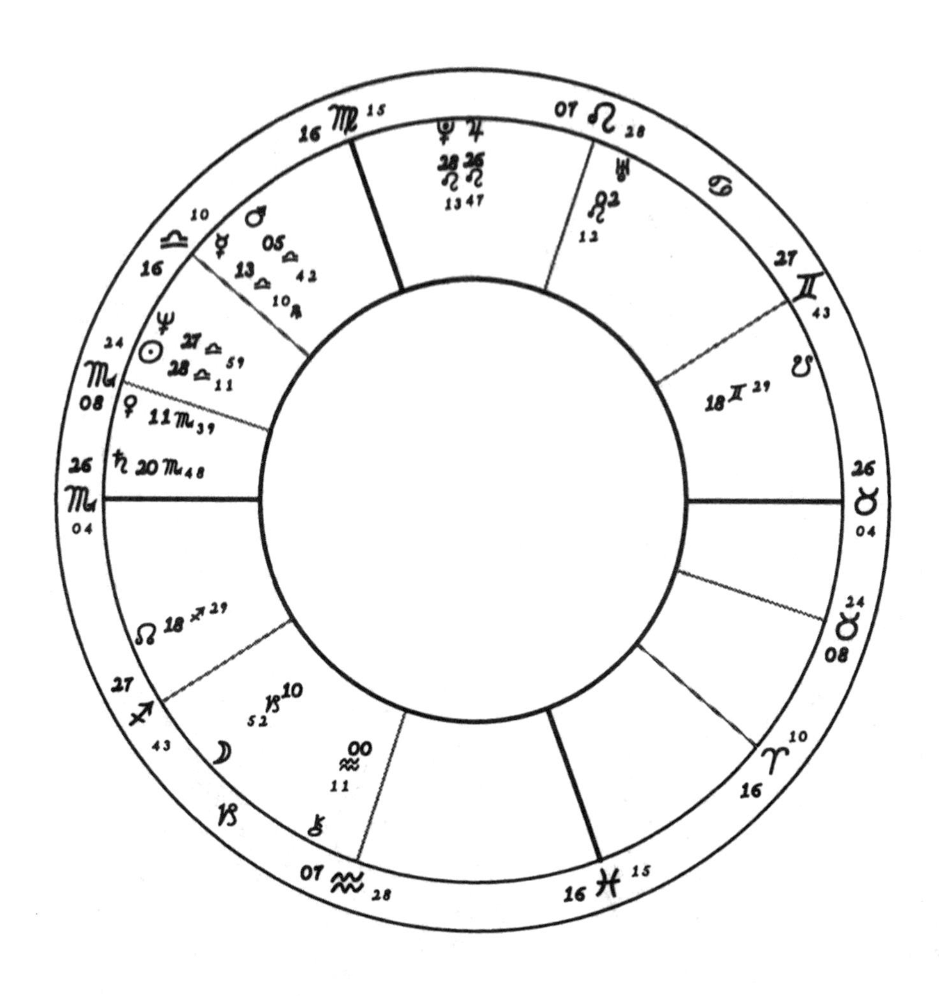

圖十五

佛列德利克，1955年10月22日，早上10 點生，巴黎。

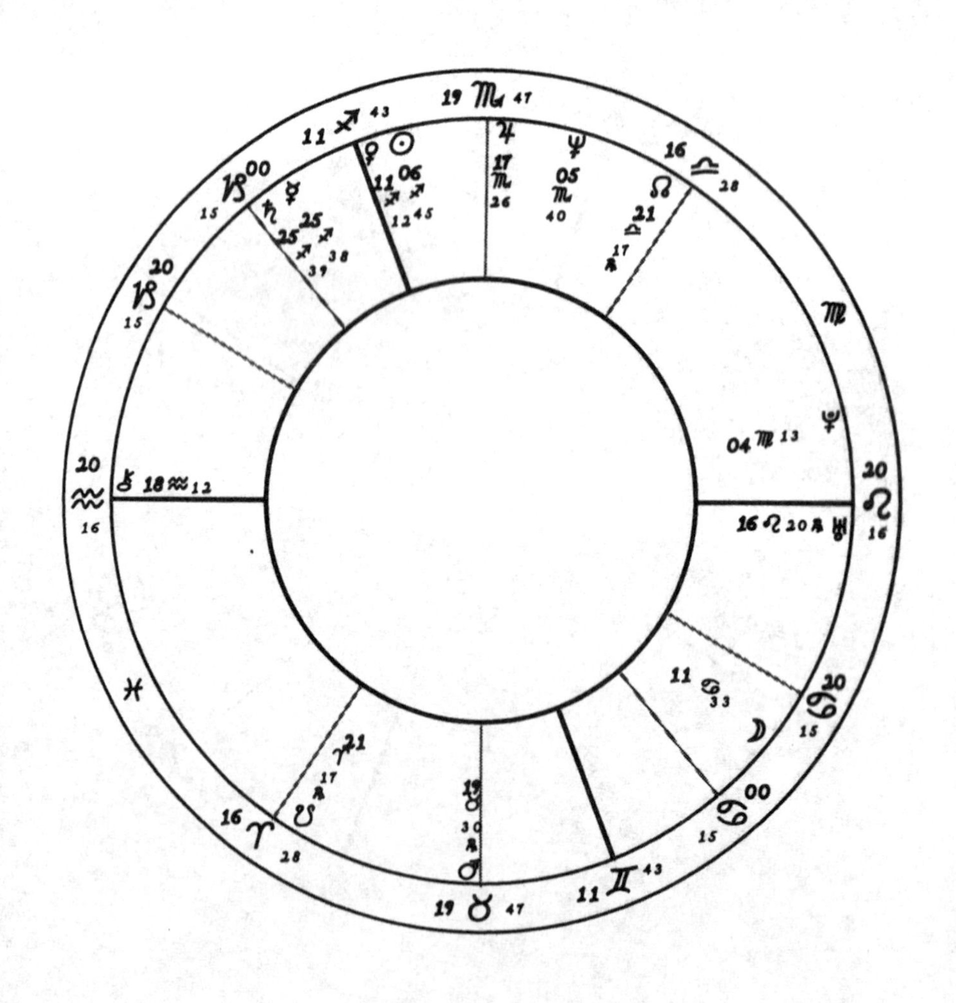

圖十六

克里斯丁，1958年11月29日，下午1點生，CET，巴黎。

火木相位的脈絡

無庸置疑，某些事物似乎在這家族裡遺傳下來了，我們常發現不是月火相位，就是火木相位的組合。稍後我們會檢視克里斯丁子女們的星盤，看看他們是否符合這個模式，但我想現有的資料應已足夠深入探討。我們已經發現了一個行星的脈絡，現在則需要去詮釋它。對於任何行星的組合，有趣的思考方法之一是——仔細觀察當兩顆行星特質相互影響時，會發生什麼事？它們是合得來還是合不來？行星與行星之間的對話是什麼？對於火星與木星的相位，你們有任何想法嗎？

學生：木星會加強火星的力量。

琳恩：誰有火星和木星的相位？你曾有過極度爆發的憤怒嗎？當火星的能量一湧而上時，可能會非常強烈，需要抒發的出口，你如何在每天的生活中與這個相位共處？當你思考著自己的星盤時，你真的喜歡火木相位所展現的特質嗎？

學生：如果沒有這個相位，我會很無聊。

琳恩：這是很有趣的說法，有火木相位的人喜歡什麼？他們喜歡讓事情發生，喜歡行動、變動，並富有活力。當木星能量強時，不論它接觸到什麼，都帶來活力。當然木星也會變得虛假與誇張，當它與中心失去連結時……縱使如此，它還是會試著將事物變大。記得瑪麗亞．卡拉絲的太陽和木星合相嗎？在許多方面，她都是不同凡響的。火星不見得會與木星的呼應產生對立，因為兩顆行星的傾向都是向外發展的；相反的，這個相位可能會強烈地傾向於過度擴張。

學生：火木相位的人有逃避的需求嗎？

琳恩：我會說這個相位需要漫遊，以及某種方式的移動。這個移動可以是現實的，甚至變為一種流浪。這是關於開擴行動範圍與領域的相位，「做得多顯然勝於什麼都不做」。那些在沙灘上讓他人拿沙砸中臉的傢伙，絕對不會是火星四分木星的人；與其躊躇地站在原地，這些人急著想要開始某些事，需要一次又一次地證明他們的「無所畏懼」與「用不完的精力」。這相位帶有明顯身體的與性方面的元素，二顆行星的能量皆向外發展，如果沒有其他元素做為平衡，例如強勢的土星或是月亮來聚焦，十分可能會由於某種過度活躍的能量而產生逃避主義。也很可能因為承攬過多而讓自己陷入麻煩，他們大概是欠缺猶豫。

學生A：我從不猶豫，猶豫的人就輸了。

學生B：我的木星落在雙魚座四分火星，我並不一定都知道該往哪個方向前進，所以有時候，我會坐著幻想——那是雙魚座的部分；但我寧可起而行，當我開始行動時，我覺得比較快樂。

學生C：我男朋友也有此相位，有時候他讓我感到筋疲力盡，他似乎從沒想過要停止。

琳恩：關於火星對分木星的相位，我最喜歡的例子是：艾羅爾．弗林（Errol Flynn）【譯註一】、勞倫斯．奧立佛（Laurence Olivier）【譯註二】、以及約翰．韋恩（John Wayne）【譯註三】，他們都是太陽雙子座且火木對分——也都是衝勁十足、勇於冒險及英勇無畏的人。艾羅爾．佛林的火星在雙魚座，他堅持親身演出所有危險的動作，即便非常驚險。他同時有著自制力的問題，是一個典型的好萊塢派對動物，酗酒，並因為勾引年幼女孩而惹上官司。約翰·韋恩和勞倫斯·奧立佛的生日沒相差幾天，兩人的火星都落在強勢位置——摩羯座，對分在巨蟹座的木星（也是強勢位置），火星合相天王星，木星合相海王星，所以無可否認的，這並非是普通的對分相。約翰·韋恩最終變成最有男子氣概的硬漢、受到崇拜與模仿而成為偶像。法國人喜歡模仿他，因為當他說話時幾乎很少動到嘴唇，這在講法語時幾乎是不可能的，可以說他擁有口語操控的優勢。我總是想像這三個男人手持著劍，在爭戰中歡呼勝利。

當火星四分或是對分木星時，我們需要展現延伸的力量。在甘地（Gandhi）【譯註四】的星盤中有這組對分相，而在拉瑞·弗萊恩特（Larry Flynt）【譯註五】的星盤中則有這組四分相。他們從不曾自戰鬥中退縮。他們兩人都因為自身的行為而引燃戰火，以致面對重大的法律抗爭，儘管困難重重，最後皆獲得勝利。我認為當火木相位抑制和控制在太緊密的結構中時，就會轉變成破壞性的力量，

譯註一　澳洲男星（1909.6.20 ~ 1959.10.14），身兼電影演員、編劇、導演、歌手的全方位性格藝人。曾演出經典冒險片《海鷹》，其中有許多驚險的特技演出。

譯註二　英國男星（1907.5.22 ~ 1989.7.11），身兼電影演員、導演和製片人，曾獲奧斯卡獎最佳男主角。曾演出《傲慢與偏見》，並與知名女星費雯麗有段二十年的婚姻。

譯註三　美國男星（1907.5.26 ~ 1979.6.11），曾獲奧斯卡獎最佳男主角。演繹的角色極具男子氣概，常演出西部片和戰爭片。他說話語調、走路方式都與眾不同。

譯註四　印度民族主義運動和國大黨領袖，帶領印度脫離英國殖民統治，邁向獨立，最後為印度教狂熱分子槍擊身亡。

譯註五　美國出版商，出版品以色情片和雜誌為主，並因此打上多年官司，後因出版刊物之爭議性遭到槍擊，導致下半身癱瘓。

這樣說清楚嗎？對於有火木相位的你們來說，若你們處在可能遭受限制的沮喪情況中會怎麼做？

對於擁有火木相位的人來說，是無法容忍狹隘空間所帶出的擠壓或限制的感受。甘地之所以能夠忍受牢獄生活，是因為他視監牢為戰場的一部分，他超越了限制感並與精神上的目的相連結。但一般來說，如果告知一個有火木相位的人：接下來無路可走，或是某個行動本身是沒有意義的，他們會覺得好像要了他們的命，他們需要有所選擇。這相位本身的意涵，是一種健康與肯定生命的正面特質，但對於和他們一起生活的人來說，他們的言行舉止似乎有些冒犯。當你有此相位時，你需要其他事物的協助以防止這股能量走向破壞性的發展；而當然，這也是一種過度膨脹的相位，因此這些人也經常因為超過分際而招致挫敗。

學生：我剛剛想到甘地與賴瑞・弗萊恩特都遭槍殺，你認為這與火木相位有關嗎？

琳恩：這是個很棒的想法，我完全沒有想過！火木的強硬相位可能會導致不知節制，並可能在轉捩點上帶來抗爭，而引起極端的攻擊反應。然而，關於暗殺事件，我會期待同時有冥王星的介入，甘地的例子正是如此。

月火相位的脈絡

讓我們把注意力拉回克里斯丁家族模式中的月火相位。另請記得，截至目前我們只檢視了父系支脈！關於月亮合相或四分火星，有什麼想法？

學生：反覆無常的情緒。

學生：好戰的個性。

學生：劇烈、突然的直覺反應。

學生：月火的相位讓我想到「切割」，它是否意味著某人與自身的感覺切割了？

琳恩：這是個有趣的問題，在座誰有月火的相位？誰感覺到自己與此相位切割了？沒有嗎？以我的經驗來說，我不會從那個角度切入，反而比較容易在月亮與冥王星之間的強硬相位中發現情感的切割。

學生：對於我來說，很明顯的感受是來自於他人的切割。

琳恩：也許月火的相位的確與切割有關，但你們必需記住火星的其中一個意涵：它是向外發射的能量。火星的天性是向前推展，是顆外向的、自中心展開、遠離中心的行星，火星築起防禦高台卻也向外爭奪。反過來說，月亮是往內移的，在這個觀點上，火星與月亮是相反的。

學生：月亮、火星的結合可能促使某人保護他們的財產。

琳恩：是的，月亮基本上是照顧與保護的能量，但它不需要以武器去保護事物的安全；火星同樣是防衛與保護，但卻是以不同的方法。月火相位比較像是警察或安全警衛，全副武裝地為你作戰；另外我們也可能會像一隻訓練有素、略帶侵略性的德國牧羊犬般投入這場戰爭。

學生：我與月火相位人的相處經驗是，他們經常處於有如遭遇攻擊的狀態。在他們身邊必須小心，因為他們的反應非常激烈。

琳恩：這是一個反應相當強烈的相位。月亮與火星有個共同點是「行動」與「情緒」。月亮是一顆移動快速的行星，而火星與「活動」有關——事物先向內，然後以非常快的速度向外反彈。

學生：他們似乎不常顧慮他人的感受。

琳恩：他們自身的感覺是如此劇烈並勢不可擋，以致無暇顧及他人。他們經常不假思索，丟出直覺反應。由於月亮和火星都是具有生活本能的行星，這類人會做出非常肢體性及原始的反應，如同他們的皮膚比其他人的敏感一般。在他們通過理智思考之前，情緒與行動會不斷的同時運作。例如當你游泳時因東西勾住而往下沉，月火相位的人會即刻前來，在他們來得及思考之前，便跳下去救你。典型的母老虎會從任何危急狀況中救出牠的幼虎，在某個層面上，這相位真的是如此運作。你們剛剛提到一點：「他們似乎不會意識到他人的感受！」可能是因為他們內心中正上演一場戰爭，至少是帶著混亂情緒的矛盾。我曾經看過一位月亮與火星對分的朋友，收到一份超支帳單時，氣得用拳頭搥牆，並非是帳單金額嚇倒他，其實他早已料想到，但赤字實際入眼時震撼力太強，無法控制自己的肢體，使得自己受傷。

學生：我們可以說有月火相位的人沒辦法壓抑情緒嗎？

琳恩：你當然可以這麼說，但如果有土星，或其他可以控制這能量的元素介入時就不一定如此。有月火相位的人需要將他們的感覺發洩出來——表達出內在的感受，然後重新體會它們。當他們如此運作之後，是否會影響其他人，也許必須取決於相關的星座位置而定，但大部分還是得參考當事人的自覺程度。這些天生的情感能量即便是經過好幾年的治療，可能還是會停留在一觸可發的狀態，並不是說這些感覺是原始的，而是它們一直很強烈而容易爆發。然而，還是得觀察月亮所感受到的安全程度。對一個沒有安全感，而有著月火相位的人，最糟的狀況是變得喜歡責難和報復他人，並在內心詛咒：「敢這樣對待我，必定加倍奉還！」

某些有這個相位的人可能承擔著其他親人的憤怒經驗，而這些親人經常是女性，因為月亮象徵著母親以及其他女性的照護者。我曾研究過一位有月亮、火星合相於天蠍座的女士，她記得她的母親曾扯著她的頭去撞浴室的牆，直到頭部開始流血。當她成為了母親之後，有時會感到憤怒如浪潮般襲捲而來，而吼出非本意的話，如同她母親曾對她吼過的話：「我希望我沒生過你！」，一旦這股憤怒泉湧而上，就很難恢復平靜。麗蓮．海爾曼（Lillian Hellman）【譯註六】有這個相位，她在自傳中描述了自己與父親的爭執：

> 我又坐了下來，才開始理解到，這份喧鬧可能是由我的憤怒所引起的，這個房間開始變形，房裡的人們不再是男人也不是女人，我的腦袋也不是我自己的，我告訴我自己，我的腦袋不知跑到哪

譯註六　美國女劇作家（1905.6.20 ~ 1984.6.30）。生於美國紐奧良。主要作品有《童時》、《小狐狸》等。

去了，也不太記得接下來發生了什麼事………【原註一】。

在英國的文化中，暴怒與咆嘯都是令人不悅的，有月火相位的人必須另外找尋一個抒發的管道，不然就會引發身體的反應——頭痛、潰瘍、腸胃不適、沮喪，都可能是情緒壓力的徵狀。披頭四樂團成員林哥·史達（Ring Starr）的月亮、火星和冥王星合相在獅子座，他將這股能量巧妙地發洩在打鼓中，如同法蘭克·克立弗德（Frank Clifford）【譯註七】寫道：「在具有表演特質的星盤中，火星是重要的影響力」。然而，在林哥三十九歲離婚不久後，經歷了一場急性腸部手術（手術與火星有關）；幾年之後，他位於洛杉磯的房子付之祝融（火災也與火星有關），甚至無法將全數的鼓具搶救出來。我同時也在生命鬥士的星盤中，看到此相位，例如有位帶有先天缺陷的女士，在母親堅毅地支持下，二十歲之前便經歷了超過三十次以上的手術，打破了醫生所說的，她將終身以輪椅代步的預言。

月火的相位也可能意味著你的母親將為你而戰，同時，這母親也多半是位強勢的女性。這相位帶出的強大驅動力可以運用在引發衝突或是導向目標前進。而在家族模式中，這個相位可能是象徵某位擁有最終決策權，位於一家之主背後的幕後推手。這位女性可能是位執行者或主導者，在某些方面鼓勵家族裡的其他人，或著她們也可能親自上陣，真的置身於某個戰爭中。以你的立場來看，你會希望這個戰爭有個外在的敵人，而不是衝著你或是與她們自己作對。

無論在男性或女性的星盤中，月火相位同時代表著戰士與滋養者。在克里斯丁的家族中，我們看到有著日火（火星同時四分月亮）相位的祖父，和擁有月火相位的祖母，成為一對特別有意思的組合，即便我們缺乏詳盡的行星宮位配置。通常，你們會覺得獅子座的太陽合相火星，會比月亮、火星合相在巨蟹座的能量強烈，但最好將它們視為是一種互補的作用。在重新詮釋的古典占星學中，火星是水象星座（巨蟹座、雙魚座、天蠍座）的夜晚守護星【譯註八】，給予水象星座能量。而這確實有其道理，因當置身於水象星座象徵的情感領域時，的確是比較缺少覺知的，因而需要火星的活潑特質。你們想像瑪格麗特會是個什麼樣型態的母親？

學生：我想像的是一位善於爭辯、指揮型的母親，她支配週遭的人，且沒有可以商量的餘地，月亮和火星同時四分她位於牡羊座的水星——她需要你的贊同，其他人必須順著她的意，否則她會將事情弄得很不愉快。

琳恩：說得很透徹，瑪格麗特的巨蟹座月亮需要情感上的緊密相連，但她月亮與火星合相，常常會把別人趕跑，因為她要求——「你必需用我的方式，真誠的回應我」。克里斯丁形容祖母瑪格麗特是個令人不想造訪的吝嗇、僵化、不快樂的老女人。他的父母強拉著他去拜訪她，拜訪過程中充滿了規矩，她會要求：「別碰那個東西、別那樣做、你必須這樣做。」臨別前她會打開錢包，抽

原註一　《一個不完美女人的回憶錄》（*An Unfinished Woman: A Memoir*）LittleBrown, 1969.

譯註七　英國占星專欄作家。

譯註八　古典占星定義每種相同元素的星座，分別有白天與夜間的主星在掌管。

出一張皺摺的紙鈔，而他總覺得即使對於不想前來拜訪的自己而言，那張紙鈔的面額也過度寒酸了。他厭惡她帶著種族歧視意味的話語，對於非裔女性與阿拉伯人（negres et arabes）的稱呼充滿了侮辱，以及她的小心眼與狹隘的生活視野。

學生：月亮、火星的合相，會不會是種族歧視的相位？

琳恩：極有可能也正好相反，完全得看你選擇捍衛哪一邊，因為這個相位就如同願意為了某事出征一樣，也可能是為了反抗某事而戰。巨蟹座描述家庭、家族、國家的領域，我們願意去保護與宣示它，如同是為了自己一樣。在黃道十二宮中，巨蟹座同時與射手座和水瓶座（與局外人有關的星座）形成十二分之五的相位。在原型的層次中，緊張狀況是建立在「我們」和「他們」；「種族」與「非我族類」之中。一個不快樂的月火相位人會對某人或某事生氣（跟這樣的人在一起可能不是那麼有趣），所以要尋找目標去發洩他的怒氣。因此這個相位，如果沒有發洩的管道，可能會變成一個非常困難的相位。月火的相位也可能會是嚴格控管與目標導向，並有著有高成就、魄力與決策力的形象。但若當這相位無法獲取滿足時就得小心。

學生：我覺得他們會用言語找碴與傷人。

琳恩：是的，因為月火相位有水星的介入，容易把語言變成武器。在家族模式中，這個相位可以簡單的形容為憤怒。這是很好的一種臆測，因為她的丈夫也有月亮四分火星的相位，呼應了這種家族模式。這也非常符合她孫子對於她的描述：「一個不肯放過你的女人」，而她同時掌管了家族事業（一間忙碌的餐廳）中的會計工作，也與這個相位有關。

學生：這就是為什麼當克里斯丁談到與她的關係時會提到錢。

琳恩：是的，沒錯！之後她開了一家皮草店，偶爾會施捨一點小錢給孫子。克里斯丁記得在九歲或十歲時，他斷然拒絕她：「我不要你的錢，別麻煩了。」如果你看到克里斯丁的星盤，會發現他的月亮也落在巨蟹座，這絕妙的回應呈現在他的挑釁用辭中。射手座的人排拒吝嗇，受慷慨大方的人所吸引（克里斯丁的太陽、金星在射手座）。然而在排斥父系家族的同時，他卻選擇認同受到夫家鄙視的母親。當你們看見他的金星準確與天頂合相，就絕不會對此感到意外。相對於父系家族，他的母親真是個美麗、有趣的女人。對於克里斯丁而言，父系親戚有種固執、過度緊張、嚴苛、心胸狹窄的感覺。八個世代以來，他們家一直是巴黎的小資產階級，堅持一己之利的營利者，除了其中的一個堂兄弟。這位堂兄弟並不真心喜歡家族中的任何人，也不怎麼情願花時間與他們相處，態度真是激進，不是嗎？

亨利的自殺震撼整個家族。雖然他總是傾向去看事情的黑暗面，健康情形也每況愈下，但選擇自殺卻出乎家人意料。在亨利十二歲時，母親死於結核病，親戚將他和弟弟送到寄宿學校，他感到很不快樂。在母親死亡、戰爭和父親的破產與自殺之間，他開始生活在艱困的環境中——他星盤中的月亮對分冥王星與海王星。也許是能互相體會失落的心情，亨利和弟弟變得非常親密，他們甚至和一對姊妹結婚。他的弟弟於一九四九年痛苦地死於癌症，使亨利的個性變得更為壓抑。雅克為了和陰鬱的父親相安無事，強迫自己變得樂觀和流於膚淺，從不提到任何關於「艱難」的面向，因此讓克里斯丁花了很長的時間去解釋父親為何得到喉癌。

學生：你之前是不是有提到，這個祖父無法親自告訴兒子關於破產的事？

琳恩：那是個非常好的重點。無可挽救的事，讓我們難以啟齒。我們曾經說過，當克里斯丁的伴侶懷了他們的第一個小孩，不久之後，雅克即診斷出罹患喉癌。他原本在北非有家庭以及事業，後來搬到巴黎接受治療，與克里斯丁一起生活了四至五個月。雖然深受死亡陰影的籠罩，但雅克並沒有死，他靠著化療戰勝病魔。這個模式告訴我們，在家族中重複發生的事件，通常指向一個持續敲門，且亟欲引發我們關切的未竟之事。

雅克的月亮、火星合相在十二宮，這是一個常為亡靈駐留的宮位。在全美占星研討會（The United Astrology Conference），我參加妲比·寇斯特羅（Darby Costello）【譯註九】關於水象宮位的演講，她談論到家族亡靈。你沒有意識到的人或問題，都屬於十二宮位的領域，我認為這是個很好的討論方式。也許雅克十二宮裡的亡靈是一個憤怒的女人，或是曾以某種方式而犧牲？我甚至猜想這有種奉子成婚的傾向。事實上，雅克是西蒙妮的數學家教，因為懷孕而必須結婚，他們兩人都不是真的想要這個婚姻。西蒙妮生大兒子時只有十九歲。當她的兒子們長大後，夫婦倆都與別人同居了好幾年，甚至還生下了小孩；所以若能將父母的故事併入家族模式來考量，自能發現其中的道理。現在，把克里斯丁家族所有的故事串在一塊兒聯想，我會懷疑，這位祖父是否也曾經不情願地去做他不想做的事。

學生：這個家族中的男性形像似乎有些問題。

琳恩：看來不是很清楚嗎？這家族中的女人好戰，而男人則承受壓力。家族模式裡的火星可能暗示為了成就而奮鬥，但同時也形成一個充滿衝突的環境，這樣的牴觸加深了衝突的可能性。在座有哪位的家庭是傾向衝突的？你的家族模式中是否有很明顯的火星能量？

學生：我母親的月亮、火星和海王星合相，同時在我倆的合盤中，她的這組星群合相我五宮內的冥王星，我們總是在爭吵。

琳恩：月亮經常記得過去發生的事，而火星則常常會再次刺激過去的記憶和情緒。於是有這些相位的人們不斷翻出記憶中的舊帳，或從未停止爭吵，就像那些遠在偏僻孤島的日本士兵一樣，戰爭結束多年後，才願意投降。你們可否觀察到有強烈巨蟹傾向，或有豐沛月亮能量的人總能將過去的情緒帶到當下？例如他們會說：「那一天當我從醫院回家時，你跑去外頭喝酒……」，於是家族故事又重新上演了。

學生：過去的事又重新上演。

琳恩：翻舊帳對於有月火相位的人而言，可說稀鬆平常。在此相位能量相當明顯的家族中，可能是某人帶著很大的怒氣，或起碼是一種急迫感。我們不知道這位某人對他母親生氣，是因為他的母親以前非常暴力，還是這位母親總使用爭吵的方式滿足所求，又或是引發了他早年生活中緊急事

譯註九　美國著名占星師，目前為倫敦占星學院和英國占星學院的客座講師，並常於世界各地教授占星。

件的回憶。

學生：如果家族中存在著難以承受的事件，例如自殺，是否會促使人們做出同樣的行為，而使他們再度面對這個問題？他們會不會覺得那像是懸在頭上的達摩克里斯之劍【譯註十】（sword of Damocles）那般的威脅？

琳恩：這是個非常有趣的問題。特別是對克里斯丁來說，他覺得很快樂也滿意目前的生活，他在期待已久的第二個兒子出生的不久之前，事業也步上軌道了。然而，他很擔心家族的過往，他覺得需要去了解它。當外祖父皮耶爾發現死於家中時，他才七歲，卻也大到能記得那個震撼。他的母親曾提過發現自己的父親懸樑自盡，但那是她想像中的誇張敘述，因後來他的外祖父證實是用藥過量而過世。

克里斯丁有種嘲諷式的幽默，常開玩笑似地敘述整個狀況，講完後心中又充滿牽掛。他父系家族裡的男人容易心存怨念而壓抑憤怒，這樣的氛圍經常惹惱有火木相位的克里斯丁，但他十宮中也有緊密的水土合相（這組合相不再與其他行星產生相位）。他曾因為家族裡缺乏溝通而感到沮喪，以及他如何看待父親的喉癌，所以，不意外的，他選擇了一位不忌諱討論過去，並能說出感受的女性作為伴侶。這翻騰的情緒在家族中四處蔓延卻缺乏疏通的管道，大部分也都未說出口，於是慢慢地發展為壓抑的暴力。

克里斯丁為了釋放這股壓力，積極地採取行動，儘管他具有煽動和嘲諷的機智，還是必須努力地去探討家族的癥結點。當我們在研究這些星盤時，行運中的冥王星正和他的太陽形成相位。注意他星盤中，射手座六度的太陽四分冥王星，這象徵介於生命力與破壞力之間的張力，以及冥王星帶來的轉變能量。日冥的相位經常代表著需要去經歷死亡與再生，這裡的四分相也提醒我們這個家族歷史中死與生的連結。這種相位不是因為改變而產生極大的焦慮感，就是推動某人促成自身和他人的改變。

學生：我剛想起我母親的月亮、火星合相在天頂，與她的母親有些相似的模式，她是一位勇猛的戰士。她是由她的祖母扶養長大。

琳恩：也許你的母親外出賺錢，面對一個艱難的世界，然後帶著所有的壓力與易怒的情緒回家。

學生：我有相同的感覺，我的狀況是：在工作上能承受壓力，但之後必需找個方式釋放，否則會感覺十分不舒服。我的月亮和火星互成十二分之五相位。

琳恩：十二分之五的相位常和一定程度的沮喪有關，因為至少在一段時間內，能量傾向倒退並建立緊張。釋放對分相的能量就容易多了，因為只能在好或壞之間選擇。互成十二分之五相位的二

譯註十　典故出自古希臘歷史。西元前四世紀，寵臣達摩克里斯坐在王座上，並在大殿盛開筵席時，抬頭看見上方天花板沉甸甸地倒懸着一把鋒利的長劍，劍柄只用一根馬鬃繫著，嚇得他離席而逃。這時迪尼修斯王走出來說道：「達摩克里斯頭上這把利劍，正是每分每秒都在威脅君主的危險象徵，至於君主的幸福和安樂，只不過是表象而已。」後世便以此暗喻太平盛世背後隱藏的殺機與危險。

顆行星以自我挫敗的方式來約束彼此，直到找到解決之道；但對分相卻是無意識的存在，可說是經常性的衝突、叫囂與嘶吼，到最後還可能解決不了什麼問題。

海王星的脈絡

雅克的月亮合相火星，太陽四分海王星，由於月亮、火星落在十二宮，加強了他害羞、消極的傾向；然而他卻選擇了一位憎恨他的母親，並與他的家族宣戰的伴侶，將他自己的月火相位，交由妻子西蒙妮來演出。他大兒子佛列德利克的太陽也和海王星產生關聯，二者合相在天秤座，月亮則在摩羯座四分水星與火星。佛列德利克與雅克的組合非常相似——他們都有風元素（雙子座、天秤座）的太陽，與土元素（金牛座、摩羯座）的月亮，以及類似的相位。大家談談這對父子的海王星傾向如何運作？

學生：一個缺席的父親。

學生：努力尋找個人的身分認同。

琳恩：日海相位使人極度敏感，有時暗示著失落或悲傷，以及對另一個世界的渴望。當生活週遭的環境使人消沉時，他們可能會選擇淡出並切斷與他人的連繫，即便是最親近的人。這個相位可能描述一個不注重情感的父親，他的注意力經常是在別的事物上——他的「離開」是為了不想有太多感受。在佛列德利克的例子中，日海的四分相可能表現了父親的無助感，甚至是放棄的傾向。海王星的表現經常是放棄而不是對抗，使自己逐漸陷入無意識中，並且遠離痛苦。也許我們可以把佛列德利克的日海相位看作是與父親悲傷、無助，籠罩在自殺氛圍的連結，而這自殺念頭又可能承襲於雅克的父親。

學生：日海相位有逃避衝突而非抵抗的傾向，使得這個家族的男人看起來比女人軟弱。

琳恩：想像這家庭可能出現的對話，有月火相位的人說：「親愛的，你沒有把垃圾拿出去！」日海相位的人則回應：「嗯，親愛的，你剛剛說什麼？」海王星人用困惑來偽裝自己，並只使用一半的音量說話。我們可以想像這就是雅克在自家裡運用的策略，這樣他才能維持表面上的平和，處於原本應該是充滿爭吵的家庭環境中。由於水星落在他的上升點，雅克相當能言善道。但是他聽不見自己說了什麼，也說不出自己的感覺，從沒有達到真正的溝通，因為直接說出來實在太不安全了。佛列德利克有類似的傾向和一致的模式。

研究這個家族的脈絡，在這家族中掀起波瀾。克里斯丁必須打電話給不同的親人才能得到出生資料，然後親人們會想知道占星師發現了什麼。去年秋天，在他收集這些資料之後，兄弟倆人首次談到了這些自殺事件，他們以前「從不」談論這些，但這次他只是簡單地問了些問題，便開啟了溝通的管道。這個過程在家族中產生了一股流動的能量，也開始改變了一些行為，這便是這個工作令人振奮的原因之一。問對的問題非常重要！

另一方的家族

我想是來探討西蒙妮這邊家族的時候了。克里斯丁的母親是一位非常引人注目、有魅力的女性，來自於美女如雲的家族，她的母親與妹妹都是非常美麗的女人。西蒙妮擁有真正水瓶座人的天賦以及絕對自由的靈魂，這一點不難從克里斯丁的星盤中看出，他五宮裡的巨蟹月亮三分木星，以及落在天頂的金星和太陽，顯示對母親的崇拜與欣賞。西蒙妮讓生活充滿樂趣與創意。請留意她射手座的上升，以及金星、木星合相在一宮，太陽、月亮合相在水瓶座（圖十七），這與克里斯丁的星盤有著強烈的連結（他是個太陽射手座、上升水瓶座的人）。由此觀察，你們想到了什麼事嗎？

學生：我們一直在談論火星，而西蒙妮的火星合相土星，與有火木相位或月亮、火星合相給人的感受完全不同。我認為這代表某種緊張或沮喪，一種控制或受控制的傾向。

琳恩：完全正確，這顆土星注入了直到目前我們還未在這個家族中看見的元素。當然這火星與土星的合相落在雙魚座，而火星又與木星呈現寬鬆的四分相，同時也和海王星寬鬆對分。以上種種，都暗示一個傾向自由、卻遭受壓抑與限制的欲望。這種火星模式無法在她母親與妹妹的星盤中得到應證，所以我將在她的家族中另尋其他行星的模式。但就當我們檢視到她父親的星盤時，發現這之間的連結著實令人驚訝。西蒙妮嫁給就像是她「親愛老爸」一樣的男人！她父親與雅克一樣，月亮、火星合相在金牛座，而且她父親的月亮合相土星，火星對分木星，她父親的星盤完全吻合雅克那邊的家族模式。我不認為這是特別罕見的情況，只是因為她父親後來也走上自殺一途，這個相似點承載了更多的不安，因而成為特例。

火凱相位的脈絡

這裡還有火凱相位的脈絡，可能你們有些人對此有聯想。西蒙妮和她的父母親，以及克里斯丁都有火星和凱龍的四分相，她的妹妹則有二者的合相。

學生： 凱龍的某一部分與戰爭有關，畢竟是凱龍發明了這毒性，是祂自己的聰明讓那傷痛無法治癒。

琳恩： 你是說火凱相位有自我傷害的傾向，他們的創造力會轉而對抗自己？這真是個探討這家族的有趣觀點！

學生： 梅蘭妮．瑞哈特（Melanie Reinhart，著有《凱龍星》〔*Chiron and the Healing Journey*〕，心靈工坊出版）曾談論過關於這相位所產生的「受傷的自我」，以及它多麼容易激起他人心中的怒火。

琳恩： 也就是火凱相位的人，能不經意地惹怒月火相位的人，然後反過來感覺是遭受他們的傷害。現在，讓我們來談談這家族引起的主題。克里斯丁在電影產業中工作，是一位助理導演，相當受到同事的尊敬，但他更希望能成為一名導演。他將別人屬意他持續執行的事情，打點得相當妥

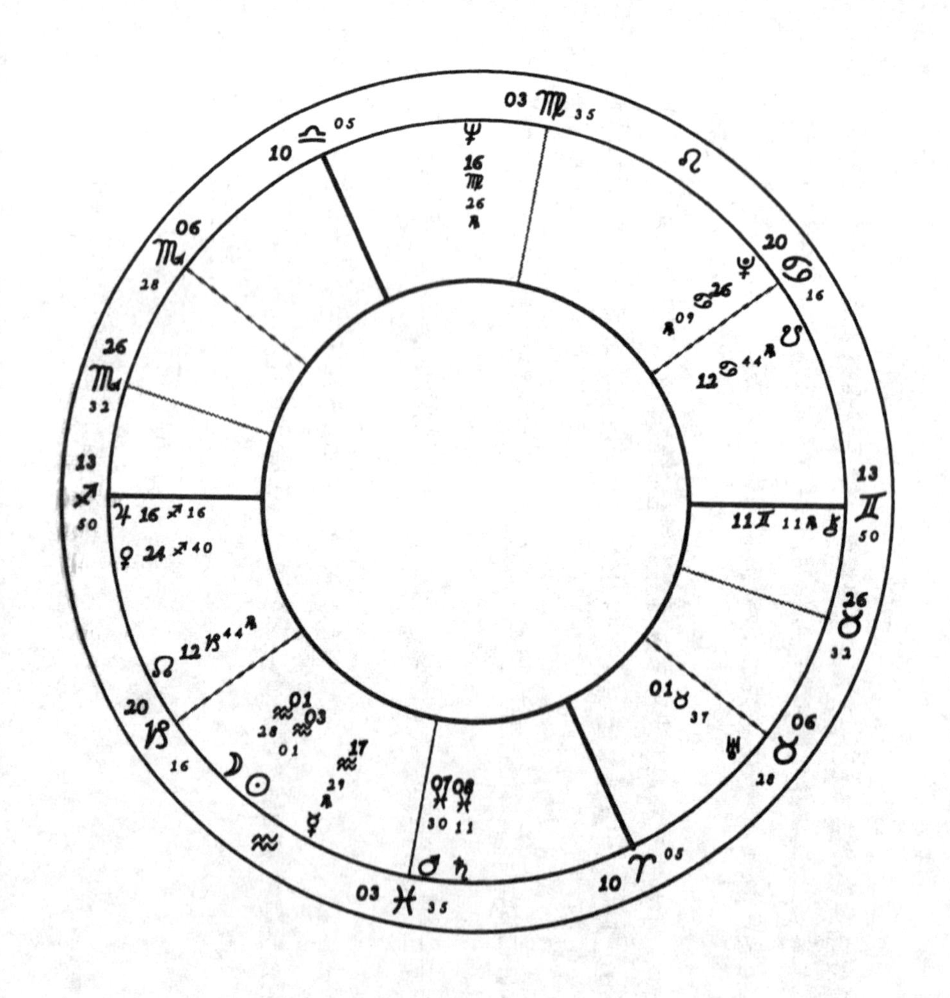

圖十七

西蒙妮，1939年1月24日，早上4點30分生，CET，昂熱（Angers），法國。

當，但這讓他非常沮喪，特別是他將近四十歲了；他覺得無法實現內心的渴望，且漸行漸遠。當冥王星行運到太陽時，經常會催促著我們與本質中更深層的力量相連。由於在一個家族中，自殺意味著對於轉變的可能性缺乏妥善應對的信心，並且認為這轉變是場賭注很高的賭局。所以為了跨過這個門檻，克里斯丁也許需要另外的資源，雖然他已經改變很多，但他所渴望的突破尚未發生。此時強大的決心與疑惑在他內心交替出現，他懷疑事情是否有機會轉變。我們將可以看見，這些質疑將隨著行運的冥王星，愈接近他的太陽時而愈加劇烈。

日冥相位的脈絡

學生：我父親有太陽、冥王星的合相。當他從義大利南部移居到北部時，改變了他的生活。他是個非常強壯也非常自傲的人，但義大利北部的人看不起西西里島人，所以西西里島人移居北部，幾乎像是處在一個種族主義的社會裡，所以他也帶著某種壓力。

琳恩：是的，冥王星極少是輕鬆隨和的！當改變逼近時，強硬的日冥相位，將會累積壓力並且不願面對，開始讓人感覺非生即死——不是打算放棄控制，接受新的生活，就是死抓著逐漸變少的權力資源。西蒙妮的太陽、月亮合相在水瓶座，對分冥王星，在某個時間點，她走出婚姻並開始新生活。那時克里斯丁十五歲，雅克對這件事全失去理智，拿了一把槍準備和西蒙妮、她的年輕情人，和自己同歸於盡。那次事件完全引爆了雅克十二宮裡月火合相的炸彈。

非常有趣的是，克里斯丁的另一半也有太陽、冥王星的四分相。當他們相遇時，克里斯丁已經與另一個人生活多年，他經歷了一段非常痛苦的混亂期，才選擇了瑪莉詠。瑪莉詠善於寫作，深思熟慮，能將感覺訴諸於文字，也參與我們的分析活動。瑪莉詠說她一點也不意外，克里斯丁會選擇一個能將事物化為文字表達的伴侶。他們的兩個小孩都有月亮與冥王星的四分相，也許是反映了他們母親的這個特質——代表行星脈絡往下生根，並持續蔓延。

學生：我和克里斯丁出生相差沒幾天，我有寬鬆的太陽、冥王星四分相。在我童年時期經常搬家，改變對我來說似乎不是件難事。對於離開出生地這件事，也不會多想，那只是某個層面的改變。我可以將根源的渴望想成是從未發生的事。不過，我有經常遭受阻礙的感覺。關於這個你能多說一些嗎？

琳恩：冥王星需要一些非常深刻的事物。它通常需要花費很多、很長的時間去準備。我懷疑你容易接受改變是因為火星四分天王星，並比較與射手座的能量有關。我準備了另一組家族星盤，其中冥王星也出現在家族模式中，但主題卻非常不同——這個家族沒有自殺事件。

學生：我很享受日冥相位，我喜歡當偵探。

琳恩：是的，我們會跟著線索走。冥王星告訴我們開始去挖掘，去檢視權力的議題或長期處於壓抑的能量。有時候權力欲望是一種防禦——不讓自己落入險境的方式——假設情況正是這樣，冥王星會要求個體後退一步並且放下執著。冥王星也經常需要對於更高權力有所認知——需要臣服它、放棄既定認定和一切所知，並且進行轉化。若擁有深入冥王星淬練過程的能力，將賦予內心不可動搖的堅定力量。如果具有冥王星特質的人不這樣做，就會感覺受到限制，甚至具有土星特質的人也是如此。在座有多少人有冥王星相位？誰有類似的感覺？嗯，人數相當多！有日冥相位的人，你們或是你們的父親有類似的問題嗎？

學生：我的父親在我六歲時就過世了。

琳恩：所以你的生活步調和自我認同，已經受到父親的死亡和你對死亡反應的影響，並也隨之改變。感情層面上，你可能已經追隨父親到了地底世界，並將你的部分活力禁錮在那兒；也或許你更增強你的生命力與決心，鍛鍊意志力以求生存。不管是哪一種方法，你的父親帶著神祕與焦慮的色彩，因此在某些層面上，你必須潛入地底世界，將父親帶回你的生命中。

學生：我的冥王星與九宮的太陽形成三分相。我的父親來自於西西里的一個貧苦家庭，後來他成為一名醫生並往義大利北部移居。我重複了這個模式，再往北移居倫敦，我的姊妹也有太陽與冥王星的合相，也都往北部遷徙。至於我的哥哥則沒有這個相位，他留在原出生地。

琳恩：三分相可能象徵著在家族模式中，成員皆有的強項。從你的描述中，聽來似乎是太陽與冥王星的三分相幫助你確認自我的意識，即便是在一個有敵意的環境中。這個力量來自於你父親成功的轉型，他從這個力量出走，改變他的生活，打破貧苦的模式，這就是冥王星的禮物之一。三分相賦予冥王星良好的關係，它講述著一個有圓滿結局的故事。西西里與北義大利是截然不同的，因為太陽與冥王星的三分相，你的父親發展出另一種身分認同，你也一樣。當太陽與任何一個外行星產生相位時，會有種為了使自己變得強大而重塑自我的念頭；而兩者間緊密的相位，以及不和諧的相位，則強調這個過程的重要性。每顆行星處理事物的方式略有不同，例如天王星人以相反及顛倒的方式來重造自我；海王星人則是以迷失的方式，並且幾乎是在隨性、隨緣間找到了自我認同，他們似乎不是刻意要改變自己，但也許他們就是刻意如此。由於克里斯丁的母親有太陽、冥王星的對分相，他自己也有太陽、冥王星的四分相，兩者都屬於困難相位，可以猜想兩人在轉變時遭遇的阻力較大；有時也意味著當轉變來臨時，會演變成一種更為分裂的形態。關於包含火星在內的大十字呢？克里斯丁的火星在金牛座十九度、對分木星在天蠍座十七度、四分在獅子座的天王星以及在水瓶座的凱龍，我們可以認定這是潛在的暴力結構嗎？

學生：不行。

琳恩：與克里斯丁相差沒幾天出生的人立即作出如此回應！

學生：火星落在金牛座的人動作太慢了，不會使用暴力。

琳恩：我不確定你是否可以如此概括火星在金牛座的人，尤其是當它四分天王星時。從事電影行業是非常辛苦的，而作為一位副導演必須很快地統合所有的事，不管是在行動或是心理層面上。我完全不認為他是個慢吞吞的人，況且他的天王星又是合軸星【譯註十二】。而金牛座的火星也展現了情感生活中穩定及可信賴的一面。

學生：那個大十字看似具有彈性的鬆緊帶。

琳恩：是的，它既能伸展也具有支撐的力量，這個星盤意味著此人善於工作的組織，因為他能吸收大量的資訊，然後很快執行，當然你的比喻暗示著一種過度擴張帶來的危險性。一個副導演主導著所有的事務的運作，得為導演擺平所有的細節並使流程順利進行，這個工作需要卓越的組織概念，以及能夠快速、有效率的反應能力。他的水星和土星合相在十宮，代表他具有良好的規劃能力；而火星的相位則帶來快速的行動，由於這些相位，使他能因為工作而環遊世界。在此家族中另外擁有日冥相位的人是西蒙妮，她的太陽緊密合相月亮，並與冥王星對分；而太陽、月亮這兩顆最亮的星體都四分天王星。你們如何看待此種組合？

學生：感覺上相當具有爆發性，但同時卻以某種方式受到控制。

學生：她不是也有火星和土星的合相嗎？可能會感覺別人控制了她的生活，形成很大的壓力，到最後將會爆發或造成困境，甚至有抑鬱的傾向。

琳恩：相當精確。西蒙妮在十八歲時懷孕，然而她的個人色彩相當強烈，對於夫家裡保守的觀念感到不耐煩。由占星學上來看他們之間的差異：西蒙妮的太陽、月亮合相在水瓶座，並對分冥王星，四分天王星；雅克的太陽四分海王星，月亮合相火星。不難去猜，當雅克與一位有月亮、冥王星對分的人結婚，誰會有比較強烈的個人特質？沒有人會感覺西蒙妮很難親近，克里斯丁說她是一個很棒的母親——有趣、有創意、總是讓人感到愉快，她的丈夫也非常愛她。起初她在時尚產業中

譯註十一　合像星盤中的四個交點（上升點、下降點、天頂、天底）的行星，容許度多以八到十度為主。

工作，對於發掘新進、有才能的人，具有不可思議的敏銳度。她所挖掘並提攜的好幾位設計師，到現在都相當出名。但約十五年前，她逐漸變得怪異並出現荒唐、非理性的行為，後來經醫師診斷為躁鬱症【譯註十二】。她現在於法國南部的卡馬格（Camargue）過著邊緣人的生活，深信自己是個吉普賽人。

學生：為什麼她認為自己是吉普賽人？

琳恩：一方面是她有烏黑的頭髮和橄欖膚色等明顯地中海民族的特徵，再加上一件神祕的事——就是她的外祖母在很年輕時，就從子女的生活中消失並不再有任何連絡。西蒙妮的外祖父是亞爾薩斯人（Alsatian），金髮碧眼，個性剛強且軍事化。由於外祖母離家，外祖父便將孩子們交由修女們以嚴厲的天主教義撫養長大。克里斯丁與他的母親相像，想知道曾祖母是否為猶太人。無論如何，西蒙妮延續了這個家族中的黑色基因，在她的星盤中，八宮的冥王星對分著發光的太陽和月亮，指涉著一個家族的祕密。

未知的力量

當你在畫一個家系圖時，某些問號的標記也傳達著能量。未知具有極大的無意識力量，我們所不知道的事依然推著我們向前邁進。之前提到，太陽與外行星有相位的這些人如何改變身分認同的方式，如同西蒙妮重塑自我與她的過去。有時也會在被領養的人的星盤中看到這種情況——雖然他們常常不知道自己的家族脈絡，但這些相位還是會賦予靈魂一塊肥沃、原始的溫床，孕育著重覆過去歷史的可能性。它也可能是種空虛的體驗，像個深不可測的漩渦，將我們從現實中捲走。接受領養的小孩也許會把注意力放在養父母的渴望與夢想上，或是執著於親生父母的遺棄與哀傷，通常這兩種力量會在他們的心中相互影響。家族研究的一個基本觀念是轉化個人的舊有模式，將困難事件或環境視為禮物或是力量的來源。家族模式經常再三重複，祖先們的所作所為，將或多或少地在我們的生活中重現，而他們所發掘的解決之道就變為我們才能的一部分。

在我的家族中，我的兩個祖父都是移民，他們離開出生地外出尋求新的機會。但另外一邊，我的母系家族似乎從不搬遷，我母親的生活區域總是侷限在半徑五英哩範圍之內，直到今天，她也沒有護照。而我跟隨著祖父的腳步，越過大西洋。當我第一次到巴黎時，我住在一個小閣樓，廁所在外頭的走廊邊，體驗難受的「巴黎經驗」。這種經驗非常有魅力但不怎麼精彩，基本上我選擇了甘於貧窮的生活。當我離開那個地方之後，我與我的父親才開始產生連結。他生長在密西根的黑森林裡，房子裡沒有抽水馬桶，也沒什麼錢。我嘗試這種生活好幾年，將它當成是了解自己根源的方式，但在當時我並不知情。

學生：這是無意識的一部分嗎？

譯註十二　又稱雙極性情感疾患。主要特徵為患者不斷經歷躁狂和抑鬱兩種相反的極端情緒狀態。這兩種情緒狀態經常反覆出現，其強度與持續時間均大於一般人平時的情緒起伏。

琳恩：絕對是的！也許百分之九十五或甚至是百分之九十九是無意識的。這個重複的模式為某些事物提供曝光的機會。我後來才明白，對我來說品嚐貧窮的滋味有多重要，它幫助我將某些事物定位，我會推薦這種方式給那些──他們的父或母有土星落在第二宮的人！由於我的十二宮起始於金牛座，過去我傾向於否認金錢的重要性，相對於我父母身受貧苦之痛的童年，是完全極端的反應。我的父母親都有月土的強硬相位，而他們對於金錢的恐懼將我推向另一種極端。一旦有過初到巴黎的這些經驗後我才能清楚發現，才能選擇不同的生活方式。

學生：我把你剛才說的帶入我的經驗裡，我現在居住在倫敦南部克拉彭（Clapham）的貧民區，而這也許是一個平衡我背景中義大利南北部貧富差異的方法。居住在克拉彭，使我敏銳地意識到，因為種族上的差異而身受屈辱的感覺。我從沒想過那也許是與我的根源有關。

琳恩：也許其他人也可以開始思索，哪些生活中的事件，是你後來才發覺與家族史有著關聯的，即便當下你絕不會將它們牽連在一起。我們經常是在某些層面上重複著某些行為，當你重複著家族中曾經發生過的事，這種重複性可能是開啟其中奧祕的鑰匙，並是個可以選擇不同作為的機會──也許你將療癒它，然後從事件中走出來，暢快的大喊：「現在，我可以與之共處，我了解它的重要性以及真正的定位。」你的過去提醒著你，你的家族如同是土壤，但無論這土壤結出的果實是好是壞，都必須由你親自播種，親自栽種。

西蒙妮母親的名字也是西蒙妮，她非常美麗、賢淑優雅，並受過高等教育。她的太陽和金星合相在處女座，且寬鬆的四分冥王星，而冥王星也許也四分著月亮（因為缺乏正確的出生時間）。西蒙妮的母親在她很小的時候就從她的生命中消失，而她的丈夫皮耶爾也在她五十四歲時自殺了。冥王星傾向帶來巨大的改變，似乎是一股外來式的威力爆炸，以一種殘酷無情的方式在她的生活之中引爆。

克里斯丁的外祖父皮耶爾是個成功的企業家，富有、寬宏大量，並有些沉溺於女色，生活優渥也很懂得享受生命。但後來在阿爾及利亞戰爭中，因為法國政府沒有償還他的借貸，因而失去了所有的財富。接著他便破產，並從事了好幾年不光采的工作。他甚至當過汽車銷售員，但收入補貼不了家用，他失去所有的東西，從僕人簇擁的光鮮豪宅搬到巷弄裡的狹小公寓，幾乎入不敷出，無法糊口。最後他覺得對於妻子而言，他死亡的益處比活著還大，於是他拿出死亡保險單，然後自殺。雅克和西蒙妮在家中發現他死於用藥過量，西蒙妮崇拜她的父親，可以想見她一定極度崩潰，自殺事件中，發現屍體的人所受到的衝擊更為巨大。但對於雅克而言，也一樣崩潰，他在當下再次體驗到自己父親在十年前死亡時的震撼。

學生：這兩位祖父的相似點真令人不敢置信——他們都自殺，也都破產。在另一邊家族的祖父或曾祖父也曾破產嗎？

琳恩：對，克里斯汀的曾祖父阿爾契德也曾經破產。而且你說對了：這個相似點的確非常引人注意，我不認為可以將它當成純粹的意外。麗茲．格林（Liz Greene）【譯註十三】在《命運占星學》（*The Astrology of Fate*）一書中，以家族情結的層面切入，討論個人透過尋找氣味相投的伴侶，使

譯註十三　美國著名占星師、心理學家、榮格分析師、作家，倫敦占星學院創辦人之一，目前旅居倫敦。

情結主題再度浮現。亨利與西蒙妮兩人的母親，都在孩童時期失去他們的母親。

學生：日冥相位暗示著關於改變及失去一切的焦慮嗎？

琳恩：冥王星要求我們放下生活中不可或缺的東西，去接受自我認同的改變，這種放下不一定是財務上的。我會說日冥相位考驗一個人，在面對巨大改變時能夠保有自我意識的能力，以及考驗一個人承擔生命的力道。皮耶爾感覺遭到政府的背叛而沮喪，還讓人踢入垃圾堆中。他找不到出路回頭，無可否認，這和三、四十歲的人比較起來，對於一個六十一歲的人來說是困難多了。讓我們來看一下他的星盤，他在一九一一年十二月四日出生於巴黎。

我沒有他的出生時間，但主要的行星模式在他出生這天都沒有變化。我將星盤的時間設定在下午一點，如此一來強調二宮與八宮，並剛好將冥王星合在軸線，但這裡沒有日冥相位（圖十八）。我們發現火星準確的對分木星，這個相位我們今天已經討論很多了，這是一個典型的過度擴張相位。月亮介於土星和火星之間，所以我們再一次發現月亮、火星合相的爆炸性能量。水星對分冥王星，這個相位賦予人相當精明與敏銳的商業才能，但也可能使得個人的思維變得比較陰沉。皮耶爾自殺時，行運的天王星和冥王星都正好四分他的太陽，且行運天王星和太陽的四分相非常緊密。克里斯丁的祖父亨利，也在行運冥王星合相他的太陽，以及四分行運土星時自殺。兩人在當時都歷經極大的壓力與苦難，但在他們的星盤中也都沒有日冥相位。

那些有日冥困難相位的人都必須著手處理失去與破壞性的傳承。西蒙妮之所以重塑自我為吉普賽人，一部分是渴望遠離痛苦的「根源」，然而西蒙妮的「古怪」不只如此。她在一九八〇年的早

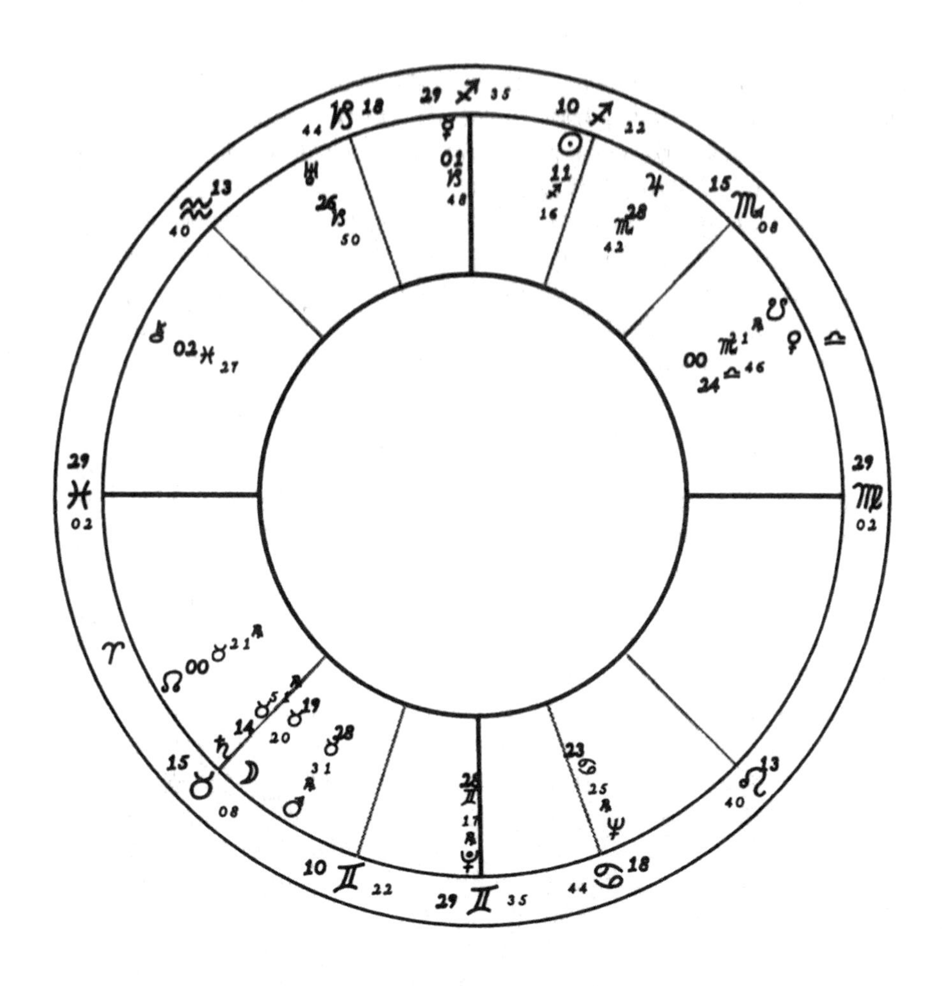

圖十八

皮耶爾，1911年12月4日，下午1點生，GMT，巴黎，普拉西度制，實際月交點。

期，行為開始逐漸詭異，甚至因為威脅警察而關進摩洛哥的監獄。然後她開始接受一段時期的心理治療，經過診斷宣告為躁鬱症；另加上一連串與年輕人、流浪漢等不間斷的關係，讓她的生活裡經常出現衝突或是財務危機。從一個成功、受到崇拜，且創意不斷的魅力女性，變成有些瘋癲的危險狀態，現在的西蒙妮和許多貓狗同住，還怨恨地嫌棄媳婦並視之為敵。雖然每個人都拿西蒙妮開玩笑，講述她不幸遭遇的荒謬故事，但克里斯丁的焦慮卻與西蒙妮的瘋狂與外祖父自殺事件有關。

學生：西蒙妮是在什麼時候開始精神分裂的？她曾經自殺嗎？

琳恩：克里斯丁認為是在一九八三或一九八四年，我沒有準確詳細的資料。一九八四年，冥王星進入天蠍座，四分西蒙妮的太陽和月亮，啟動她星盤上的T型三角。當她沮喪時曾經提到自殺：「哪一天你會發現我像我父親那樣」，但因為狂躁的關係，她傾向將事情轉向歡樂面。克里斯丁的外祖父過世時他才七歲，那時應正值他行運土星第一次四分本命土星的相位。

學生：西蒙妮經歷了土星回歸嗎？

琳恩：她的父親皮耶爾於一九六五年過世，她出生在一九三六年，那年她二十九歲，相當接近土星回歸【譯註十四】的時間。

學生：我在此學到一個圍繞在成功與失敗的模式。似乎在這個家族中，「成功」到最後都會轉向相反的方向。

琳恩：那也許就是克里斯丁此時最重要的問題了。如果他想盡辦法在事業上有所突破，他會堅持到底還是讓自己一敗塗地？他的哥哥曾是戰地通訊官，至今仍從事受人尊崇的記者職位，然而他們都沒有超越性的突破也沒有飛黃騰達，也許是焦慮過多而停滯不前。他們的父親雅克曾是某個企業的經理，但因為收支不平衡的問題而丟掉工作，他做過許多行業，也沒有出色的轉機。日冥相位測試一個人對於生活的承受度和創造力，如果真的發生了什麼事，克里斯丁是否有重新來過的能量？一個無法成功駕馭日冥相位的人是不能從頭開始的。

學生：在我的星盤中太陽四分冥王星，我失去了一些名下的不動產。雖然已經賣掉了還是付不出抵押借款，最後還是賠了錢，這讓我的意志消沉了一陣子。

琳恩：對你來說，那是你生命中真正不可或缺的東西嗎？

學生：那是非常、非常艱難的時光，同時也強迫我開始去檢視、去接受治療。因為這件事我變成一個完全不同的人——比較有覺知，我的家人說我現在好相處多了。我以前是個義無反顧有幹勁與野心的人，現在我看所有的事都不太一樣了。

琳恩：那是多久以前的事了？

學生：八、九年前。

琳恩：冥王星不盡然是以如此戲劇化的形式展現，但日冥相位會將我們鎖進某種強迫的行為模

譯註十四 行運中的土星大約每隔七年，就會與本命星盤上的土星形成相位，約到二十九至三十年時，行運土星將回到本命星盤上土星的位置，此時期稱為土星回歸。每當這些時期，當事人往往需要做出重要的調整或抉擇。

式中。然後，這個體可能變得過分認同外在的力量。雖然外表看來可能是成功的，但他們可能已經不再發展個人本質的層面；如果這樣，冥王星的能量到最後可能會變成毒害，慢慢腐蝕人們的靈魂，並影響身邊每一個人的生活。

冥王星與心理治療

學生：有冥王星相位的人需要進行某種心理治療嗎？

琳恩：心理治療創造了個人與冥王星之間更有覺知的關係，但不保證不會引來混亂；然而，只要願意深入探索無意識，便可以慢慢地穿透心靈的防禦。克里斯丁最初想成為考古學家，這是另一種挖掘的方式，在此，我們可以輕易辨識出這是冥王星驅使他選擇的職業；他說他的興趣從來不是在實地考察，而是在理論。同時他的星盤也要求他發展行動與冒險的特質，由於他的太陽、冥王星的四分相得自母系的遺傳，也許他需要特別留意限制的問題。父系這側有做得過多而超過分際的特殊傾向，另一邊的母系家族則是擴展得不夠，克里斯丁繼承了這二股血脈，使他擺盪於兩者之間。日冥相位要求他透過自己的根源而發光發熱。當你從親人們的星盤中列出各種相位，再由從家系圖中整理出家族模式，便可以看得很清楚。

學生：如果當事人多做些準備的話，有沒有可能讓治療進展快一點？

琳恩：如果這治療已經與事情的核心建立了某種關係，則可以支持這個人渡過一段長時間的低潮。但有時駭人的事件降臨在某些人身上，他們經歷戰爭，罹患重病，出了意外，失去家園或是所愛的人，誰能估計這類事件應該要花多少時間來復原？這些人有段時期就是對於不公平的狀態充滿憤怒，並且不願意從當下回到過去——拒絕與生命妥協。當我們無法超越這些反應時，這些能量就會慢慢地變成破壞性的力量。不管對於已經失去的事物感到多麼心痛，冥王星考驗著我們對於新生活的信賴，考驗我們再度啟程的意願。

學生：這個過程將會持續很長的時間嗎？

琳恩：我想可能會花很長的時間。一個非常艱難的事件從不會因為簡單的修復就輕易解決。我們都面臨過某種挫折，也無法從外在去判斷某個事件的意義。當一段愛情關係結束時，要花多少時間才能讓你的心情恢復？對於在這屋子裡的每個人來說答案是不同的，這得要看你感受程度的多寡，甚至必需根據你的成長過程。對於某些人來說，只需要幾個星期；而對於其他人來說，修復一顆受傷的心可能要花上好幾年的時間。我認識一位女士，她的房子在火災中燒個精光，在她的星盤中有月亮和冥王星的四分相。火災發生時她處於完全震驚的狀態，但某方面來說，這也讓她感到釋放。這件事情幫助她看清楚可以依靠誰，也決定了遷往國外居住，這使得她比較容易重新展開生活，二十年之後當她再回頭看這件事情時，認為此事賦予她非常強大的力量。挫折會改變我們內在的某些東西，我們可以認同它，並感覺讓它踐踏；或是以我們原本未知的內在本質去回應。

與情感有關的行星所產生的反應與水星、火星的反應不同，有些可能需要一部分的土星週期來消化，例如某些人花了七年的時間從離婚中復原。我有一位有太陽與土星四分的客戶，在離開她的丈夫後，有十四年的時間不曾與任何男人親近。她發誓不再發展其他的親密關係，然後變得年老枯槁而嚴酷——她並沒有徹底領悟，直到她再次戀愛，重新恢復生命力。然而有些人不曾從傷痛中痊癒，對他們來說，刻骨銘心的傷痛使他們無法重拾勇氣。我認為必須尊重他們所需要的時間，並且幫助他們釐清正在經歷的過程，這不也是我們在使用行運法與推運法時所做的事之一？真正整合的時刻經常顯示在推運過程中形成相位的時候，或是表現在二次推運的月亮週期中。

假設行運或推運中的某顆行星即將觸動本命星盤中的月火相位，也許這會讓你的生活中引燃衝突，但這個衝突卻帶來能量，讓你從舊有模式中解脫；剛開始也許你會把衝突當作失敗，並搥胸自問：「為什麼我老遇到這種事？為什麼我這麼不幸？」雖然過多的衝突也許會打擊我們的希望，減低復原力，但是每一個重複的事件將帶來另一個機會，讓我們了解在事件中我們所扮演的角色。

了解我們的反應不僅是個人的經驗，更是家族模式重現的產物，可能會對我們有所幫助。例如在克里斯汀的案例中，我們看到一個嚇人、憤怒的母親，但事情在他出生之前便已經發生，這樣的家族讓共有模式推向在極端環境中求生存。歷史在我們的內心之中上演，如同在無形中受到隱形絲帶在前方拉扯一般，但當我們發現與家族歷史相連時，即將領悟到，這個解決之道也許需要在另一個層面上產生。

學生：那月亮交點呢？

琳恩：月亮交點多少會顯示在家族藍圖中，如同其他因素一般。你們也許會想要將月亮交點像其他行星那樣畫出一張家系圖，好像我們所繪製的火星家系圖一樣，但必須特別注意這些月亮交點所涉及的星座。月亮交點與舒適、停滯、發展的領域相關，也許會彰顯親人間各別的演變路線。然而在合盤中，當彼此的行星與月亮交點有非常緊密的連結時，顯示在這些親人的生活中，經常會出現明顯的同時性。

金木相位的脈絡

在克里斯丁母系家族中，有一個特別與金星相關的行星脈絡，現在讓我們來檢視它。回到西蒙妮的星盤（請見圖十七），注意到她的金星、木星合相在一宮的射手座。我們已經提過她的創意才能、幽默感，和獨特的風格，不久之前她自動到學校接孫子放學，她穿著從跳蚤市場買來的衣服出現：靴子、長裙、鑲珠的披巾，並圍著一條附有玩具手槍的皮套。因為她實在不像是個傳統的祖母，所以學校不讓她帶走孫子。你們會如何詮釋金木合相？

學生：過度誇張。

學生：喜歡遊戲人間。

琳恩：記得克里斯丁對其母親的描述「和她在一起非常有趣」。有段很長的時間，克里斯丁和哥哥都在疑惑她究竟對父親做過什麼事，她將雅克從家族的限制中解放出來，並帶來歡樂。然而，某種程度而言父親的能量就像是扮演了護欄的角色，將我們保護在內，我認為西蒙妮星盤上火星與土星的合相，很可能強調了她習慣於這種保護性，所以婚後她以丈夫的個性來限制自己。雖然兄弟倆非常贊成母親離家的決定，但一旦她離開那間屋子，便沒有任何東西能夠阻礙她，剛開始她很自由自在，但後來卻越來越離譜。

學生：是金星、木星的合相使她行為踰矩，或事實上是這組合相與海王星的四分相所造成的？再想一想，代表限制的土星落在雙魚座似乎對她也沒有幫助。

琳恩：我們都知道，星盤中許多因素經常指向同一種特質。我懷疑只有金木相位會引發如此脫序的行為。雖然我知道許多有此困難相位的人都有財務上的困難。這裡誰的家族中有金木相位的模式？或者認識的人有此相位？

學生：我的家族中有此模式，對於和諧有種過度美化的傾向，長輩總是要求我們要和平共處，每個人都忙著表現和善、讓事情圓滿。

琳恩：如果這樣我會懷疑火星的部分，是否在你的家族史中存在着害怕衝突的恐懼？因為每一個相位和行星脈絡都與更大的家族背景相關。想像一個有許多金木相位，並且火星能量強烈的家族，但是出現了一個金星、木星合相的人，那將會擦出很大的火花！讓我們來看克里斯丁母系家族的金星家系圖（圖十九）。

我以克里斯汀為出發作一個相位的列表：

外祖父皮耶爾	金星在天秤座，四分海王星，四分天王星，半四分太陽，且三分冥王星。
外祖母西蒙妮	金星在處女座，合相太陽，與土星以及天王星形成大三角，四分冥王星，並半四分木星。
母親西蒙妮	金星、木星合相在射手座，四分海王星，三分天王星，五分火星，十二分之五冥王星。
父親雅克	金星在巨蟹座，合相冥王星，並且四分天王星。
克里斯丁	金星合相射手座太陽，合相天頂，四分冥王星，且三分天王星。
瑪莉詠	金星摩羯座，合相木星和土星，準確六分海王星，且三分冥王星。她的母親則有木星、金星的四分相。
兒子盧卡斯	金星、火星、木星合相在獅子座，半四分太陽，四分冥王星，對分土星，並十二分之五天王星。
女兒帕洛瑪	金星在金牛座，合相太陽，四分木星，且三分火星。

學生：在這個家族中，金木相位的能量似乎愈來愈明顯，有趣的是克里斯丁選擇一個像他母親一樣有金星、木星合相的伴侶，這個特質如同金髮或碧眼的基因一樣，可能遺傳了整個家族。

琳恩：我懷疑是否真的可以如此下評論，我還沒準備好將這個模式論斷是某種基因的遺傳——

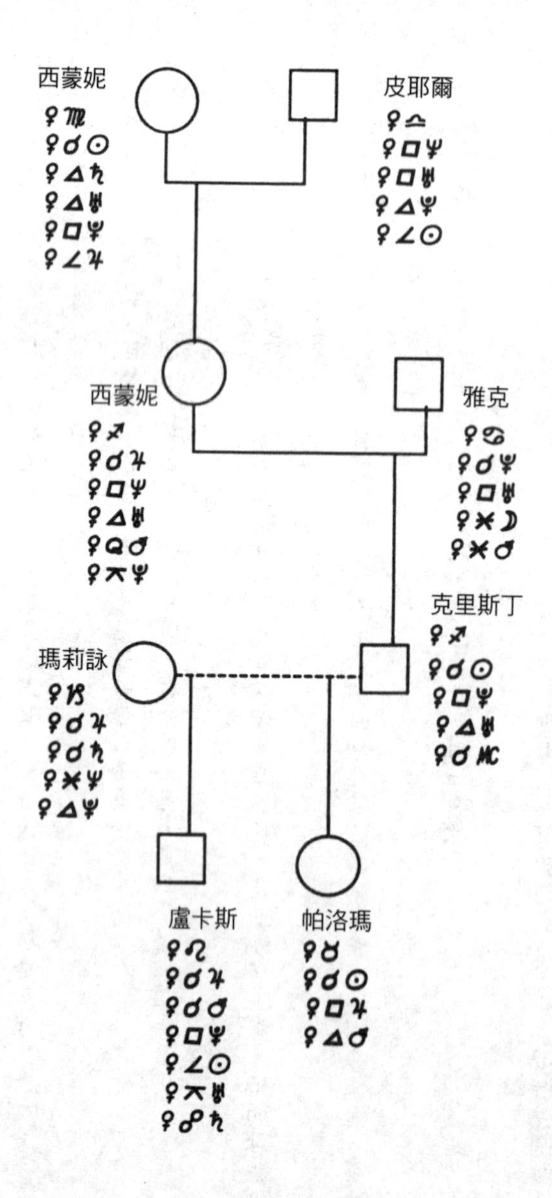

圖十九

但是那是種有趣的探討方式。但無法否認的，這個家族逐漸擴展金木相位的能量。萊因霍爾·艾伯丁（Reinhold Ebertin）【譯註十五】在《星體作用力的組合》（*The Combination of Stellar Influences*）一書中，形容此種行星組合是「愛的喜悅與幸福」，克里斯丁與瑪莉詠因深愛彼此而結合——他們的關係明顯地建立在身體與情感的層面，並且她的美麗外型也符合這個相位的特質。艾伯丁將金木相位與藝術家作連結，西蒙妮從事的是時尚產業，克里斯丁又在電影圈，而瑪莉詠專職寫作之前是從事與電影相關的時尚產業。

學生：我記得我讀過金木相位是一種幸運的行星組合。

琳恩：在古典占星學中，金星與木星是兩顆個吉星，它們的合相應該對生命極有益處。克里斯丁在大溪地（Tahiti）拍攝某部片子的期間與瑪莉詠相遇，倆人很快地陷入熱戀，很難想像比這更浪漫的情景。他們倆人都經常旅行——展現真正的射手座的特質。此外，家族中的每一個人都為西蒙妮的好運氣感到不可思議，她總是碰巧買到市值一半的房子，然後又得以極好的價格賣出。即使現在的她古怪、不可預測，但手頭始終寬裕，她的確從這個相位中得到了某種庇祐。

學生：克里斯丁長得好看嗎？

琳恩：他不是傳統觀念中的俊男，他遺傳西蒙妮黝黑的外表，高顴骨，有點斜視，常讓人以為是北非人。有些人覺得他很有魅力；有些人則想不透高貴的瑪莉詠為何要跟他這樣的人在一起。金

譯註十五　漢堡學派占星師。

星和太陽的合相的人不盡然都是俊男美女。

學生：我總以為金星和木星的組合是與外貌有關，但我想它與感受力更有關係，它不僅是外在的呈現，同時是一種愛的意識，一種心靈的品質。瑪莉詠的金星同時合相木星與土星，所以她絕對符合標準。

琳恩：你說對了，金木相位使靈魂更關注美與愛，對於這類事物有著特別強烈的共鳴。然而金木相位並不是描述價值的專屬系統，雖然克里斯丁這兩個小孩的母親有摩羯座星群，也許會傾向保守，但大多數人對於這對父母的印象卻並非如此。孩子們繼承他倆的藝術鑑賞力，並在充滿藝術家朋友的環境下接受薰陶，同時這對父母也不落俗套，利用在街上找到的廢棄家具，將有價值的事物與通俗文化混搭在一塊，絲毫不奢華。

大部分我所認識金木相位的人都會「跟隨他們的恩寵」，他們相信做真心喜愛的事會帶來豐足，如果沒有將心思專注於某些事，就無法成功。瑪莉詠覺得，如果家裡的每個人都能跟隨著他們所重視的事，幸福就會降臨。這個家庭的每個人都真心喜愛彼此，他們都很享受相聚的時光，雖然也有遭逢危機、焦慮、沮喪的時期，但是整體而言，他們感覺生命是愉悅的。我們的信仰與生命中曾出現過的好運氣，有著一定程度的連結，金木相位的人比其他人更相信，神是站在他們那一邊的。他們找不出理由來否定自己，並享受於他們所貢獻的。如果只從表面考量金木相位，那很可能犯下錯誤，這些人所選擇的核心價值決定了他們的深度。他們可能深受美麗事物所吸引，偶而為事物的外表迷惑，但內心確實堅持他們真正重視的事。

學生：我的金星、木星合相在十二宮，跟這個情況一樣嗎？

琳恩：這個相位是否給你最基本的快樂？沒有嗎？那麼值得試著去探索它，由於是合相，代表總會有個幸福的領域，一個心靈中的美麗之島，即便是隱藏在十二宮內。

艾伯丁列出「懶惰、粗心大意、揮霍無度、過度表達感受」等辭彙，來描述這組行星的負面表現（我覺得這種註解來自於有強烈土星特質的人！）。無論如何，有此相位的人，的確經常沒有考量底線就妄下決定；這個組合也無益於財務上的收支平衡。神話中賦予金星及木星多情的衝動，可以想見這兩顆行星之間的相位，會導向一定程度的享樂主義，但我並不常發現這樣的案例。這些人經常受到愛、喜樂與美的啟發，並遵循它們當作是一種試金石，為生命帶來奇蹟。他們也許喜愛文學、小孩、療癒或花草，當他們的心靈受到滋養時，就會感到無限的歡愉。

月冥相位的脈絡

到目前為止，克里斯丁的家庭運作得非常好——擁有許多愛。當然在此模式中還有比金木相位影響更多的東西，好比兩個小孩都有月亮和冥王星的四分相，但因為他們年紀都還小，我不願意去推測那代表什麼涵義，但是我可以保證，他們的母親任何事上都會深入思考，不會含糊帶過。而我更認為父親那邊的月火相位，後來轉變成月冥相位——這是更為深埋的情感脈絡。就在我們作分析的過程中，瑪莉詠的心情正沮喪並陷入創作瓶頸，這也許是月冥相位某部分的反映。她在懷第二個孩子之前猶豫了很久，難以受孕，儘管克里斯丁非常積極。

學生：從我對月冥相位的觀察，這個相位容易長久壓抑感情（而火星會將它引爆），於是氣氛就因而凝重。這相位有種內在的壓力，但在某種限度之內，如果有人去處理它，將有助於察覺。我猜想是否由於摩羯座特質，瑪莉詠並沒有試著想要成為一位完美的母親，這可以解釋她為何難以懷上第二胎——因為賭注更高了。孩子們以月冥相位來感受這些情緒，並學到將自己的感覺埋藏在心中。

琳恩：說得非常透徹。瑪莉詠的確在處理子女的教養問題上相當謹慎小心、深思熟慮，非常在意孩子們內心可能的感受。她曾說過覺得在某些方面，給孩子們太大壓力，希望自己能輕鬆一點看待事情。在這個例子中，瑪莉詠並沒有大費周章地建立外在的規範以及時間表來處理事務，恰恰相反的，她忘了把書還回圖書館，忙著填寫醫療單，還得平衡財務收支這類細碎事務。其實她的壓力來自於內在，而也許這就是孩子們對於月冥相位的感受。

學生：我有月亮、冥王星的合相，我覺得與感受連結是件困難的事，因為這個相位又與水星產生四分相，所以當我將感受說出來，就會覺得輕鬆許多，然後也開始對於內心的想法比較有覺知。但也許是因為十宮內水星的原因，我一方面覺得不得不將事情轉換成語言，但又為此感到焦慮，好像我可能會說錯。就好像是當你一打開門，各種難受的事都傾巢而出，所以有時那道心門是鎖上的，然後就必須原地打轉，另外找尋一種進入內心的方法。

琳恩：我認為這取決於月冥相位，不論你是緊握著這股能量，或是將它發洩出來，但是通常有一部分的本質會受到壓抑與保留。這個相位意指母親與孩子內在的神祕世界產生連結，而這可能讓小孩感到威脅，但也可能滋潤了孩子與內在的連結，並非所有具月冥相位的人的母親都會將人吞沒與毀滅，但是她們大都是處於心理邊緣的狀態。

我記得有位女士來找過我，她的月亮在天頂對分冥王星，但她的母親似乎沒有一點冥王星的氣息，她將母親理想化。她的母親是一位敏感、有藝術氣質、美麗、令人渴望的女性——這是典型月亮在雙魚座的形象。這位女士在藝術界工作，她超級「好運」，遇到的女性主管都工於心計、善於操弄、盛氣凌人。而當時她正處在離職邊緣，這個職位明明令人欽羨，她卻感到絕望，因為她無法理解主管的問題與她有何關係，但卻一直不斷地重複發生。她與母親之間的溝通「良好」——彼此甚至不需要言語就能理解對方。她不能理解為何我將她軟心腸的母親比作鐵石心腸的魔鬼，而占星學對此早有某種解釋（月亮對分相冥王星等於權力鬥爭）。然而對我來說很清楚的是，這件事必定與她的過去有關。我核對她母親的出生資料，她母親也有月冥相位。當然我們可以爭辯說，她的母親是如此的完美理想，以至於女兒不知怎地被牽引至反面去，而遭遇職場上的女性陰暗面。

幾年之後她心情混亂地回來找我，帶著一個不可思議的故事。她與一位男士陷入熱戀，並搬過去與他同居，但在八個月之後，她的男友診斷出腦癌，然後她眼睜睜看著他日漸消瘦，最後離開人世，她自己則是完全崩潰。而就在她男友生病的這段期間，她母親道出一段相似的經驗——在與丈夫（我的客戶的父親）相遇並結婚之前，她曾與一位非常好的男人訂婚，她全心全意愛著他。在認識八個月後，他卻死於空難，這件事她從未跟丈夫提起，只告訴了女兒。它是深藏在母親感情生活裡的祕密，你們可以理解冥王星落在四宮宮頭是如何指向家族的某種祕密？以及冥王星與月亮的對分相是如何去描述一位母親所隱藏的面向？就好像是命運的安排，這個女兒也經歷了母親生命中的震撼，無可挽回地陷入痛苦的狀況，最後揭露出她母親的祕密。此種故事引起很大的迴響——在於業力的層面，在於能夠讀取他人無意識的能力上，在於親子之間相似命運的神祕連結上。

週年紀念日反應

休息時伊芙琳問我一個問題，讓我想起一些很重要的事。她的兩個小孩都有月亮、冥王星相差九度的合相，而她自己的太陽與冥王星之間也相差九度。她的問題在於，從某方面來說，這是否代表着某種意涵。當我在個人星盤中看到這樣的相位時，我傾向於探討：「當事人九歲時發生了什麼事？」。使用太陽弧正向推運「一度等於一年」的計算方式，我們可以搜尋當事人九歲時與日冥相位，或是月冥相位有關的事件。在一個家族中相位之間容許度的重複可能意有所指，指向某種的巧合，即是我們先前提到過的——「週年紀念日反應」。

下一代重複祖先創傷的過程是相當神祕的事，卻也相當具有力量，這個主題在心理學的文獻資料中已有很多深度的評論。也許在你們的私人生活中也曾遭遇過，例如：當一件意外或是低潮來襲時，幾乎正好是創傷、失去的整整一年後。它就像是駭人的浪濤規律性地每隔一段時間就會出現，六週、三個月、六個月、九個月，或是事件發生後的一年。這些經驗至少在一定程度上是屬於我們的意識層面，或是屬於正常的回顧，但很難理解這重複在世代之間潛藏的機制。

學生：我有個朋友，她的父親在她六歲時自殺，而當她自己的女兒六歲時，她與丈夫分開，她的丈夫便移居國外。

琳恩：是的，那絕對可以歸入週年紀念日反應的範疇中。我更會將它認定是一種共振波，喚起了某種改變的結果，雖然不見得是同類的事件。想像當你九歲時，發生一件重要的情感事件，可能是失去親愛的祖父母，或是你的第一隻寵物死了，也或許是你的父親開刀而在醫院住了一陣子。你可能完全忘了這回事，或是用一條漂亮的緞帶打包好，遠遠安置在你的記憶之外。

但是當你的孩子九歲時，不知道為什麼會再度喚醒那個經驗，即使你完全沒有意識到。這可能會產生悲傷或是無名的焦慮，有時還會因為你與孩子之間的問題而影響彼此的關係。在伊芙琳的例子中，如果在她九歲時有件與日冥相位有關的事情發生，當她的小孩快到九歲時，孩子就會進入一種強烈的感情磁場，這也許是反映了他們自己的月冥相位。命運將在此時喚醒他們某些冥王星的特質，而孩子們會感覺到這股強烈的暗流來自於他們的母親。

我們並非在此講述一個因果的過程，而是一部分的觸發機制。這可以單純只是氛圍的問題，因為冥王星往往隱藏在看不到和思慮不到的地方，並經常是在潛意識裡運作。但在家族成員的心靈中，事情往往會演變得極為複雜，而我們也許能在伊芙琳的童年中找到某個觸發點。行星之間相位的容許度愈緊密，事件就愈早被太陽弧正向推運所觸發，影響就愈大；星盤中比較寬鬆的容許度將在年紀稍長後被引發，但還是會產生影響，特別是當月亮介入時。我曾見過那些我認為非常寬鬆的相位案例，卻反映出十分重大的事件。

學生：你會看遍星盤，檢視不同家族成員中行星之間所有的容許度嗎？

琳恩：也許會，但它不是我的優先考量。將事情簡化是件難事，即便是有了行星家系圖。所以今天我們將專注於整理出家族脈絡，然後再檢視如何善加利用家族星盤。這個主題涵蓋了如此寬廣的領域——它真的是取之不盡，但我必須小心我雙子座的個性，以及太容易為各種細節感到興奮。我要提供你們一些可以運用的技巧，是最能快速顯示家族模式的方法，目前只是個開端，你們可以由此出發繼續鑽研。現在，你們可以立即回家，將水星的模式從你們的家族中整理出來，如果還不清楚，繼續找出金星或是土星，直到找出模式清楚的那一顆行星，然後再更進一步去檢視相位之間的容許度數。假使你傾向於觀察中點（midpoints），我知道貝爾納黛特．布雷迪（Bernadette Brady）【譯註十六】已經發展出一套稱為拼圖（Jigsaw）電腦軟體程式，它正是從這一點切入。

譯註十六　澳洲籍著名占星師，目前旅居英國。教授占星學並設計占星軟體，近期研究主題多與恆星相關。

1-6 族譜與身分認同

琳恩：中場休息時，有些人反應：「很難在團體中討論家族案例」。我知道討論過程中有些內容很容易觸動情緒，以致於無法輕鬆坦率地與大家分享。通常我在整理家族資料時，會創造一個空間，讓個案可以深入且感到安全，團體中的其他人則專注於案例中的故事，以此克制私人的情緒起伏。

我曾在全美占星研討會（UAC）中分享過一個案例，當事人——蘇菲亞．楊（Sophia Young）那時正在現場，她表示在討論過程中大家待她有如失散多年的姊妹，並感覺單單只是討論她個人的資料，便似乎開啟了在場所有人士蟄伏已久的家族動力。隨著今天課程的進行，或許你們也將發現這就是你們所期待的寶藏。

學生：那麼皇室家族呢？經歷了這麼多世代後，他們的星盤呈現出什麼樣的模式？

琳恩：皇室家族的星盤已有許多評論，他們似乎強烈地與土星、海王星的週期產生共鳴，例如摩納哥的王妃葛莉絲．凱莉（Grace Patricia Kelly）或是甘迺迪家族，這些都是知名且吸引人的星盤。你們可以自行找資料來研究。使用他人的案例作為研究的開端會比較容易，因為我們能更精確、客觀地分析出他們的模式。

學生：那需要往前回溯多少個世代？

琳恩：我不確定，但重點並不在於需要往前溯及多久，而是要能夠找出有意義的模式，但其實那並不會花費太多時間。在場也許有人擁有整個家族的族譜，而有些人只能找到有限的資料。

學生：我這裡有整個家族的族譜！

琳恩：你有嗎？那真是張令人感動的圖表！能夠完成全部的調查工作是何等的幸運，這給了你一個絕佳的工具，讓你可以著手編織家族圖騰，並檢視世代以來傳承下什麼。有些人會在族譜中搜尋到很有名氣的祖先，並從這些優秀祖先的基因裡找到生命力，藉此確立自我未來的方向與展望。在東方的信仰中，有些具有生命力及支撐力的支脈，似乎都在緬懷祖先的精神世界，藉著定期供奉與祈求的紀念儀式，來保有自己的福氣。在這裡，我們特別關注的是：讓我們的命運緊緊交織的內在傳承，以及與先人連結在一起的家族情結與心靈的功課。直覺告訴我們，血脈關係並非普通之事。

一旦踏上覺知之路，外界社會認定的你便無關緊要了，然而大部分的我們都還在內在與外在的身分認同之間中來回擺盪。誕生在令人稱羨的家庭中可能享有豐富的物質，但如果這家庭的焦點著重在物質生活的發展，忽視心靈成長，也許會產生毀滅性的壓力，並因財富而奢靡，養出揮霍荒唐的兒女。稍後，我將建構某人的家族模式，他來自一個聲名顯赫的貴族家庭，他說：「到目前為止，我對這些有形的物質都不感興趣，特別是在凡事都小題大作的家族裡，讓人感到很大的壓力，它就像是一個烙印，所以為何要去想它？」然而當他藉由族譜的比對，找出他與家族模式的對應關係後，他能開心地從另一個角度去看待自己的傳承，這也使他得以從過去的壓力中解脫，或者說他接納了另一種特殊的氣質。從心理的角度去檢視家族脈絡有其必要，這讓我們有機會去檢視每個人身上所承襲的家族遺傳。身為一個美國人，我血脈裡的傳承大概與在場的大多數人不同，因為我來自於與過去分裂後才建構成形的新文化。不要因為自我的身分認同而對族譜感到困惑，我們要做的是挖掘「過去」可能以何種方式存在於我們的內心，但我卻不認為這將神奇地揭露我們是何等人物。家族資料中蘊含著重要的訊息，但最深刻的自我發掘工作，卻是展現在家族的範疇之外。

模式的改變

不久之前，學生蒂納拿出她的家族星盤告訴我，她的家族存在着嚴重的溝通問題。我畫出一張她家人的水星家系圖，但沒有看出什麼，所以我稍加研究，猜想到底溝通的問題是如何展現的。在她的星盤中，水星、金星合相在牡羊座，並對分土星，同時三顆行星都與摩羯座的凱龍和巨蟹座的天王星產生四分相（凱龍和天王星則呈現對分相）。溝通的議題顯然對她十分重要，但這個模式並沒有顯示在其他親人的星盤中，這暗示著溝通主題可能比較屬於她個人的特質而非家族的整體模式。她的家族中曾有三個世代的成員都擔任老師，以致家族中認同擁有知識是件非常重要的事；但讓她難以接受的是家人們自視甚高的姿態，最明顯的例子是她的父親。你們認為在這張家系圖中，什麼是最重要的？

學生：有沒有可能是木星？尚未成熟的木星特質中似乎常伴隨著一種特殊的自滿。我馬上聯想到「自大」這個形容詞。

琳恩：你大概了解了。在北印度語中「guru」這個詞是「老師」的意思，也是木星的稱謂。在她的父系家族中，表現出相當明顯的木星特質，多數人的太陽都與木星都有關聯。蒂娜自己的太陽合相木星，她透過旅行實踐自我，並擁有許多外國朋友——雖然木星的「guru」特質，似乎是由父親及其他男性繼承了。在蒂娜這一代，五個兄弟姊妹中只有一個人是老師，那位兄弟有非常強烈的木星特質。但另有一種模式，貫穿了父系家族的星盤——金星、土星之間有許多的合相、對分相與四分相。你們覺得這些相位象徵什麼意義？

金土相位的脈絡

學生：我總認為金星與土星的組合是種擔心不夠完美的恐懼。有此相位的人不知為何沒有辦法與他們的自我價值連結。但如果家中每一個人都有這個相位，我不確定會如何呈現。

學生：想必是非常缺乏自尊，這個相位可能讓事情變得非常棘手或嚴肅。

琳恩：你們兩人點出了這家族的重要議題，但這些敘述與蒂娜口中描述的「高姿態的自滿」

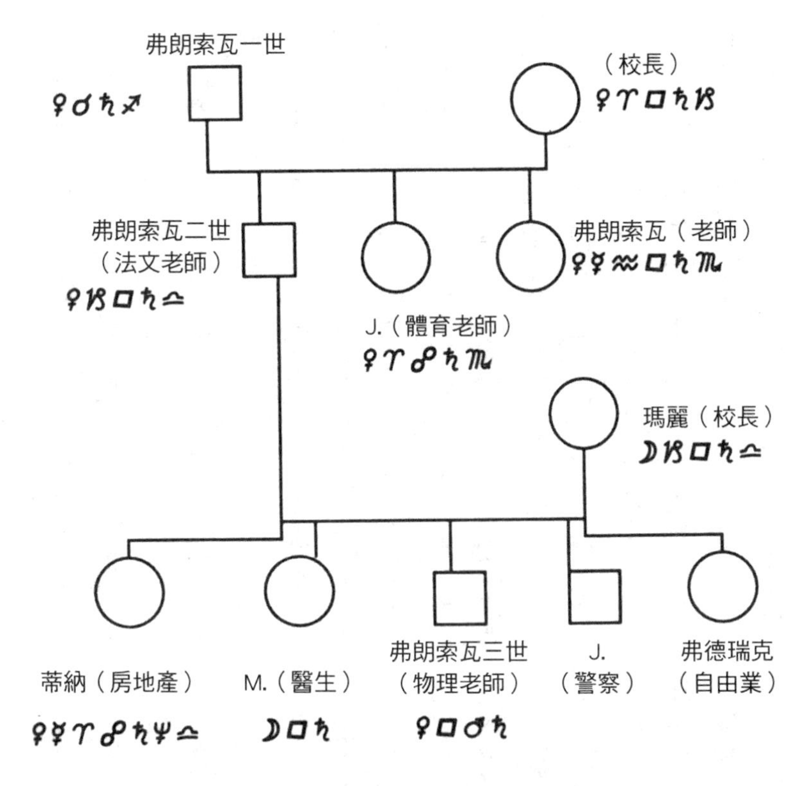

圖二十

有什麼關聯？她的祖父母、父母親、伯（叔）父、伯（嬸）母都是老師，以及她最大的兄長，曾祖父母也都是（圖二十）。

學生：我還不太明白，但金土相位與符合某種特定標準有關，也許木星特質的人設定了高遠的目標，而金土相位的人卻覺得他們無法做到。

學生：金土相位不是某種具體化的價值體系嗎？

琳恩：確實是的。當他們面對某種特定價值系統時，會為了追求完美而產生極大的壓力。這個案例中的壓力來自於祖先的價值觀。她的祖父非常熱衷於學習——金星、土星合相在射手座第九宮。由於他有著非常強烈的學習動力，以至於他的每個子女最終都成為老師。我們可以推測，把書唸好是這個家庭中唯一能感受到愛的方式。有趣的是，蒂娜口中的父親也是一個懼怕自己父親的人，你們聽見金土相位發出的聲音了嗎？這是一種愛與恐懼的共鳴。

學生：我認為金土相位暗示著有關於美的議題，也或許是不受重視的女性特質，代表著一個貶低女性的家族。

琳恩：對於自己在家族中的價值，蒂娜當然感到挫折，但並非是男女平等的問題。她的一個兄弟是警察，英勇，有膽量但腦袋並不特別聰明，他也有自尊受創的問題。蒂娜總是能夠輕易吸引男性靠近，但卻不知道如何與他們溝通。別忘了，她有個水星、金星的合相，同時對分土星的相位。有此相位的人，容易窄化自我的價值感，因為他們認為只有達到某種要求時，才能得到愛與讚賞。

在其他的家庭中，「美」也許是最重要的議題，但大部分得根據金星在此家族體系中的意涵而定，例如，金星與土星組合會規範（土星）什麼是真正有價值的事（金星），而在蒂娜的家庭中便看到如此運作的模式。追本溯源，蒂娜案例裡金土相位的根源來自於祖父，現在我們可以理解事情是如何演變的。如果繼續深入往前，甚至會發現前幾個世代的故事，可能是有關於渴望接受教育卻無法如願；或是某個不承認私生子的父親，卻來自於高知識分子的階層。蒂娜的水星、金星合相在牡羊座，並四分天王星，使她幾乎不可能服膺於他人的規範，但她對占星學的興趣，意味著她正朝向取得知識的方向努力，就如同這個家族裡其他老師們所做的事一樣。

行運天王星對分本命星盤裡的天王星，約略發生在三十八歲到四十二歲之間，通常正逢人生的轉戾點。蒂娜從事好幾年的房地產業，事業成功但在靈性層面上卻毫無成長，她決定搬到美國，跟隨一位著名的導師，投身於一種特殊形式的精神訓練。她的認同傾向與家族的世界觀完全相反，事實上她還是無法得到父親的認同，但現在，她運用家族中能將知識專業化的特質，邁向自己認為有價值的道路。

在個人層面上，她覺得幾乎無法與父親對話；她從來就沒辦法引起他的注意。這種挫折持續存在於她許多的關係中，雖然她的口語表達相當清楚，但對於溝通的阻礙還是相當敏感；課堂中，她會起身來段長時間的發言，引來一些同學的白眼與不耐煩。此時，她的家族風格不經意地顯露，為了讓別人聆聽自己說話，蒂納會以比手畫腳的方式來搭配一段枯燥冗長的陳述，但她也可以客觀運用事實、提出重點、強調概念。你們能理解嗎？這是一種處於形式與內容、想法與傳達之間的混亂困惑。

在我上課期間，蒂娜解釋了幾回她是如何的「懶惰」；她發現自己很難持續閱讀超過二十分鐘，即便是她熱愛的主題，而這個「壞習慣」自小就養成了。歸納出她星盤中充滿壓力的水星相位，我清楚知道，她可能有視力方面的問題。幾個月之後，她果然發現雙眼視力無法聚合，因此產生閱讀障礙，但因為她的視力正常，所以沒人聯想到這方面的可能性。毫無疑問，這種視覺障礙，是她星盤中強烈對分相象徵意義的完美呈現。我另外發現個有趣的現象，蒂娜母系家族這一邊，實際、親切、沒有知識分子的架子，即便他們的星盤中也有相當強烈的土星相位。

蒂娜的問題遠比覺得父親（以至於大部分的男人）不聽她說話嚴重得多。即使她擁有學識文憑，還是認為自己的深層價值不受關注。除非她認同父親的價值觀，不然她的意見將永遠無法打動父親，儘管她父親早年也曾與自己的父親有過相同的經驗。在她的家族中，說出什麼無關緊要，但知道什麼才是重點，所以家人們的對話往往圍繞在背誦數據上，例如：「這座橋樑興建於一九四七年、瞭望台的計畫獲得批准」之類的。總括來說，金土相位大致是描述某種壓抑個人感受的氛圍，因此他們的對話不可能在感受層面上打轉。蒂娜的課題是去爭取對自己真正重要的事物，並且接受她的家族也許無法理解她的需求。

學生：你是說，這終究與溝通無關？

琳恩：這樣說來有些誇張。雖然她長久以來，意識到溝通上有所壓力，但一直無法有太多改變，因為根本的問題在於：自我價值。由於水星（溝通）和金星（價值）合相，它們必須一起治療，但可能很難區分水星和金星的問題有何不同。

來自教育世家的人也許已經留意到相似的動力（我看到有些人在點頭）。家族在某些特定的價值觀上建立了無意識的壓力，對於為人師表者，知識代表力量與美德，但他們自身卻也可能難以達到這個標準。雖然我們期望老師能言善道，但他們卻經常是單向的溝通，對所有問題有著制式回答。法國人稱之為「職業的扭曲」（deformation professionnelle），即是在發展職業技能的同時，產生行為上的偏差與怪癖，並且在私人生活中過度運用。仔細想想，占星學也可能落入相同的狀況。

當小孩在學校遭遇學習困難，大多數的父母都不好受，更何況若父母是老師，當孩子在學習上沒辦法理解或不能快速晉級時，對親子雙方來說可能都是傷害。這很容易讓人聯想到，任何與「失敗」有關的劇情都會被視為一種反抗，而學習障礙是一種明顯的求助訊息，大多數人也許能觀察到相似的情況。這在各行各業中都可能發生，我記得一位朋友小時候得了一種罕見疾病，他的父親是一位成功的醫生，專精於類似的領域，卻無法治癒自己的孩子。孩子必需發現父母的限制，才能了無牽掛的選擇自我的道路。這是一個代價極高的過程，特別是當父母執著於無所不能的自我想像時。

學生：那蒂娜的母系家族呢？

月土相位的脈絡

琳恩：你會如此問很有意思。但對於這個問題，我只簡略的介紹，往前追溯到蒂娜的外公，我發現了月土的相位模式，她的外公成長在非常貧窮的家庭，排行最小，十四歲便開始在工廠裡工作，兄弟則大多死於第一次世界大戰中。這個案例中，月土相位描述著早年生活中缺乏物質與情感的狀態。蒂娜和她手足星盤中月土和金土的強硬相位，指出家族中有著不同立場的可能性；而蒂娜的母親相較於父親，來自於一個低層的社會背景，正呼應了這個可能性。

學生：聽起像是金土相位的限制，與月亮相位的經驗面不同。既然她家族中這類相位如此的多，我懷疑這其中是否還存在着愛。

琳恩：這也許是個實際存在的問題！這家中的「愛」經常遭受這些相位的打擊或考驗，但並不表示不存在。也許金土相位的最難受之處在於「範圍的侷限」，這阻礙了愛的接收，除非得以某種特定的方式表達才能獲取。我們可以說這家中每位承襲金土相位的成員，都得處理愛的議題。然而，土星要求我們努力，卻幾乎不給予回報，在這種情況下愛還會存在嗎？希臘人相信厄洛斯（Eros）【譯註二】是使世界統合成形的神祇，也同時視祂為無可抗拒的力量，因為即便是神（除了幾位處女神以外），都無力抵擋性愛的衝動。但如我們所知，土星厭惡失去控制，所以一部分的問題可能膠著於此。蒂娜的金星也同時四分天王星，她所扮演的角色也許就是突破家族價值的侷限。然而她無法感受到來自於父親的關愛，這便是痛苦的來源；合盤中她父親的土星對分著她的金星，更顯得二人關係上的無助。在一個金土相位的家族裡，設定了「如何」被愛、「誰」或是「什麼」才能惹人疼愛的規則。

高度的期待

有金土相位的人，必須符合某種條件後才會感覺到自己的價值，然而這只是短暫的現象，最終他們必需找到某種解決方式。某些擁有這相位的人非常關注愛的議題，幾乎成為他們生活中的重心；有些人則因為缺乏愛，而強烈地感覺到它的重要性。在座誰有這組相位？你認為在你的家族中什麼是主要的價值或規範？

學生：我們必須在各個方面都要很傑出，但在我的家族中最高的價值是音樂。我的金星和土星合相在巨蟹座。

琳恩：我猜想由於涉及土星，所以特別是指古典音樂，對吧？為了成為有價值的人，你必須在各方面都很優秀，但是如果你的音樂素養不如人的話，也許就會讓你覺得自己能力不足。

學生：是的，可以這麼說。雖然我擁有音樂鑑賞力，但我的音樂天份卻不如家人，相較之下，我比較喜歡舞蹈。然而，不知為什麼，每當我舞蹈演出時，其他舞者的父母都會出席，而我的父母總是不能前來。我記得我的母親說：「所有的音樂都是好音樂」，她的注意力通常放在我姊姊身上，她是一個很有天份的鋼琴家。

琳恩：這是金土相位的有力實證，你的家族非常重視音樂創作，幾乎到了無可取代的地步。你的母親可能曾經為了照顧家庭而放棄了事業，這裡似乎隱藏一個與藝術有關的挫敗故事。

學生：沒錯。

琳恩：有時金土星相位可能指向家族中，曾有人壓抑過喜愛的興趣，造成無意識中的壓力，使

譯註一 厄洛斯（古希臘語：Ἔρως），在希臘神話中是掌管「性愛」之原始神；在羅馬神話中，又稱為「阿莫爾」（拉丁語：Amor）。另一種說法，他是愛芙羅黛蒂的兒子，相對應於羅馬神話的邱比特（拉丁文：Cupido），是一個手拿弓箭的調皮的小男孩。

得後人做出相似的選擇，或不得不去支持已經巨額投資的選擇。如果你隨心所欲，可能會引發其他自律家人的痛苦，造成內在與外在極大的壓力。金土相位常有難以欣賞自己行為的傾向。不知你們有沒有注意過，擁有這個相位的人無法享受太輕易得來的事物？

當我們向家人展示極其珍愛的事物，而得不到任何一個認同聲時是相當難受的；或在傾心盡力後卻換得冷漠的：「親愛的，那還不錯啊」，或是：「對，我們完全不接受，謝謝」。這種情況下，如果我們仍然忠於喜愛的事物，最後可能會踏上一條寂寞之路。另一方面，如果因為取悅他人而放棄所好，日後很可能被自我質疑和嚴重的空虛感壓垮。這將使我們輕易地落入沒有價值與無法自我認同的地牢之中。在極端的例子裡，金土的強硬相位，甚至會讓週遭的人將你最珍愛的渴望視為危險的廢物。

本命星盤中金土相位的要求相當嚴苛。它將極盡所能地打擊你，加深你的疑慮，考驗著你忠於所愛的能力；並會透過時間、透過他人的冷漠、透過不受他人理解及認可的方式來測試你。就好像你為某人精挑細選買了美麗的祝福花束，他卻漫不經心地跟你道謝，然後擱置一旁，還忘了替花澆水，於是你所期待的交流便隨著花朵枯萎而消逝。你全心全意的付出絲毫感動不了他們，甚至當你展露出有如蘇珊大嬸【譯註二】一樣耀眼的才華，卻乏人問津，這會使你更加難受。因此對於自己的一切感到懷疑——這是好的、有價值的、有趣的嗎？或我真的擁有那麼一點才能嗎？以致於有些人會切斷支持的力量、隱藏他們的內心，並封鎖他們的心扉。

現在，想像一個所有成員都以同樣方式運作的家庭。身在這樣的家中，每個人不是對於事物重要性的看法一致，便是感到挫敗或不受他人理解。透過占星研究家族模式最有趣的主題之一是，檢視自己的星盤，觀察某些事物是否專屬於你個人，或是也存在於其他親人身上，然後問問自己，什麼是你有別於其他親人的新特質，因為每個人都會為家族帶入一些事物，一片新的拼圖拼入家族模式中，甚至將帶領家族走向完全不同的方向。

置身於每個成員皆有類似像金土相位的家庭中，想要保有自己的獨特性，將會與其他家人格格不入；相反的，如果你是那唯一擁有金土相位的人，也許是意味著你的家人不理解你所珍愛的事物，或者他們已經失去了欣賞你所喜愛事物的能力。如論如何，這都測試著你是否忠於內在的指引，如果你選擇忠於自我，那將成為豐沛力量的源頭。有些人在人生的早期認為：「沒有人認為我的感受是重要的，也許那真的不重要！」而放掉內心的靈感，並採取《易經》裡順其自然的態度，最後卻茫然不知所從：「我的樂趣在哪裡？這真的重要嗎？」、「為什麼我無法感受到強烈的感覺？」我們可以切斷自己所愛，不在乎內心的渴望，但這將為往後的關係帶來相當大的影響，因為我們已變得難以滿足或無法接收到正確的感受；而這些切斷與漠視大部分來自於童年時期遭受挫敗時所做的決定。假使我們因為別人對自己缺乏理解而放棄喜愛的事物，即可能有如籠中鳥一般，侷限在「他們（或你）愛得不夠或愛的方式不對」的感覺中。

譯註二 Susan Magdalane Boyle，蘇格蘭歌手，於二〇〇九年四月十一日參加第三季的英國達人秀而受到大眾的注意。此段文字為本書第二版所新增。

過去蒂娜曾深陷於她與父親之間痛苦的互動。她用盡心思找尋正確用語和父親溝通，但也從一開始便深信，她無法到達父親的標準；她感覺在所有關係中，溝通是最大的絆腳石。然而她從事不動產業，擁有很多的專業知識，容易與人接觸，擅長買賣與斡旋；她逐漸領悟到，問題不在於她表達什麼或是如何表達，而是她父親無法理解他自己以外的價值，所以她想讓父親認可的欲望，將永遠僵滯在令人沮喪、不受認可、以及缺乏自我的尊嚴的關係中。一旦她了解了這個機制，她便能夠停止，然後領悟：「要他們欣賞我的行事風格真的太難了，所以我必須回歸自我」；有金土相位的人必須承認他人的限制，一旦他們看清自己的需求無法透過他人來滿足，便再也不需要割捨自己對於愛的感覺，然後他們才會開始想到要滿足自我，即便這是非常不公平的感受。

學生：我總是認為金土的相位，暗示著與年長者建立關係的可能性，這種關係與家族議題有何關聯？這會不會是早期挫敗的一種解決之道？

琳恩：既然土星常常象徵父親，因此這可能是一種很好的揣測。在古老的文化中，金星、土星的組合可能暗示著一種無從選擇，及責任與愛的組合。一段婚姻可能是為了配合社會普遍的結構或是為了鞏固父親的利益；但在現在的文化中，大部分的人都可以自由選擇伴侶，因此土星的定義就變得比較微妙。無論男性與女性，我常在一些人的星盤上看見這組相位，這些人為了解決童年時期的傷痛，藉著找個年長的伴侶以取代自己不滿意的父母。這個方法可能達到某種程度的療癒，但卻可能將伴侶推入刻板的角色中，同時也因為將伴侶設定為物質層面與心理安慰的替代品，而放棄了彼此交流的機會。

回想先前的案例，克里斯丁的妻子瑪莉詠，金星在摩羯座並與木星、土星合相。她的外婆出身於演唱與音樂世家，是位定期在音樂會上獨奏的古典鋼琴家。瑪莉詠三歲時便開始拉奏小提琴，到了七歲，每月固定與某個小樂團演奏協奏曲，家人希望栽培她成為職業音樂家。但在十一歲時，她宣布不再拉奏並從此不碰小提琴。直到現在她仍試圖釐清，這麼決定的原因，究竟是因為她是自願不學了，還是為了不想追隨家人進入音樂領域。最終她了解，那些年是基於討好外婆和家人的責任而拉奏；但當她之後發現在自己所選的文創道路上也受到阻礙時，便深為憂鬱所苦，因而走向精神分析與長期的自我動機與欲望的探索之路。

有不和諧相位的人，會特別急切的想去釐清：「我之所以做了這件事，是因為我真心想做，還是覺得必須去做？」我們都背負着責任與義務，必須著手執行，但有時就是無法把心思放在上頭。有金土相位的人必需學習去認清什麼是心之所欲，而非只關注那些必須承擔的事物。

家族的價值觀

學生：我是家族中唯一有金土相位的人，而我父親的太陽正好準確的落在我金土的中點位置上。

琳恩：這組相位與你的父親有些關聯，我猜想是否是意謂著你忠於父親的價值觀，先前看過的例子中，月水相位象徵小孩與母親的溝通，同樣的，有時候金土相位也可以意味著「我崇拜父親的價值觀」。

學生：是的，的確是這樣！我重視他的創造力，卻排拒我母親的操弄，我也有月冥相位。

琳恩：追溯家族中這兩組相位很有趣，你可能會發現其中一組來自母系家族，而另外一組來自父系家族，但不見得是你所設想的那一方。因為月冥相位的力量可能太過壓倒性，使得你比較容易接受金土相位的自制能量。

克里斯：金土相位在我的家庭模式中非常明顯。三名子女都有這個相位，再往上追溯，若非我母親的土星，就是我父親的土星落在孩子們的太陽或金星的位置。

琳恩：對於你的家庭而言，什麼是最重要的？

克里斯：我一直思考這個問題，但還是理不出頭緒。只記得自己沒有受到重視，我的水星、金星和土星合相在射手座。

琳恩：你是不是曾經提及小時候經常到處旅行？

克里斯：我熱愛旅行，我們常在二十四小時之內，就將行李打包好上路。

琳恩：對我而言這就是射手座的價值觀！基本上，你必須隨時準備好去環遊世界，到任何地方與任何人談論任何事情，這不就是你家庭價值中最突出的部分？

克里斯：這似乎是再自然不過的事了。我喜歡背起行囊前往一個新的地方，但對金土相位的人來說，不應該是很難做到的嗎？

學生：但是經常與人告別，然後離開，你不會覺得困擾嗎？

克里斯：你說對了。離別常常使我非常難受，但之後又為興奮感而平復。我想經常搬家是我的家族傳統，因為我母親十二歲時，就離開她出生的國家，之後我們便定期搬遷到不同國家。

琳恩：你的金星、土星合相在第九宮。這個宮位往往與我們心目中至高無上的概念有關，古人稱之為「神的宮位」。所以你的家庭極可能毫不猶豫地堅守家族的觀念，雖然我猜想在你的例子中會有些遺憾，畢竟游牧式的生活型態很難維持關係。

克里斯：是的，等我交到朋友時也就是再度離開的時候，我傾向重複這個模式，一次一次鏟起自己埋下的根，然後遷徙到別的地方。

琳恩：聽起來似乎你沒有給予自己充分的時間，因此缺少持續性的關係，在金土相位影響下，在你生活裡的某個區塊中經常產生限制。

克里斯：我經常有這種感覺：當某個人愛上我時，會因為擔心我拒絕她而提早脫身，因此我從未有過深入的親密關係。我曾經與某個人生活過一年，那是最長的一段關係。

琳恩：讓我們重來一遍。你還小時，每當與某人親近了二、三年後，便成為那個總是說再見的人，因此在你心裡也許帶著與人切割的感受，這種金土的經驗便成為了你與他人接觸時的符碼。不知不覺中，你的潛意識裡傳達著關係無法長久的訊息，在我看來，你似乎隨身攜帶着愛情終將結束的經驗，使你從來就沒有足夠的時間去愛，然後在射手座的土星說：「將自己整理好，該是離開的時候了」。我知道你的月亮和海王星合相在天蠍座，這個組合可能會用整個人生來哀悼某種失去。

而你的水土相位可能會有點嚴苛地評斷自己的感覺。

克里斯：當我四歲時，我們搬過家，但我的印象並不深刻；然後六歲時再度搬家，那次我感覺很煎熬。再下一次搬家時我已九歲，但這次我就沒有想太多了。

琳恩：聽起來你好像已經退縮。為了不讓自己痛苦，你避免與他人連結過深，藉以保護自己。但這些必然會對月亮在天蠍座的你，產生嚴重的挫折，因為這是一個隨著情感累積而成長的月亮。有金土相位的人之所以感到害怕是因為他們的經驗是：「當我愛上某人時，就是匆匆離開的時候了，在愛消失以前，我沒有足夠的時間深刻地投入在關係中。」我們可以看出這些是如何源自於家庭的經驗，既然你兄弟姊妹也都有金土的相位模式，他們必定也已經建立起類似的內在反應。我猜想是否你的父母也有類似的問題？我可以想像你在關係中傳達著非常複雜的訊息——一方面要滿足月海相位的需要，另一方面卻帶著金土相位的冷漠，這是兩種對比面向的混合。雖然你關係最初的障礙來自於外在環境，但是你極有可能在無意識下內化了那些障礙，雖然關係可以因為許多原因而中斷，但如果你離開了，通常難以回頭再續前緣。有時類似的模式會加速發生，你需要某人而他們拒絕你，剛開始通常是在交往六個月之後，後來是六星期，而現在是在四十八小時內便發生了；這種重覆的緊湊程度，意味著你距離心靈的創傷愈靠愈近。

克里斯：我真的覺得是這樣沒錯！直到兩年前，我還在抗拒進入關係，不全然是因為沒有被愛的感覺。但大約在到達倫敦四週後，我遇到某人並陷入熱戀，這次我並沒有拒絕，相反的是，過程很美好。不久我回到智利和久未見面的朋友，即是在六歲時非常痛苦離開的那位，但結果非常讓人失望，因為他已經成為一個不錯但平凡的成年人，無法理解為什麼整件事情對我來說如此重要，真的覺得自己很愚蠢。然後我回到倫敦時，女朋友已經離開了，我們再也無法找回最初的那種奇蹟。

琳恩：你大可取消你的行程。

克里斯：現在回想起來，的確是。

琳恩：也許，為了打破這種模式，某種程度上你需要選擇留下而不是離開。你知道如何去新的地方，甚至到現在還是樂此不疲，但情感上的挫折卻仍然存在。我想到一個認識的人，金星在九宮對分冥王星，為了工作他必需經常旅行，他利用這類間斷的時間，作為關係中的一種自我保護——工作總是第一順位。直到他第一次和某個真正在意的女人交往，為了要陪伴當時要住院的她，他婉拒了一份工作。對金冥對分的他而言，情感操弄本來令他非常恐懼，而這次婉拒工作表示他已克服此點，在他的關係裡開啟了一扇窗。

這個議題對你來說如此重要，而顯然我們今天無法在這裡解決它。很有趣的是，你可以往前檢視金土相位描述了你父母生命中的哪些選擇。

克里斯：我確信，如果我們沒有經常到處搬家的話，他們就會離婚。

琳恩：搬家是他們在一起的方式，但那對你在關係的發展上並沒有幫助，反而帶來反效果。

克里斯：因為無論到任何地方，我都只能停留一段時間。

琳恩：我們也只能待在此地一段時間而已！因為金土合相在射手座，我猜這裡面有個為了結婚而逃離的故事，你的父母有這種情況嗎？

克里斯：我確信我母親嫁給我父親，是因為她的父親拒絕了他。故事是這樣的，我的外祖父告訴我母親：「如果你要跟這個人結婚，就不再是我的女兒」，於是她將鑰匙從鑰匙圈中拿下，放在桌上，然後走出家門。我的外祖父過了三年才認可他們的婚姻。

琳恩：也許你的金星、土星組合的遺傳，得從向長輩們的規範說「不」開始，但這樣的決定有其後果。你母寧可離鄉背井，也不願被父親的價值觀所束縛，為了展開一段關係她必須斷絕另一段關係。但不知為什麼，這種結束模式與情感隔離在你的生命中延續下來，也許是藉此展現你忠於她的決定。接著回到你母親的家庭，過去可能有段在壓力之下完婚的故事，有時為了擺脫累積的挫折，而必須徹底決裂。你也許得去查證你外曾祖父是否也曾經被迫結婚，如同我先前所提到的，我們通常會忠誠於過去所做的痛苦決定，幾個世代之後，衝突爆發了，然後你的母親認為：「沒有人有權力命令我該做什麼事！」這些懸而未決的問題會潛伏在表層下一段時間，如果沒有妥善處理，它就會以不同的方式與議題重覆發生，直到家族裡的某個人設法打破這個模式。研究家族傳承的豐碩成果在於，它揭露了貫穿在我們生活故事裡的「無意識力量」，觀察它們如何運作及主宰生命並與之角力，直到將詛咒變成祝福為止。

家族詛咒與家族幽靈

學生：有個非常怪異的故事發生在我父系的家族，我的祖父，或者可能是曾祖父，在匈牙利。

他結了婚卻把新娘送回娘家，因為她在床上表現不好。

琳恩：想像一下這位受到拒絕的女性！她是一種金土相位的形象，或許她因此立下一個詛咒：「我希望他們七代子孫，指甲全都掉光光！」當然也可能是身體的其他部位；畢竟含蓄是一種美德。但家族詛咒可不是開玩笑的，因為它搭載著心理上的無可饒恕，同時具有無限循環的特質，如同先前提到的阿特伊斯（Atreus）家族受到詛咒的神話故事。

有些家族事件造成的破壞太大，無法在人們短短一生中完全修復。我和朋友莫娜聊過，她的父母都是納粹屠殺的倖存者，她提到讀過一本描寫猶太小孩被囚禁在集中營裡的書，以及她如何深受啟發。這書敘述了第二代常出現更多的生理症狀，並在意識層面上，比起那些真正經歷事件的當事者有更多情感上的混亂。她的母親目前已八十多歲，鐵石心腸般的宣稱，她沒有受到屠殺事件的任何影響，兩個女兒都覺得母親很難相處。而莫娜有著非常誇張的情緒反應，並在經常日常生活中掀起波瀾。大致來說，這些都源自於父母的經驗；身為一個星盤上水象特質明顯的子女，她吸收了家族史中情感的震波。當她理解自己並非獨自繼承這種經驗，許多其他屠殺倖存者的子女也都存在着相同的混亂時，有助她去接受生命中的這股力量，並試圖將它導向創造性的方向。而她也漸漸地意識到，將自身的經驗說出來是多麼重要的事。出生在巨大社會動亂的受難家庭中，意味著你將參與集體以及個人的治療，並可能因此帶來某種特殊的能力。

麗茲・格林在《命運占星學》書中淋漓盡致地道出此等議題：

在家庭情結的發展過程中，有種同時是目的論（朝向目的地發展）與必然性的感受，就如同阿特伊斯家族詛咒一樣，不可避免。如果一個人回溯自己人生劇本中的衝突與壓抑，也許就能瞥見家族神話，是周旋於父母親、祖父母和曾祖父母之間，無止盡的迴旋，一如斯多噶學派（Stoic）對於命運（Heimarmene）的觀點，而進入種族的集體潛意識。奧瑞斯特（Orestes）與他的家族神話似乎暗示著，無論我們如何成為一個個體，個人認同中的某些部分就是我們的遺傳，而它盤據在我們之上，如同命運般，必須用個人的方法去經歷並與之搏鬥，它不能被否認也無從逃避，但若以「一切皆源於父母」來形塑一個人的生命是不夠的，因為如此，我們彷彿是受到他們的支配，彷彿我們想要跟他們完全一樣。運用遺傳，一個人也許做他能做或是希望做的事；遺傳本身是無法忽視或丟棄的，因為我們的家族就是我們的天命、我們的命運之神摩伊賴（Moira）。

麗茲舉出一個有自閉症孩童的家庭為例，並往前回溯好幾世代的行星模式。一個天生殘疾，或是帶著嚴重心理問題進入家庭的小孩，可以視為這孩子背負著家庭多代以來的層層重擔，這是種看不見與受束縛的能量，隨個每個世代逐漸累積、愈來愈緊繃，最後如同命中注定般的爆發。追溯以往，早先世代裡一個最初否定生命的選擇可能看似微不足道，比起謀殺孩童或是集體的苦痛少了很多戲劇性，但在家族的集體心靈中，卻逐漸變得愈加重要。

佛洛伊德的家族祕辛

雖然家族祕密可能以爆炸性的力量表現出來，但我們往往不知其原動力。幾年前有本關於佛洛伊德（Sigmund Freud）的書問市，書中提到，他的生活與作品，大部分都在不知不覺中受到家族祕密的影響。以下是佛洛伊德的家系圖（圖二十一）。

佛洛伊德的父親雅各比他的母親阿梅莉亞年長很多，雅各的第一次婚姻中有兩個兒子，在西格蒙德（佛洛伊德）出生時幾乎都已成年。雅各在他第一任妻子死亡後，和阿梅莉亞結婚前，還有一位神祕的第二任妻子，她從不曾為人提起，也沒有人知道她後來如何了。這本書的作者認為，佛洛伊德之所以執迷於揭露家族故事中的祕密，並將這些祕密當作是一種心理的根源，這從占星學的觀點來看是因為佛洛伊德位於第八宮的雙子座月亮四分海王星；這見解很有趣。另一個有意思的部分是，佛洛伊德是他父親的第三個兒子、他母親的第一個小孩，這也許迂迴的解釋了為何他需要不計代價成為第一的原因。

學生：海王星能否描述出家族靈魂的存在？

琳恩：海王星無邊界的特質的確很適合承載家族的無意識，並且伴隨著水象宮位，它絕對表現在家族成員之間的心靈交流之間。但在星盤中無法單以它來判斷，所以我不會做這種推論。

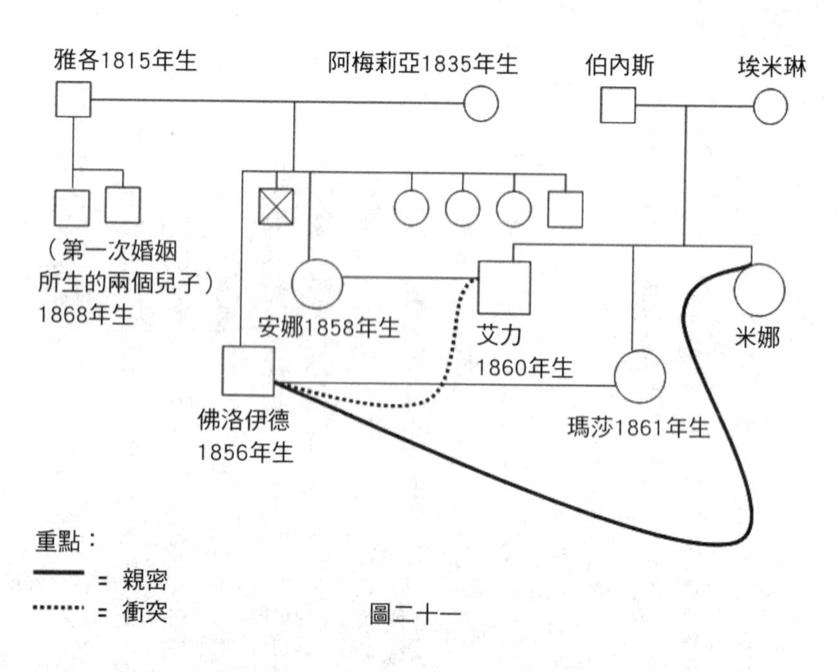

圖二十一

學生：關於祕密，你如何區分第八宮與第十二宮，我可以感覺到它們的不同點，但無法用語言形容出來。

琳恩：在我的想法中，十二宮的祕密，是因為時間、死亡、疏忽而逐漸遺忘的事，其實繼續存留於家族的心靈中，並以一種奇怪的形式重現，例如：擾人的夢，甚或是「陰魂不散」。而在許多例子中，八宮的祕密則是由一位或多位的家族成員鎮守，形成一種非常不同的氛圍——揮之不去的壓力、上鎖的抽屜，或錯置的文件。在很多方面，八宮比起十二宮具有意識，因為家族中至少有人握有扣留真相的權力，扣留的部分都是事實，雖然這麼做的原因是「為了你好」。繼承的問題、報仇雪恨、背叛，以及其他「可恥」的家族祕密，特別是與性欲有關的問題，更傾向這個宮位的範疇，艾琳·蘇利文認為第八宮與家族情結相關。八宮裡的祕密可能讓人感到沉重與折磨，充滿了不祥之兆；而十二宮裡的「幽靈」則帶著渴望與悲傷，認命與失去的感覺，使個人遠離活力而進入悲觀的領域。

學生：在德國，治療師伯特・海寧格（Bert Hellinger）已完成許多有關家族排列的研究。在德國，他讓人們上台，挑選台下的伙伴上台來來代表自己家中的各個成員，他相信如此可以展現情感關係的更深層結構，似乎與你現在所談的一些事極為類似。

琳恩：這聽來很吸引人！我不熟悉這種方法，但已有很多這方面的英文書籍；艾琳・蘇利文也在她的書中提供了非常好的入門書目。更進一步，這領域的佼佼者有莫瑞・鮑文（Murray Bowen）、卡爾・維塔克（Carl Whitaker）、杰伊・哈雷（Jay Haley）以及克羅伊・瑪多尼斯（Chole Madones）、維琴尼亞・薩提爾、瑪拉・塞維尼（Mara Selvini）、米紐慶（Minuchkin）、鮑卓勉伊・納吉（Boszormenyi-Nagi），你們也都可以參考這些先進們的著作。

1-7 自我意識的傳承

接下來我們檢視另一個家族的星盤。這些是來自於我最近認識的一位朋友，他非常親切地同意我們使用，讓我們從家系圖開始（圖二十二）。

如你們所見，三名子女的出生年份相當接近，姊姊出生於一九六三年的二月，哥哥出生於一九六四年的五月，而弟弟是在一九六五年的十月出生。我的資料是由哥哥提供，他的名字是齊格弗雷德（Siegfried），簡稱弗雷德（Fred）。

日土合相的脈絡

這幾張星盤中，土星的勢力非常明顯，強烈的貫穿了整個家族，且都與太陽有關。幾乎每個成員都有日土合相、對分相、或是四分相，土星也都與上升或天頂產生合相。這種模式可能意味著什麼？

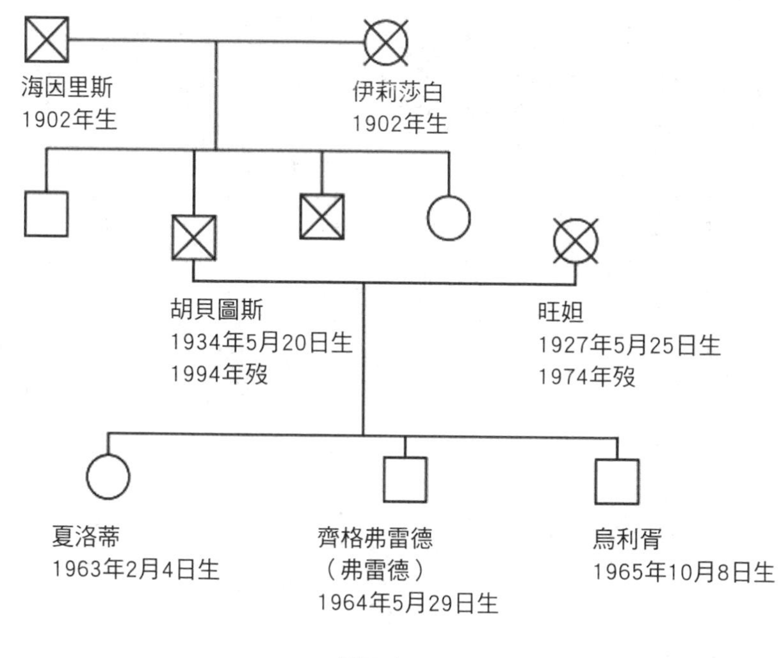

圖二十二

學生：首先想到個人與社會之間的壓力——強烈的意識到這個世界對於自己的期待。

琳恩：這是種看待事物的方式。個人的自我意識取決於外在世界的回應。這是個可能的模式。

學生：可能會對事物有種沉重感，也許是背負責任的壓力，相較之下，比別人承擔得更多。

學生：基於對責任的認知，我想是種特殊感，他們能夠處理任何交給他們的事；但也可以想像有種類似驕傲的倔強，這種驕傲來自於他們過去所完成的事蹟。

學生：如你先前提到，土星代表規範，那麼這個組合可能描述了一個極為僵化的家庭，我覺得可能是種狹窄、受受限的感覺。

琳恩：你們提出了一些與日土相位極為相關的主題。很棒的是，有些人可以如此快速地談論到這組合的積極面向。當我在美國提出這份資料時，大部分的人都專注於土星的困難與限制。我猜想這可能是兩種文化的不同反應，畢竟，英國的星盤中有個與土星友好的摩羯座太陽，而美國的星盤則有強烈的木星特質。

如同其他相位一樣，日土相位可以用許多不同的方式來理解。它大致上是形容必需符合特定標準下的極大壓力，但不管壓力的來源為何，這些人在以後的生活中，似乎是將它內化，甚至於認同它。太陽與土星都是父親的象徵，這個組合通常和克羅諾斯（Cronos）的神話產生共鳴，如你們所知，祂為了穩固政權而吞下自己的小孩。有時克羅諾斯的陰影存在於家族的大家長中，他捻熄任何個體的光芒，這股勢力也可能更加擴散，塑造出因為傳統包袱而沉重的氣氛，有如嚴酷的先人肖像鎮守在廳堂。當人們受到某些祖先的成就（或是失敗）的陰影，便可能主宰了他們走向特別預設好的選擇或角色之路。

思考太陽與木星、太陽與土星兩種不同組合的四分相和對分相，相當有趣。兩類狀況似乎都難以判斷個人的實質能力，因為有日木相位的人通常承擔了超乎能力之外的負擔；而有日土相位的人卻受制於毫無選擇或產生自我懷疑，同時煩惱著該如何把事情做好。星盤中木星有不和諧相位的人，常在擴展自我並稍微脫離核心時產生不錯的感覺（不像土星），很少在振翅飛翔時還沉溺於疑慮中。

學生：我遇過時常懷疑自我能力的日土相位人；他們自我設限。我不認為他們是勇於冒險的，而且幾乎正好相反。他們在非常狹隘的範圍內行事，並對於生活感到恐懼。

琳恩：是的，恐懼的土星人相當普遍，重要的是去追問這種膽怯的態度源自何處。過多或不及都是典型的土星表現，土星的強硬相位通常反應了與父親有關的挫敗，如我們所見，過度強勢的父親便是一種可能性。但你們可能都遇過正好相反的案例——一位缺席或是極為無能的父親——因此產生了缺憾，並將它深藏在心。這種情況下，限制可能來自於內在深處的不足、不夠好、做得不夠多，或是尚未準備好。某種強加於己的窄化，透過恐懼、自我保護、或是不切實際的高標準，都可能限制了個人的成就。於是我們便常見到緊守世俗規則，內心充滿不確定、欠缺自信的日土相位人。

必須補充的是，有日土相位的人雖然有部分的察覺，但還是無可避免的遭遇困難。他們會努力克服挑戰，表現出戰戰兢兢、成就導向的特質，和勝任重大業績的能力，但通常必須為此努力奮鬥。其他日土相位的人經常會感覺受到環境或是他人的矮化，導致典型的自卑情結；還有些人則是「嫁」給了規範，選擇捍衛體制。日土相位的個人認同，是藉由他們與阻礙之間的關係塑造而成，這類人很容易看見困難或障礙，即便旁人都無法察覺。他們會全神貫注地面對困難，當成是試煉自己的場域，並以成功或是失敗來驗證自己的價值。

太陽與土星之間的相位反應了非常特殊的內在象徵。土星指向呈現上的阻礙，必須經由一段時間的理解，消化之後才能和諧地展露，因此生命的力量受到壓抑，侷限在遠離初衷的範疇裡。同時，他們也具有根深柢固的自省、遵守秩序及服從訓練的習性，如果失去這些就會感到不自在。他們已經建立好自我設限的城牆，限制了自我的可能性。通常有日土相位的人真正的功課是必須帶著覺知而行，知道如何及何時需要停止，並學習如何打開他們的疆界。現在，當一整個家族都有這種模式時會發生什麼事？

學生：它不會給人歡欣鼓舞的氣氛，或是令人感到愉快與歡樂。我想到的是一對刻苦的農場夫婦拿著草耙、皺起眉頭、擺好姿勢準備拍照。

琳恩：喔、很像是格蘭特·伍德（Grant Wood）【譯註一】的油畫《美式哥德風》（*American Gothic*）——那是一九三〇年代著名的畫作。你說對了，這幅畫明顯影射著土星人，而且土星通常統馭農業的領域。所以很可能是一個辛苦工作、嚴肅、而很少有時間玩樂的家庭。

學生：我的家庭中有強烈的土星印記，經濟狀況與其他方面貧窘。我的父親一天工作十小時，非常辛苦，因此常不在家中出現，他在很年輕時便過世了，留下我母親和五個嗷嗷待哺的小孩。因此，我們全都必須幫忙家計，但那並不表示我們不快樂或是不會彼此分享，只是我母親經常又疲累又憔悴。

琳恩：土星模式經常描述著嚴峻的外在環境；而其所展現的阻礙可能來自外在或是內在，有時兩者皆是。在少數極為嚴苛的狀況裡，土星會使人消耗殆盡，削弱人們的希望或活力，導致在生活中奮力掙扎或是罹患疾病。這種狀況可能在父母為了支付子女的教育費用而辛勤工作的家庭中出現，他們接受自我限制，以累積和儲備未來的能量。可以想像成功的壓力蘊含在這樣的家族動力中，並直接落在有日土相位的子女肩上。土星要求我們建構充分的太陽能量，突破生活中遭遇的所有限制，並運用這些能量來成就自我。強硬的日土相位意指會透過阻礙來建構自我認同，也就是終其一生都在對抗或克服外在阻礙並且內化這些困難。日土相位是一種障礙傾向，某部分的原因是：這些人喜歡把困難視為內在成長的一種方式。

當貧窮壓垮一個家庭的心靈，同時也可能降低了這個家庭選擇另一種未來的能力。舉個例子，最近的研究顯示，在成長及智力的發展過程中，曾因吸入老舊油漆中所含的鉛而中毒的孩童，將永遠受到鉛的影響。鉛會儲存在他們的骨骼和軟組織中，並在女性懷孕時，從母體進入胎兒的血液，於是傷害自此延續下去。心理及生理層面將貧窮的外在特質內化，成為一種命運的符碼，這種嚴苛的狀況也許需要經歷許多世代才能止息。所以，有時土星要求我們學習忍受無可改變的事實。通常土星人感到要對所有的事情負責，他們受罪惡感束縛，耗盡心力地試圖超越非他們能力所能克服的困難。

學生：聽起來似乎希望渺茫！你是說，我們應該就這樣放棄並且接受我們的命運？

琳恩：不全然是。我猜想土星阻礙了通往某些領域的通路，但並非全部，所以即便是在最艱困的情況下，一條少些崎嶇、少些阻礙的道路也將開展。一個在礦區工作的孩童，因為孱弱的身體與不公

譯註一 美國畫家。因創作《美國哥德式》一舉成名，該作品是美國藝術史上最著名的作品之一，與達文西的《蒙娜麗莎》和孟克的《吶喊》相提並論。此畫的靈感來自於古老農舍的哥德式窗戶，但畫中人物的臉部表情才是舉世矚目的部分。

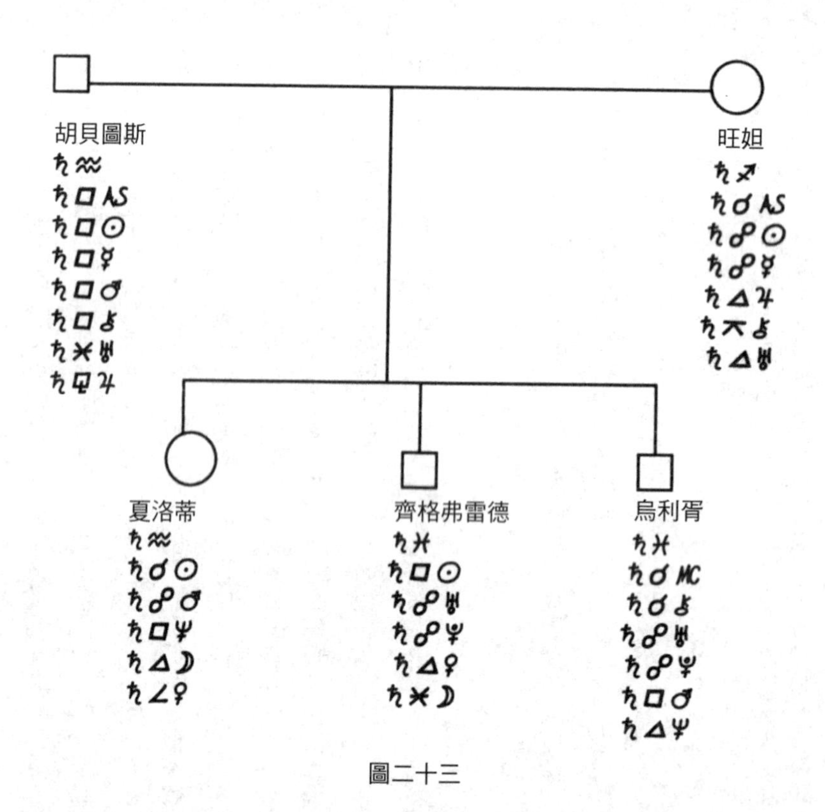

圖二十三

平的待遇而筋疲力盡，比起離開村莊前往未知世界的孩童，他可能缺乏新機會而更難克服土星的環境，但也少了面對未知的風險。兩種狀況都是困境，但會分別產生不同的結果。土星有一部分的智慧是知道我們何時已準備好去承擔，或是理解我們還不夠強壯去推翻體制。

讓我們回到案例，並附上這對父母與三名子女的土星模式（圖二十三）。

母親旺妲的上升在天蠍座二十七度，合相射手座四度二十六分的土星，土星同時對分雙子座三度三十二分的太陽，和雙子座十度的水星。父親胡貝圖斯的太陽在金牛座二十八度二十四分，合相金牛座二十五度的上升點與金牛座二十度的火星，並都與十一宮內水瓶座十七度五十四分的土星產生四分相。最年長的孩子夏洛蒂，太陽位於三宮水瓶座十四度三十二分與在十三度五十四分的土星產生緊密的合相，兩顆行星皆與獅子座十五度七分的火星產生對分相，也與天蠍座十五度三十七分的海王星產生四分相。第二個小孩弗雷德的太陽位於雙子座七度五十三分，四分九宮雙魚座四度四十八分的土星；而土星與處女座六度一分的天王星和處女座十一度三十六分的冥王星產生對分相，因此我們看見一個包括太陽、土星、天王星和冥王星的T型三角相位。年紀最小的兒子烏利胥，土星位於雙魚座十一度三十四分，與雙魚座十五度四十一分的天頂，和雙魚座十九度五分的凱龍合相，並都與四宮處女座十七度合相的天王星、冥王星產生對分相。雖然烏利胥的土星落在軸線上，但與太陽沒有形成相位，除非我們將寬鬆的雙五分之一相或甚至是更寬的十二分之五相位也算進去。

無可否認，土星在這個家庭中占有一席之地，以父母與最年長的女兒來說，土星與太陽的相位極為緊密——容許度在一度之內。現在我們了解，當我們與土星的關係是如此明確時，需要個人與家庭共同整合特定的世俗規範，也或許是需要去面對外在世界的實際限制。

學生：你所附上的圖表似乎描述著意圖強烈的一群人，但我想到的是其他部分，所有子女的土星與外行星都有強硬相位，我確信這是有意涵的。由於天王星與冥王星代表著一整個世代，也許這個暗示著他們經歷了整個世代的變化，也許是社會結構的變革。

琳恩：這是非常好的觀察，我想你切中了要點。從外行星參與土星相位這點來看，無論土星呈現出什麼，孩子們將無法與土星維持單純的關係，即使他們是懷抱著這種希望的。

如同之前看到的，日土相位經常帶著強勢的規範與傳統的意識。我曾在世代皆扮演社會重要角色的家族中看過這樣的例子，因此，社會史交織著家族的故事，而個人的身分認同是過去歷史累積的產物。在這特別的例子中，這個家族不僅僅是貴族，祖先也鼎鼎有名，例如某個叔公是知名的軍事統領。過去諸如此類的豐功偉業可能會提高我們的自我意識，但也可能形成壓力，我們別無選擇，只能不辜負先人的聲望。生長在必需實現某種特殊形象的家庭中所承受的壓力，可能產生驚人的抑制力、自我破壞或無能。對於那些「符合」家族成功模式的個體，血脈裡的傳承的確是個禮物，是種獲得外在優勢的快速途徑，但這與那些求助於精子銀行的人的期望相反，他們所認為的天才也可能孕育出極為愚蠢或普通的後代。在這裡，三名子女的星盤中的外行星與土星有關，他們與遺傳之間的關係極可能因此改變了，也或許在他們出生的當下，模式就已經不同了。

雖然大部分的人並非擁有貴族背景，但我們也必須符合他人的某些期待。當你的兄姊是學校師長眼中難得一見的天才，而你僅僅只是一個普通人，老師們的失望是可想而知的，於是你感覺像被澆了一盆冷水。有日土相位的人對於外界的評論特別敏感，他們選擇忠於成功的外在模式，而不理會內在的想法。所以他們擔憂自己夠不夠好、夠不夠聰明、夠不夠富有、是否擁有足夠的毅力。不久之前，這家庭期待其中一個兒子能夠追隨父業，無論職業內容是否適合他。有日土相位的人常把自己放在極大的壓力下，不管面對的是什麼，必須做得更多或更好，因為他們內在裡的自我批判不會停息太久。

在胡貝圖斯星盤中（圖二十四），土星是最強勢的行星，它尊貴地坐落於水瓶座。我總覺得水瓶座與貴族之間非常搭稱，因為都是一群有別於社會中其他成員的特殊人物，並且能夠自由發展個人的怪癖與天份。注意到了嗎？即便是來自於普通背景的水瓶座人，也經常很快的將自我區隔，並斷言一般的規範無法運用在他們身上。他們內在的態度是——「我們和別人不同！」（有時候，在他們的潛意識裡，優於他人）

學生：我認為強勢的土星落在十一宮，賦予他強烈向外擴張並獲得成就的能量，但似乎有些矛盾的感覺，好像並不是處於對的位置。也許胡貝圖斯為了符合貴族的形象，將所有的心力放諸在外，而犧牲了個人的實現；在他妻子的星盤中暗示著他可能忽略了婚姻生活。她的土星合相在上升點，對分七宮的太陽，像這樣落在一、七宮相對位置的相位，對於關係而言應該是相當挫敗的。

琳恩：是的，土星似乎鞭策家中的每個成員要活耀於特殊的領域；土星也分別為他們彈奏出不同的和弦，因此雖然是相同的相位卻產生非常不同的情況。父親的太陽與火星合相在上升，母親的土星也落在相同的位置，這意味著兩種相當極端的個人風格，以及在自信與行動力上的極大差異。

學生：我認為土星在十一宮意味著與團體相處的困難。我認識一位土星落在這個位置的人，他只有年長、或是背景差異性極大的朋友，他無法融入年齡相近的團體，這個父親是不是也受到貴族階層的排擠？

琳恩：在他的故事中確實有類似的情況，雖然並非出於個人選擇而比較是因為社會的動盪。

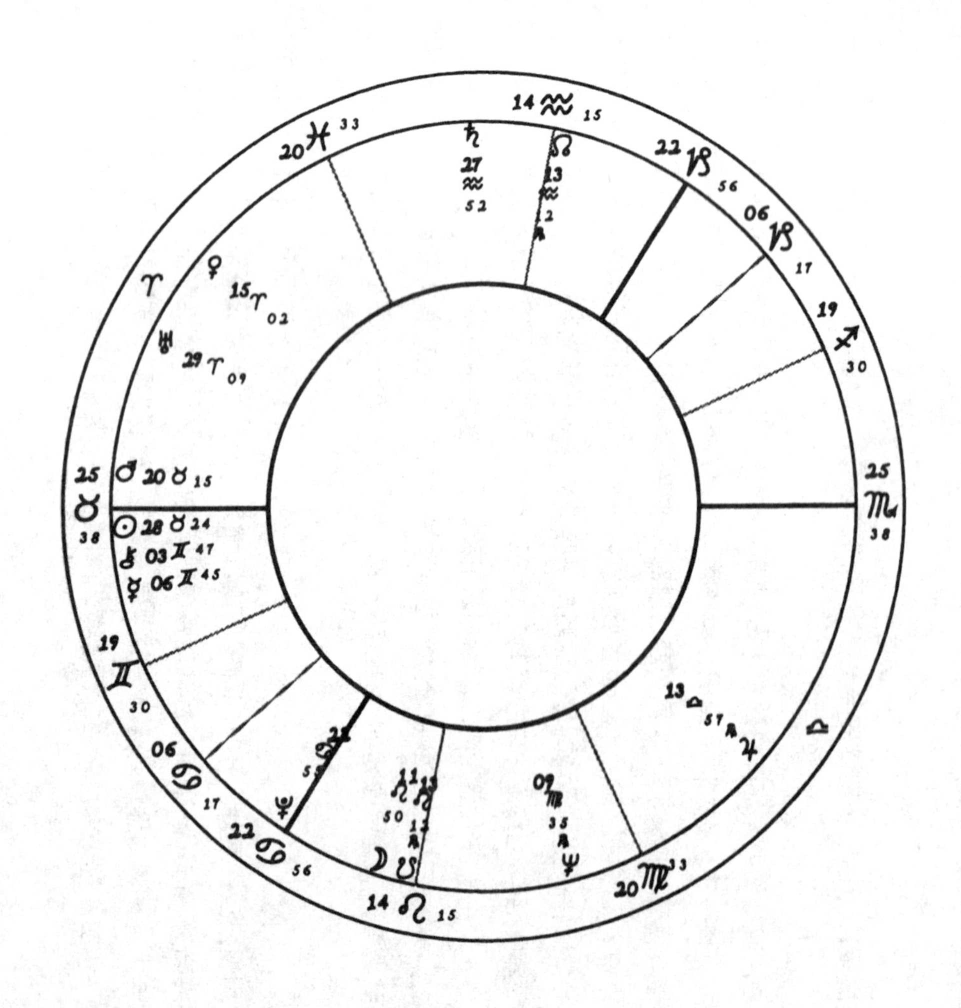

圖二十四

胡貝圖斯，1934年5月20日，早上4點生，CET，53N57，12E41。

十一宮象徵如何融入社會，而土星意味著不受歡迎的經驗，或是刻意與「正常」的同儕保持距離。同時，我的確在移民家庭的子女中看過這樣的例子，他們生活在另一個世界裡，說著自己的語言，跟隨著承襲於父母的文化禮儀，感覺受到「排擠」而無法成為社會的一部分。因為胡貝圖斯的土星四分太陽與上升，自我與社會之間的關係強烈地影響他的意識。我們已經知道這指涉一個強勢的家族傳統，但更多的是關於戰後社會地位與財富的流失。看看他的星盤中那顆強大的冥王星，位於巨蟹座二十二度五十五分，與天底只相差一分，是非常緊密的合相，這意味著什麼呢？

冥王星在四宮

學生A：冥王星在第四宮（合相天底）象徵根源的頹敗，意味著過去無法提供穩固的根基以繼續拓展，並以某種方式漸漸腐敗。也許他的父親在戰爭時慘遭殺害、名譽受辱，或是身陷誣蔑。因此星盤中一方面有非常強勢的傳統，太陽四分土星，來自外界的壓力促使他成為某種人；另一方面，冥王星在天底，也使得事情逐漸敗壞。

學生B：冥王星指向這個家族過去的祕密以及不好的事，由於冥王星在巨蟹座，可能是對於女性原則的扼殺。月亮守護四宮也同時坐落在此宮，並和南交點合相，看起來似乎要將過去大肆清掃一番。

學生C：冥王星在天底也許是形容家園的毀壞，胡貝圖斯生於一九三四年，所以戰爭在他童年時期應該扮演了一個重要事件，我猜想過去應該被摧毀殆盡了。

琳恩：事實上，這個家族的城堡被焚燒一空【原註一】！我們現在看的是一組貴族及普魯士軍人家族的行星家系圖，祖父應該參與過戰爭。在一九四四年或一九四五年祖先的房子遭到燒燬時，父親胡貝圖斯大概是十歲，所有的東西都被橫掃一空，世襲的財產被洗劫一空，空留頭銜。

學生：戰後的德國，到處都是斷垣殘壁，整個社會動盪不安。這是一個集體事件，社會結構的整體改變。這世代許多人的冥王星都落在巨蟹座，他們生活在恐怖的事件中，經歷極度的貧困，但他們現在很少提及過去的事。

琳恩：這是很好、也是值得考慮的重點，即便他們的城堡沒有焚毀一空，但因位於東德，應該很快便淪入共產黨手下，所以不管是哪種情況，事情都會走到終點。胡貝圖斯的父母丟下一切來到西德，最後找了間便宜、現代的公寓落腳。很難想像與根源切割得更為徹底的狀況，從新哥德式城堡到摩天大樓。也許我們可將這家族視為整體社會變遷的縮影，這也是冥王星落在四宮的意涵。

家族模式中的冥王星與在灰燼中找到重建的力量有關。當它落在四宮宮頭時，尤其意味著阻礙通往過去的道路，或放棄家族遺留下來的財產，因為這些遺產如此沉重，最好將它們捨棄。當我第一次舉辦家族研討會，記得陳述到這主題時，情況相當的戲劇化：會中有位女士不停顫抖，舉手說她的冥王星在天底，到現在仍與自己的家族保持緊密的聯繫。原來，在她年紀還小時，兄弟在車禍中喪生，之後她便緊隨父母身邊，以彌補他們的失落。之後，正值青少年階段的兒子也在一場摩托車意外中喪生，她自此展開一段漫長的自我檢視之路。無法確定，如果她與家人相隔遙遠，相同的事情是否會發生？只是，根源的荼毒，內心深處的悲傷與失落，仍然會在她的經驗中反覆出現。

另一位冥王星落在四宮的女士曾遭到受家族貼上「掃把星」的標籤。她童年時生病，無法上學，還摔斷過手，因此各種關於她會醞釀負面事件的謠言不脛而走。長大後，她為難以理解的抑鬱所困擾，直到離家，搬到另一個城鎮以後，才擺脫了家族的魔咒。經過許多心靈功課後，她才領悟自己早已是家族選定的病人，用以繼承家族的陰影。她可能是家中唯一個冥王星落在天底的孩子，而她的故事說明了我們如何承接家族的無意識，特別是冥王星落在四宮的人。

胡貝圖斯繼承了一個破碎的根源，就此失根。他原本來是位含著金湯匙出生的伯爵，卻淪落於必需汲汲營生的境地，青少年時期他便在碼頭工作，卸裝貨物，用勞力來支撐家計。大家可以想像一下，汗流浹背、污穢不堪的年輕伯爵，身處於底層世界，這幅王公貴族與平凡現實搏鬥的景象。這或許也描述了日土星四分相是個將自我尊嚴壓抑到最低的功課，但在他的例子中，這尊嚴涉及家族，在過往輝煌的歷史灰飛煙滅後，必須放下尊嚴從頭開始的挑戰；很像是蛇與梯子的遊戲，一旦

原註一 當弗雷德告訴我他的家族故事時，有些細節並不完全正確。這種狀況在家族研究中是普遍的，重要的是，要確認那些你父母告訴你、源自於老一輩記憶的故事的可能性。結果，這座家族城堡在一九二九年出售，大概是因為財務的原因，海因里斯和他的妻子伊莉莎白，也就是弗雷德的祖父母，在距離城堡二十公里左右的的農舍，扶養他們的孩子。所以城堡並未被燒毀，只是當時他們並沒有居住在那裡！海因里斯在農場與林場監工，之後擔任林場看守人與獵場看守人的工作，在大戰之前，家族的財產就開始流失了。最近在納粹的檔案中，恰巧發現海因里斯是其中的成員，編制於親衛隊之下，在負責納粹對猶太人政策的區辦公室裡工作。這便是他在戰後選擇在鄉間過著低調生活的原因。

踏錯格子，「呼！」一聲就跌落谷底。長兄追隨家族軍旅生涯的傳統，身為第二個兒子的胡貝圖斯擔起照顧雙親與弟弟的責任，落實到現實世界，就希爾曼的說法，賺錢讓弟弟完成學業。

學生：讓我疑惑的是，為什麼最大的兒子沒有擔負起責任？這個故事讓我覺得很特別，像是童話故事，彷彿胡貝圖斯為了祖先們的罪行贖罪。我留意到他的月亮合相獅子座的南交點，這確實點出了關於尊貴身分的舊議題，甚至是一種對於舒適與奢華的心靈記憶。

琳恩：這相位很容易引誘我們陷入業力與因果報應的想法，但如此一來就無法了解事情真相。我們只能說某些事情已無可挽回地走到了盡頭，就像某個帝國或文明的氣數已盡、某個物種面臨絕跡，有時候還指向家族漸漸失勢、名聲漸漸沉寂、事蹟漸漸消散；最糟的狀況是，這時還試圖以冥王星落在天底的方式去重建傳統，就好像蓋座墓園或是有毒的垃圾場。在簡．斯邁利（Jane Smiley）【譯註二】的驚悚小說《一千英畝》（*A Thousand Acres*）中，主角如此描述她失去農場的生活記憶：

讓我們如此說吧，每個消逝的人都留給我一些事物，當我憶起他們時，我感受到自己的繼承。當我想起傑斯時，我憶起飲用水源的毒性迴路，這水流經土壤，流入排水系統水井，流入暗黑無光神祕的化學地底之海，然後為人擷取、冷卻、添加，從飲用水井流入羅絲的水龍頭，和我的水龍頭。當我開車進入鄉間時，我想到傑斯，看到遠處乾枯的運水車、噴灑除草劑的人員、秋耕的農人，或是環繞著黑土地的山丘，上面是黯淡的土壤，只有玉米矗立其中，就像矗立在砂礫堆中，因為那裡已經沒有養份可供汲取。

在這本小說裡，簡描寫的環境再也無法供養當地的人們，隨著亂倫、死亡、受到農藥污染的土地，一個姊妹死於癌症，另一個離開；農地變賣後，仍留下大筆債務。冥王星可能形容這種末路，如果你想要更加了解家族傳承的破壞性力量，可以讀這部小說。

對胡貝圖斯來說，幸運的是，他有機會在新的土地上，重新累積家族的財富，由於他金牛座的太陽明顯的合相上升，雖然在剛起步時面臨到土星四分相的困難，但最後進入銀行當辦事員，隨著時間的累積，一路晉升到銀行主管的位置。胡貝圖斯應該曾經察覺，為家人帶來生活上的安全感，多少對過去做了些補償，這是月亮合相南交點在四宮的反應。然而，月亮與十二宮的金星產生四分相，暗示著某種程度的犧牲。同時十二宮裡的金星與天王星都落在處於劫奪狀態的牡羊座，我們需要去探問，他在關係中是如何看待愛、歡愉及個人自由的議題。某種程度上，他找到一種方式成功地面對家族危機與毀壞的過去，然而，這裡必然有更多的故事，因為他兩個兒子的冥王星也都和他一樣——合相在天底。

譯註二　美國小說家。最暢銷的小說是根據莎士比亞《李爾王》發想所寫的《一千英畝》，在一九九二年獲得了普利策小說獎，並於一九九七年改編為同名電影。

學生：所以你是說，當他的兒子進入銀行工作，可能有些風險？

琳恩：就某方面來說是的，胡貝圖斯運用太陽四分土星的阻礙，以及冥王星落在軸線的能量，從城堡的廢墟中爬出。家族背景的壓力與自我的警惕，給他一股助力：「表現出你是我們之中的一員，表現出我們這種人不會身陷在泥濘裡，而是會突破僵局！」因為他擁有強烈的金牛座性格再加上月亮落在四宮，他賺錢的目的是為了追求經濟上的安全感，讓自己成為家族其他人的後盾。我建議弗雷德與烏利胥要去找尋其他的動力，而也許金星能為他倆提供重要的線索。同時他們兄弟也帶來一股新的能量、某種新的原型，並印證了某些事，例如：「我們不是一般人，不得不從灰燼中重新站起來，而且可以克服極端的困難」。落在四宮宮頭的冥王星，需要從過去轉化，它同時代表火焰中的城堡印象，以及從父親身上所繼承的強勢遺產——火星（不屈不撓的個人意志）六分相冥王星（如浴火鳳凰般重生的能力）。

在這裡你可以看見兩種模式交織在一起，日土相位的脈絡描述一個百年以上、超越世代的傳統；接著加入冥王星的主題，像是爆炸的火球，將過去炸開。如今，在年輕的世代中，冥王星還合相天王星——這是一個更為爆炸性的組合，特別是在兒子們的星盤中。同時，即便是女兒夏洛蒂星盤中的冥王星雖然沒和軸線合相，但她四宮守護海王星落在天蠍座，也讓她對於家庭的憧憬（海王星在十二宮）加添了冥王星的味道。弗雷德形容她是一個「黛安娜女士的類型」，總是梳着傳統式的完美妝髮，似乎要將自己難以預測的水瓶座面向藏在外表之下。

藝術家與軍官

檢視弗雷德的星盤（圖二十五），雙子座的太陽與雙魚座的土星，以及合相於處女座的天王星、冥王星形成一個T型三角。與他的父親一樣，弗雷德的太陽四分土星，還額外增加一個外行星介入的圖型相位，你們認為這可能表示了什麼？

學生：這個結構感覺上充滿張力，承擔著某種無可抗拒的渴望，想要去突破家族模式與父親的支配，我無法想像這會是個輕鬆的關係。

琳恩：是的，在這個相位中，太陽與天王星的度數最為緊密，代表他需要突破以獲取自由，這勢必會反應在土星所代表的繼承模式中。然而，這T型三角的張力是二元的，既需要突破土星的規範，也同時要實踐土星的標準，這可能只是用另一套標準來取代原本的，表面上看起來完全不同但還是規範的一種。這T型三角同時也說明弗雷德如何「接納」自己的父親，還表現出他父親在承擔責任、掙脫過去，與重獲自由之間的壓力。再仔細看，會觀察到父子倆在星盤上有很多共同之處，除了日土相位、冥王星合相天底、月亮合相南交點、金星在十二宮，及火星在金牛座三分冥王星，他們的星盤顯示出深層結構的連結。他們那位有名的伯（叔）公，是個軍事天才，有火星與冥王星的六分相，所以這對父子還繼承了他強勁的意志力。

學生：將太陽的緊張相位和其它的部分相互比較，結果十分令人吃驚。其餘的行星幾乎都形成

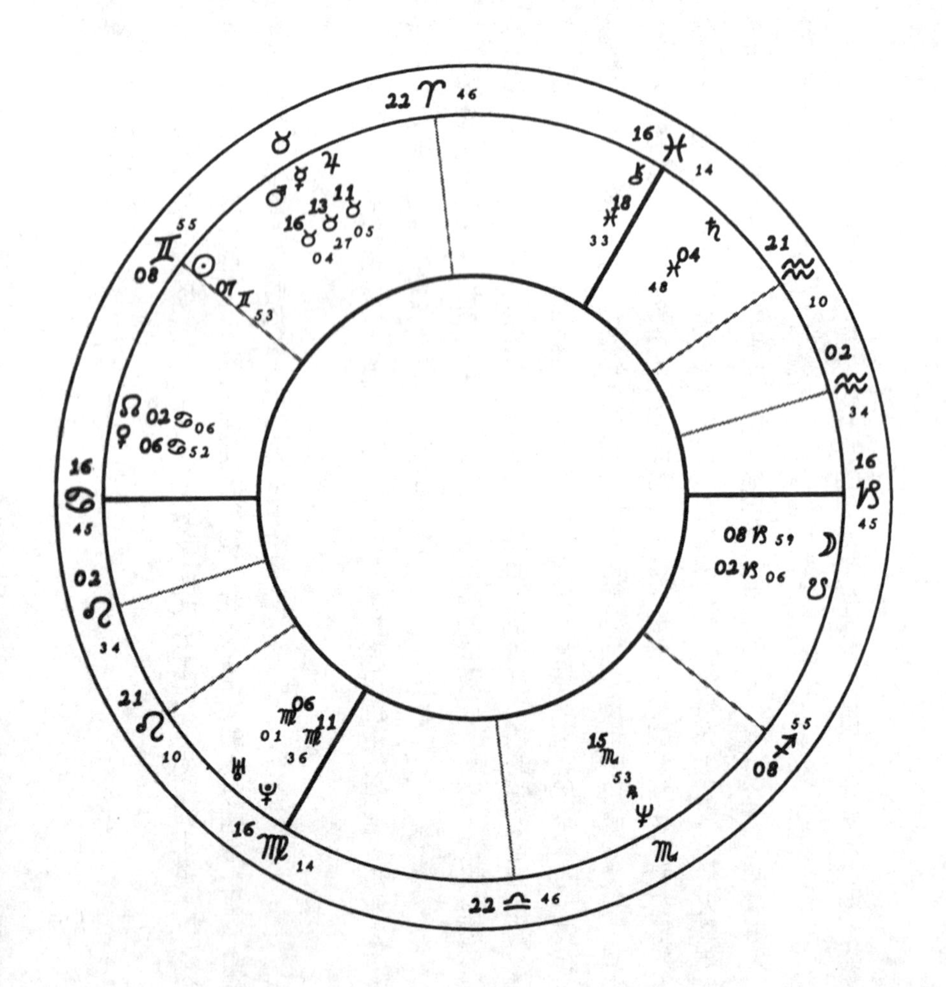

圖二十五

齊格弗雷德（弗雷德），1964年5月29日，早上7點15分生，CET，51N12，6E47。

大三角或是六分相，看起來星盤的主人似乎擁有極大的天賦。然而，在他表面下的核心世界裡，這股能量是既不舒服又非常逼不得已的。

琳恩：的確，這張星盤裡大多數的能量都滙集到大三角和相關的六分相中。你的看法說中了弗雷德的本性，他是一個風度翩翩、迷人、有天分、自我鞭策，有時會被野心所吞噬的人。年輕時，他想成為音樂家，每天強迫自己狂練彈吉他數小時，決心成為全世界彈得最快的吉他手；而當他彈得不盡如意時，會將房裡的東西砸個粉碎。他是這個軍人世家中第一位藝術家，可以想見這種職業選擇在親人間引起的震撼。他規劃演藝事業的方式如同運籌戰略一般，能善用圓滑的社交技巧與機智去說服他人，事業經營得相當成功，並為他贏得一座重要的獎項及表演邀約，還引起業界裡主流收藏家的注意。唯一的問題是，隨著行運的冥王星對分他的太陽，他逐漸失去創作的動力。任何正值外行星行經天底的人都可能成為改變的媒介——促成家族或是家族以外的改變，有時還會影響到整個族群。但不管這股衝動來自於無意識或是出於刻意，都無需將改變的原因歸咎給行星，因為我們也不知道這些改變會在哪一個層面上演。畢竟，這種無意識的破壞者，與不愉快的黑羊和混亂的始作俑者都有很多的共通點。弗雷德的冥王星在三宮，與四宮宮頭相差五度，雖這度數足以和天底稱為合相，但冥王星在第三宮的表現有別於落入第四宮，它透過溝通與觀念的深切思索而尋求改變。也許這冥王星的某部分是由手足演出，但也不能排除這可能是弗雷德為了家中壓抑至今的沉默，擔任了發聲的角色。

無法認定這個轉捩點是否就是弗雷德人生方向的大逆轉，但這個行運考驗著一個人對於自身最大可能性的積極程度。弗雷德可能以藝術家的身分認同作為區分自己與父親不同的方式之一，而現在他渴望將它呈現出來，就像蛇的脫皮蛻變。弗雷德選擇藝術作為職業，並不是因為星盤上的金星閃耀（雖然金星非常強勢），而可能是因為太陽的強硬相位發揮了作用（你們都看到了嗎？）。我同時注意到那些本命星盤中有著天王星、冥王星合相並對分土星的人，他們常在快要到達頂峰時，內心會有股衝動，想要徹底拆除辛勤建構的一切，而也許這麼做是為了保護自己，不必眼睜睜看著自己的心血被另外一種力量擊成碎片。弗雷德的人生轉變在土星回歸時即已啟動，當時正籌備慶祝他三十歲和父親六十歲的生日，但終究沒有舉辦，因為胡貝圖斯在街上散步時因心臟病突發而撒手人寰。

那時弗雷德的事業也面臨挫折。他從一個重要的十位藝術決選名單中落選，在那之前，他是付出所有的心力，才受到認可成為一名眾所皆知的藝術家。另外一次，德國某個重要博物館要收購他的畫作，這有助於提升他的聲望，但命運多舛，一位博物館的贊助人堅持將該畫作收入他的私人收藏，不予公開。許多人會將「差一點的好」解讀為失望而不是種激勵，對弗雷德而言「好」是不夠的，他需要在職業領域中成為最頂尖的，以至於這兩件沒有成功的事讓他感到藝術生涯就此結束。

而幾年前，差不多在弗雷德二次推運月亮回歸時，他接觸到占星並一見鍾情，猶如「天作之合」。他開始鑽研占星領域，透過與芎蒼的共振和星盤上可見的格局，感受自己到與音樂的連結；甚者，對於自身和週遭朋友也有了更大、更多的諒解。這種視野的改變與專注，常發生在強勢行星對分於三宮、九宮之內（一個關於覺察的軸線）。我們同時也可以聽見來自於他星盤中水星、木星合相並對分海王星的神啟迴音。

學生：我猜想三宮裡的行星是否描述了他與手足的關係，在關於三宮的研討會中，你提過它們可能帶著陰影，特別是當冥王星落於此時。【原註二】

琳恩：我猜想，對於家族裡的任何人來說，弗雷德應該是不好相處的，他和弟弟在青少年時期吵得很兇，雖然現在關係很好；他的姊姊則老覺得自己處處不如「出色」的他，相較之下處處見絀。我們之後將再深入的檢視這層關係。

學生：我出生於普魯士地區，我要講述一些關於這個文化的原型。十八世紀腓特烈大帝是當時的核心人物，他敏感、有教養、對音樂、文學感興趣，有同性戀傾向。他的父親極為嚴厲，要求他必須絕對的服從。在普魯士文化中你不得不服從權威，且不能打破規範，相對於責任與義務，個人的欲望只能排在次位。對於某些人來說，需要花很大的力量才能擺脫這個背景，而那內心的壓力則可能永遠存在。當腓特烈逃跑時，他的父親把他抓回，還在他的面前殺了愛人；然後將腓特烈關了幾年以打消他的念頭，強迫他接受自己的命運並要求他成為軍事領袖。我相信他也有天王星、冥王

原註二　這個研討會的內容結集為此書的第二部。

星的合相。【原註三】

琳恩：這真是相當悲慘的故事！很感謝你將它提出來，因為這類更大的文化迷思，在家族研究中扮演著重要的一環，家族用它來建構一部分的自我認同。我對於以權威與服從為核心的傳統有些概念，但無法知道它能走向什麼極端的狀況，所以這是非常有用的資訊。腓特烈後來怎麼了？

學生：他成為一個非常權威的領袖，一個「開明的專制君主」，對哲學感興趣，但卻不可思議地嚴守紀律、軍事化，我想你可以說他父親的意志贏了。

琳恩：這故事告訴我們，任何一個普魯士軍人家庭的子女成為藝術家，是一個代價很高的決定，這幫助我們更明確的評估風險是什麼。當然一九八〇年代的德國與十八世紀的普魯士之間幾乎沒有共同點，而且弗雷德家族的傳統已經遭受戰爭瓦解，也失去祖先遺留的房子。弗雷德放棄傳統的職業選擇而接續了上一代就已經開始的改變過程。可惜我沒有他祖父母精確的出生時間，但冥王星在雙方的星盤中，都極為強勢——彼此的天王星都和冥王星對分，且弗雷德的天王星還四分祖母的太陽和祖父的金星。

學生：這對祖父母的生活曾發生劇烈的變化，我認為這就是觀察天王星、海王星對分相的一種方式。戰後的這段時光，對老一輩人來說是如此痛苦難忘，使他們不願再度提起，因而隱藏了過去；如果你是德國人，你很難問出關於過去的種種。

琳恩：弗雷德的祖父海因里斯在戰後必須保持低調。由於他曾經是納粹分子，如果身分曝光很可能會受到審判或懲罰，所以他過著相當低調的生活。你們能明顯的看見冥王星的象徵——這位躲藏起來的父親，對於曾經發生的事情保持緘默。弗雷德覺得他的祖父相當冷酷頑固，心胸狹小且局限，但他不認為祖父在戰時曾經做過任何特別可怕的事。身為一個地主（即便現在沒有了土地），在一九四五年時因為新政府通過法令將他們從居住的村莊中驅逐，他們只好往北移居，每五年左右更換一個城鎮，直到退休後搬到漢諾瓦（Hanover），住進沉悶的戰後現代公寓為止。

年紀較小的兒子烏利胥，有更為緊密的天王星、冥王星合相在天底的相位（圖二十六），我們幾乎可以認定，這個家族的故事在他生活中產生巨大的共鳴。他的工作帶著強烈的冥王星主題：是為罪犯辯護的律師！雖然星盤中的土星也顯著的合相天頂，但由於沒有和太陽產生相位，因此他比弗雷德隨和很多。他放棄家族贊許的法律研究，轉向非傳統專業，每天與人類心靈的黑暗面交涉，但也許他選擇為被告辯護的職業是為了祖父而做。這是個原本從高處俯瞰世界到遠離家園的貴族家族故事。烏利胥選擇的職業，蘊涵著祕密與向下挖掘的傾向，有種回歸現實層面並且探索根源的意味。

凱龍的脈絡

學生：烏利胥的星盤中有兩個引人注意的地方，月亮醒目地位於十宮，凱龍正好合相天頂。事

原註三　腓特烈大帝於一七一二年一月二十四日的「中午」在柏林出生，天王星、冥王星合相於處女座，他有火星與土星緊密的對分相，同時土星合相月亮，對分太陽。

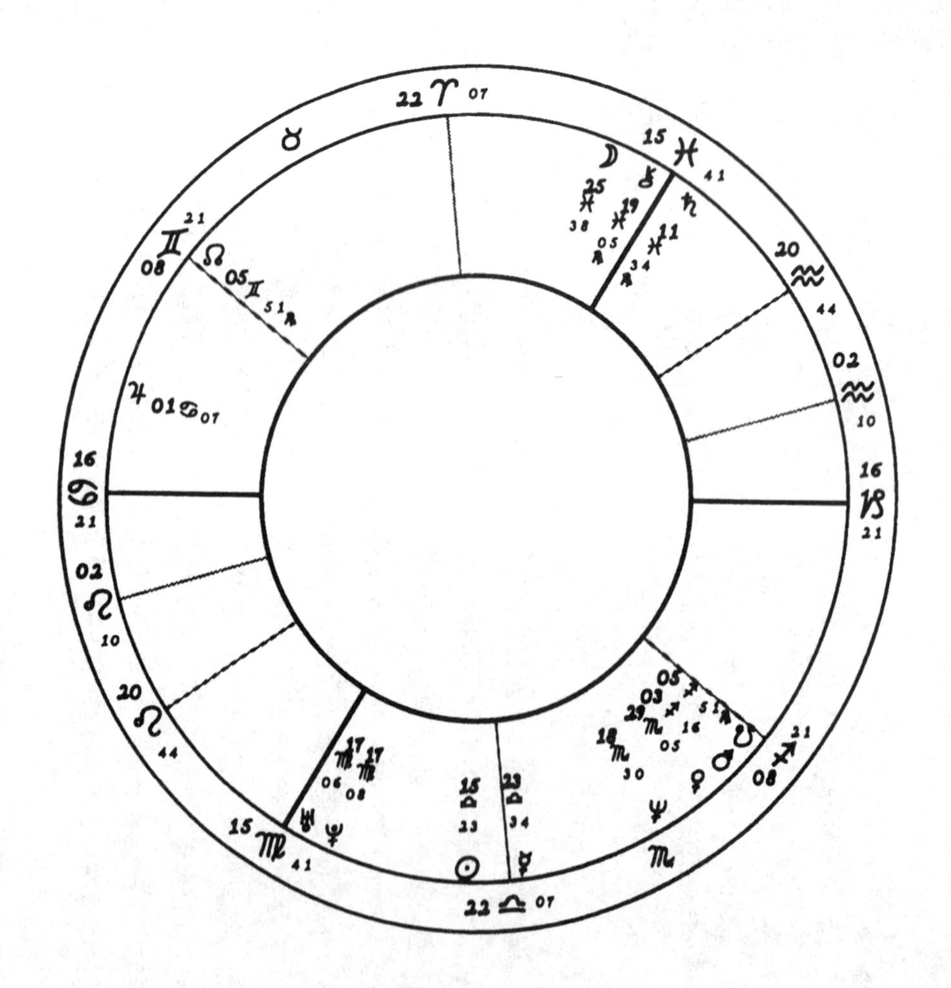

圖二十六

烏利胥，1965年10月8日，下午10點31分生，CET，51N12，6E47。

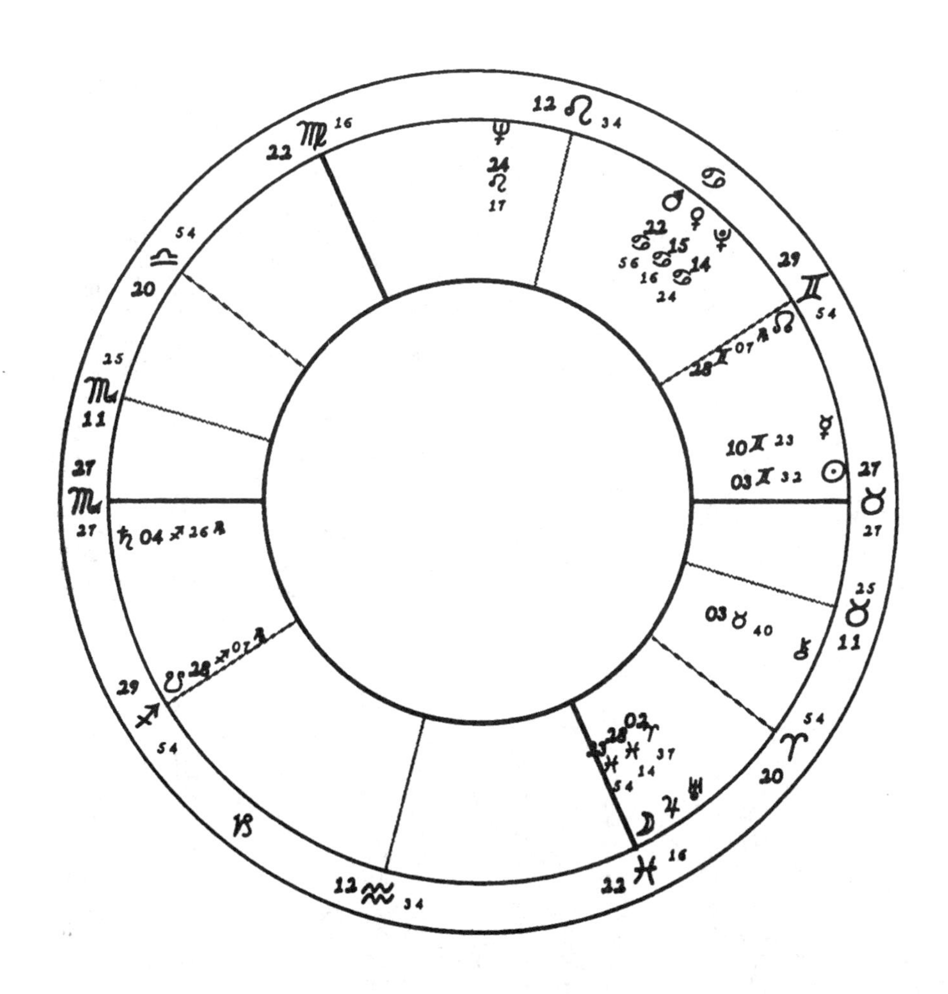

圖二十七

旺妲，1927年5月25日，下午7點30分生CET，52N34，32E24。

實上到目前為止，凱龍在這些星盤中都是顯著的。烏利胥的凱龍在十宮又合相月亮，似乎是指向母親，而我們都還沒有討論到她。

琳恩： 先探索土星與冥王星的主題，是因為這能明確地引導我們鎖定在父系家族。現在來討論這位母親，她的故事極具影響力、充滿痛苦，並與凱龍主題相關。

旺妲有一頭黑髮，美得脫俗，敏感且富有藝術氣息，情感上卻非常苛求，她與胡貝圖斯的關係充滿風暴，但這並不令人意外，因為她的金星、火星和冥王星合相在八宮（圖二十七）。她的上升在天蠍座，月亮在雙魚座合相木星，有著非常水象、戲劇化、敏感的特質。弗雷德記得她總是在生病，似乎從孩童時代就體弱多病，也或許是她未曾從連續懷孕與三個孩子的出生中康復。如同對她那顆耀眼的雙魚座月亮抱持的期待，旺妲與自己的母親極為親密，在她生病期間，便是由母親負責照料孩子。旺妲在一九七四年死於心臟衰竭，那天正是弗雷德小學上課的最後一天，當時他十歲大，差不多與胡貝圖斯在經歷家族城堡被燒毀時的年紀相當。那時，三個小孩都歷經嚴重的失落、安全感的瓦解，所以不難理解為什麼兩個兒子都不願意成家，也許正是這種失落感所導致的巨大焦慮。

每張星盤都以非常個人化的方式反應失去母親這件事，夏洛蒂與烏利胥的冥王星皆與月亮產生強硬相位。然而與母親最親密的弗雷德，月亮落在強勢的大三角中，並與十二宮巨蟹座的金星對分。冥王星合相天底，或與第四宮有著守護關係【譯註三】時，意味他們的確必需放棄過去，因為冥王星會讓人無法建立穩固的安全感。這些組合讓我想到湯瑪斯．伍爾夫（Thomas Wolfe）【譯註四】

小說《歸鄉莫望》（*You Can't Go Home Again*）裡的一段：

現在他明白了：你再也無法回去——永遠，沒有退路。這就是終點，如闔掩一扇門尖銳而徹底的結束。是時候了，當他的黑暗根源，如同那些根生滿盆的植物根莖，可以滿足其自身以及卑微的自我堅持。從此之後，它們必須向外延展——遠離將人的靈魂禁錮，隱藏、祕密與深不可測的過去，向著豐沃、賦與生命的土壤延伸，向著所有人類在這寬廣世界裡的新自由而去。

今天的工作，不僅是辨識家族的模式，更有助於了解什麼是必須做的事。家庭關乎的是更為宿命論的領域，怨債與繼承的結構並不是實質上的，而是在本質與心理的層面，這些難題需要我們留意才能破解。我們經常在通往圓滿的路徑中摸索，就像童話裡的英雄或女主角突然走入奇特而險峻的迷宮，唯一的出路便是個人的真心渴望。

譯註三　冥王星是夏洛蒂第四宮的次守護星，所以有守護關係。

譯註四　二十世紀初的美國小說家。

月金相位

這家族中另一個特徵是月亮、金星的相位。這相位在他們的星盤中不是三分相、四分相就是對分相。你們會如何形容月金相位的氛圍？

學生A：首先想到的是甜蜜與溫馨的氛圍，但也許有點過於溫馨，就像兒童故事裡的家庭一樣，每個人都是「如此」的相愛。

學生B：也許月亮、金星三分相比對分相的人，更享受這種親密的感受？我猜想這個家庭裡充滿很多關愛，但也可能讓某種感受淹沒，強硬相位可能暗示著難以接受愛的感覺。

琳恩：是的，也許這是很好的看法。這裡面蘊涵很多情感，因為月金相位經常指向愛與依賴的混淆，特定的星座位置會使之更加惡化。在旺妲的星盤中，金星、冥王星合相在巨蟹座並三分月亮、木星的合相，因此她充沛的情感猶如浪潮般洶湧！由於這組水象的三分相同時落於水象宮位，所以在情感上她相當依賴所愛的人。她的情感沒有界線、巨大、充沛且非常情緒化，相對也容易受傷，但卻嫁給一個牡羊座金星三分獅子座月亮，並寬鬆四分冥王星且對分木星的男人；兩人的三分相都渴望昇華、浪漫的愛，但一旦最初的幻想破滅時，可想見會發生很多的誤解。火需要風的助燃，而胡貝圖斯的金星落在十二宮，當旺妲這樣的水象人需要連結與親密時，他卻偶爾會回到孤僻的狀態。

旺妲豐沛的母愛讓孩子們受到鼓舞，而當她因病痛躺在黑暗的房間時，則必須與孩子們隔離。當然，當她過世後，這種痛苦就變成更深的絕望、長久的分離。烏利胥和旺妲一樣有月亮、金星的三分相，但月亮合相凱龍並對分天王星、冥王星，這種組合對於親密關係可能有著裹足不前的性格，使他遠離炙熱的情感，但也可能因為投入太多感情而陷入痛苦。他們的父親看著妻子飽受折磨後過世——即便他們曾受過土星極具操控性的訓練和壓力測試，但這種強大的情感依然突然衝擊整個家庭，並影響了所有人的關係。

事實上在所有人的星盤中，月金相位都牽涉到冥王星，強化了這個家族的情感模式。月金的強硬相位通常指向整合陰性特質的困難，在男性的星盤中，可能導致一種「分裂的阿尼瑪」——為了使男人避免依賴的個性以及回到過度需要母愛的狀態，他們必須談多次的戀愛。月金相位為這家族提供了失去與毀壞的庇護，使得兩個兒子與父親較易於往他處尋愛，彷彿他們情感生活的某部分必須得到宣洩。我認為這在弗雷德的星盤中特別明顯，因為他的金星落在十二宮巨蟹座對分摩羯座的月亮，加上落在天頂的雙魚座凱龍，明顯的象徵「受病折磨的母親」。他的靈魂在欣喜與失落之間、在壓抑情感的需求與完全放手之間掙扎。同時他的土星對分天王星，再加上和海王星、冥王星的三分相及六分相，而可以想像這種開放與封閉之間的行星特質在他的生命中是一股極大的能量。難怪藝術生涯的成功是如此令人驚嘆。而由於金星落在十二宮渴求不真實，並用聖潔撫慰自我，但月亮落在魔羯座，必然會產生某種掌控過程的幻覺。

弗雷德的月亮落在六宮需要修復彌補，而坐落於魔羯座可能會覺得必須為他人的傷害或苦痛負責。當弗雷德的父親還在世時，他用自己的野心捍衛自己，拒絕走上父親的路，也就是建構物質的安全感並為他人負責。但是當父親過世後，他完全打開自己的感受以及與他人的連結，並透過占星的工作，開始對他人表現慷慨與關注。我認識許多月亮魔羯座的人，因為外在環境的阻礙而壓抑自己強烈的感覺，我猜想他藝術動力的枯竭，是因為這個動力是由加強自我意志的方式所建構——太陽、土星、天冥合相所構成的T型三角，但這卻阻礙了他部分的感受。他害怕過於溫馴會犧牲自我，或是太敏感導致生病或變得脆弱。父親過世對於他的日土相位來說是重要的事件，讓他領悟到自己受到某件事情驅使卻沒有因此獲得真正的滿足與快樂。

妲比·寇斯特羅經常提到黑暗與光明的一體兩面隱藏在每個雙子座的內在。可以很容易的看出弗雷德的分裂，他是否應該擴張藝術的衝動去涉足更多的情感，或是該走上教學與引導之路以保持洞見？他說學習占星學讓他首次看見外在實境與內在經驗相映的玄祕力量。由於海王星守護他的天頂並落入第五宮，使他選擇打開心胸，而落在十二宮的金星合相北交點，讓他以愛做為真正的導師。

學生：他的姊姊呢？月金星的對分相是如何在她身上運作？

琳恩：在女性的星盤中，月亮與金星的強硬相位觸及到重要的身分認同議題。因為夏洛蒂的金星在一宮（圖二十八），起初也許會有認同美貌的傾向。弗雷德提到她時，說她總是裝扮完美，對於自我價值意識有很多的矛盾與掙扎；加上她的金星對分七宮的月亮，使她過度在意他人對自己的

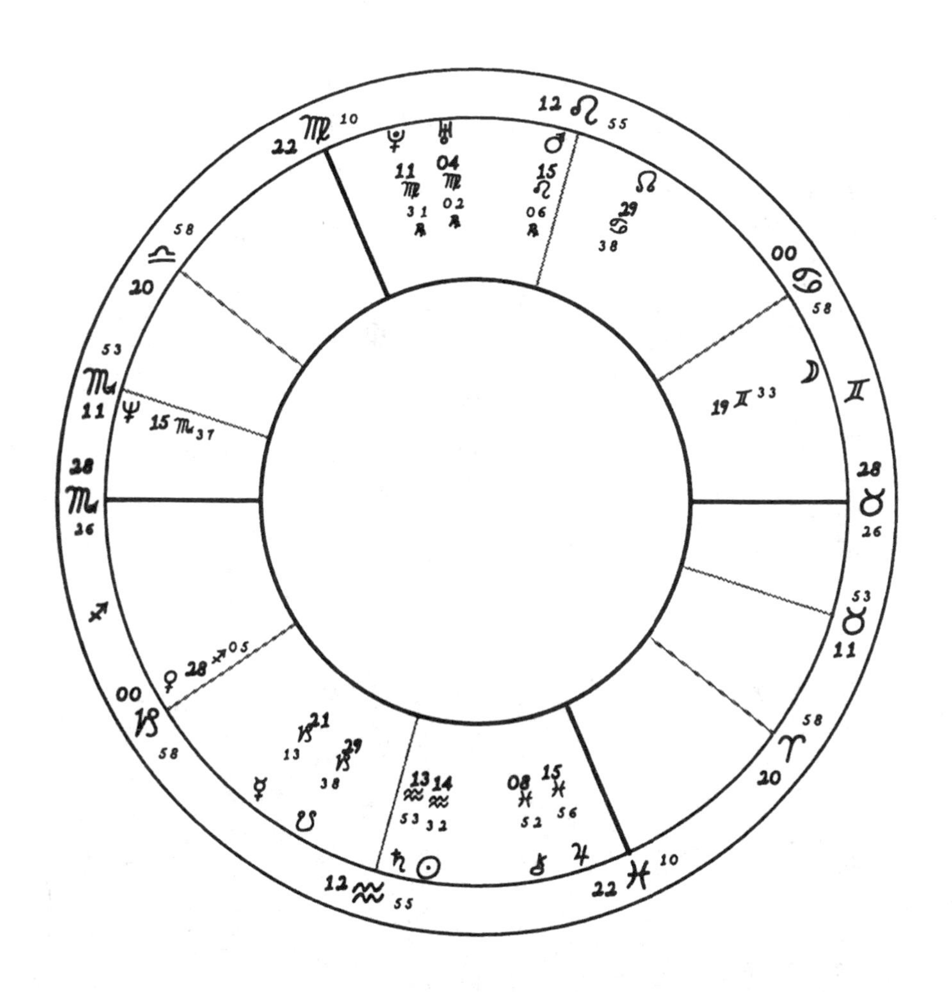

圖二十八

夏洛蒂，1963年2月4日，早上3點10分生，CET，51N12，6E47。

看法。她的朋友不多，鮮少與人聯絡，很難有展現自我的舞台。但她這組對分相是個有九度之差的寬鬆相位，和第三宮（象徵學習領域）裡緊密的太陽、土星合相比較起來，影響確實隱晦多了。

她自小即被視為「比較笨的小孩」，在學習過程中總是遭遇困難，和聰明的弟弟們比較使她痛苦。她結過兩次婚，最大的兒子也有學習上的障礙，這也許更加重她的自卑感，但最終也是因此督促自我，並找到力量。為了幫助兒子，她重返校園，研讀心理學，開啟一段自我意識的蛻變之旅。即便是在學校這樣的環境中，她仍是孤立的，因為她比其他學生年紀大，穿著也不同，像是老一輩的人士。雖然土星在三宮是她明確的驅動力，但在價值觀的轉變上卻受到月亮、金星對分相的影響，這點與弗雷德的經歷相似。於是她漸漸地蛻變成另類女性，有別於先前的完美妝容。她與第二任丈夫生下的女兒，性格令人無法捉摸，她女兒有個強勢的天蠍座星群——太陽、木星、冥王星合相在四宮。如果我為夏洛蒂作諮商，我會深入探討這家族的水星模式，也就是每一件與知識和溝通有關的事物。

學生：我開始了解某些事了，因為我的家族中，也有月金相位的模式，顯示在順從彼此時所隱藏的壓力上，這讓我難以為自己挺身而出，因此，當我遇到衝突時總是變得很膽怯。對於我來說，從家庭中抽離出來並發展自己的想法，便會有無法受到重視或是受到關切的感受。

學生：我很好奇母親旺妲過世之後的發展，這個父親是否再婚了？

琳恩：是的，胡貝圖斯之後與一名寡婦結婚，她的丈夫因為腦瘤過世。她有三名子女與弗雷德三姊弟的年紀相仿，因此，融入新家庭對於他們彼此來說是相當重要的事。在這個案例中，我發現繼子和雙親之間的連結力，通常是介於新加入者與原有家庭之間的關聯。胡貝圖斯第二任妻子娥蘇拉（Ursula）和她的子女都有明顯的的土星特質，她的土星合相摩羯座上升（圖二十九），她的兒子尼克勞斯（Niklaus）太陽魔羯座合相土星，他的父親的事業相當成功，非常優秀與權威。

娥蘇拉是個細膩的人，有良好的組織能力並負責可靠，但卻相當難以親近或有肢體的接觸，她的生命重心放在規範與觀念上而不是感情。與旺妲相比，她是一個截然不同的人。弗雷德完全無法理解為什麼父親會和她再婚；她看起來非常有距離甚至是冷漠，直到父親在過世前不久向他解釋，經過與旺妲之間筋疲力盡的情感關係後，娥蘇拉提供他所需要的空間，讓他可以完全放鬆。這兩個女人同時反應弗雷德的星盤中月亮、金星的四分相，一位是敏感、柔弱、受苦、美麗（金星位於巨蟹座十二宮）的母親；另一位是有組織、冷漠、有效率的繼母，具體展現於弗雷德摩羯座月亮的特質。

新家庭的融合過渡期令人憂慮，夏洛蒂受厭食症所苦，弗雷德處於混亂的狀態而難以控制。但是新的家庭帶給弗雷德一個重要的關係，也就是他的繼兄尼克勞斯，他成為弗雷德崇拜與欽羨的英雄，既是朋友也是對手。弗雷德第一次覺得自己活在天才哥哥的陰影下，尼克勞斯似乎總能得到所想要的一切，特別是女孩子。我將尼克勞斯的星盤附上來，因為他倆有很多明顯的相似點，包含土象大三角的圖型相位與水星、木星的合相。

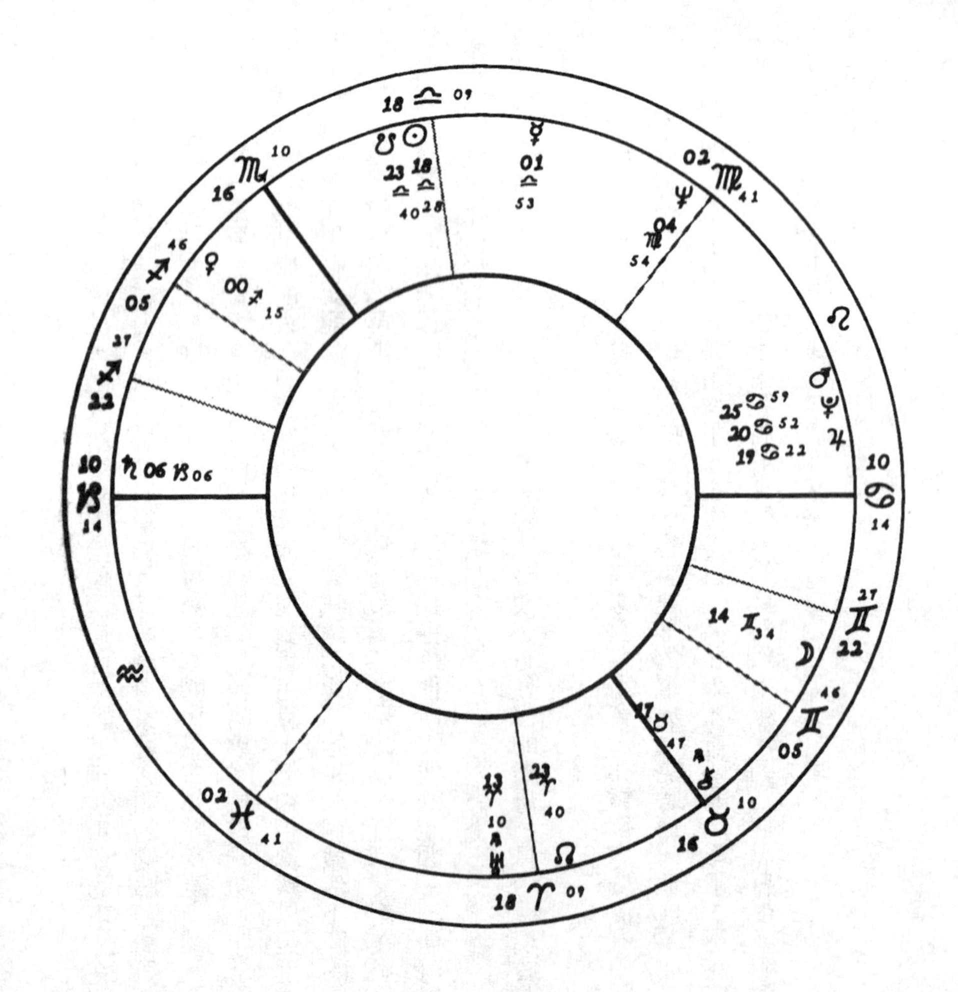

圖二十九

娥蘇拉，1930年10月12日，下午2點生，CET，51N40，8E20。

時辰占卜（Horary）【譯註五】中第十一宮象徵他人的子女，這個宮位在弗雷德的星盤中相當強勢，加上這是本命四宮的十二分之五相位的位置，我認為這是克服及解決這家庭難題的方法。尼克勞斯的月亮正好落於弗雷德木星、水星、火星的合相中（圖三十），當他進入這個家庭時，也為弗雷德開啟許多扇大門，他們建立起深厚的友誼。就如同你們大致所了解的，弗雷德有強烈的競爭傾向，他與繼兄相較之下的自卑感，可能點燃他更想成功的欲望。

遺憾的是尼克勞斯強烈的太陽能量——獅子座上升，受到藥物與酒精的消磨，有段時間迷失自己，消沉的他以當檢修工維持家計。而他的姊妹則診斷出有多樣的硬化症，可以說這是娥蘇拉的子女在處理父親死亡的衝擊時所面臨到的困難——也許是因為這家庭緊密的情感及土星捆綁的緣故。我要提醒你們，在開始處理大量細節時，我希望你們能夠跟隨行星的脈絡檢視這些星盤，如此一來便能夠豐富你們個人的研究。當我在做這案例的研究時，弗雷德對父親的觀感已經產生某種轉變，他能夠放棄嚴苛、野心、鞭策，逐漸體會父親開闊的心胸、穩定性與樂於享受生活。弗雷德對父親後來的觀感影響了前任女友，使她希望自己有個像胡貝圖斯一樣的父親，她說：「他讓你感覺天不會塌下來」。這種觀念的轉變是典型家族研究的成果，而它發生在弗雷德冥王星行運開始對分太陽的時候，也許並非偶然。

譯註五　文稱卜卦占星，是一門以「時間」占卜的深奧學問。

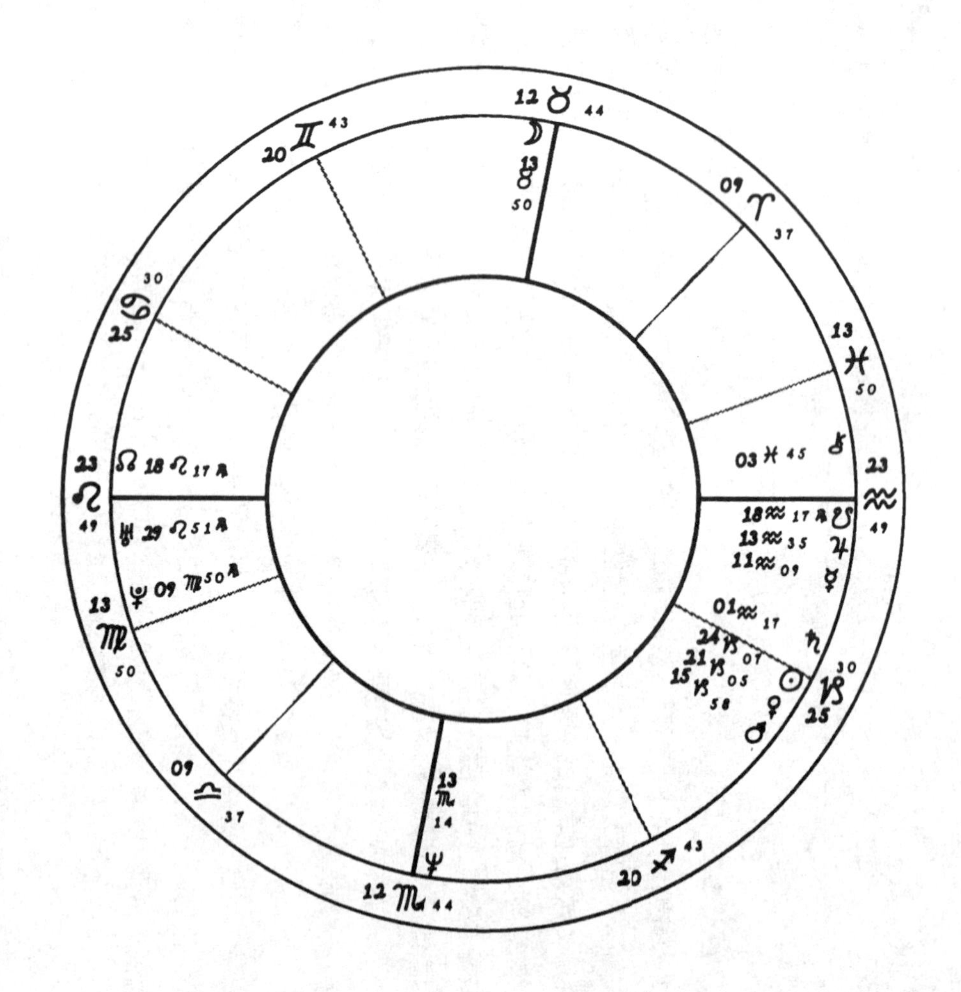

圖三十

尼克勞斯，1962年1月14日，下午7點30分生CET，48N30，9E03。

神祕的探索

學生：對於那些從不認識自己父親的人該怎麼辦呢？我有個朋友海王星合相天底，他甚至不知道自己的父親是誰，因此也無法探知家族的過往。

琳恩：我們提過未知的力量在家族的無意識之下運作，當真的無法揭開過往時，一個人必須運用現有資料或其他資源來重新創造自我。海王星可能將渴望與家族相連的需求導向精神或宗教層面，又或強調這原本即無法連結的惆悵。高更（Gauguin）【譯註六】在嬰兒時期就失去父親，當家族從法國搭船遷徙至南美洲的祕魯，這失落的過去，以及將一切拋諸腦後的強烈渴望，成為他生命中重要的吸引力，最終引領他到達大溪地。未知有它的力量，即便這個父親只是個幻想。當過去只是一個問號，這個問號還是會帶領人們踏上特別的境地。某些事物的匱乏通常與海王星有關，這種缺席導致模糊的、不成形的疑問，即便是問題從未被問起，有時候還是可以獲得解答，而有時則的確變成一股謎團。我在某處讀過一個不可思議的統計，在法國七分之一的孩童與他們稱之為「爸爸」的人並沒有血緣上的關係。

學生：我注意到我的父母及手足都有位於變動星座中間度數的行星，這是有意涵的嗎？

琳恩：親人們在黃道上的某些特定度數產生連結絕非偶然，事實上如果沒有的話，可能會更奇

譯註六　法國印象派畫家，晚年居住在大溪地。

怪。也許特定的度數顯示出家族的具體特徵，但更有意義的是，當黃道上某個特別區塊，將所有親人連結在一起時，大約會在同一個時間，將所有人的生活捲入行運所激起的漣漪中，然後一次帶動所有的事。因此，整個家族似乎都繫在同一個關鍵點上。當行運發生時，就是牽動整個家族的結構與體制的時刻。如果有像這樣緊密的連結，當關係改變或是個人重新安排生活時，將可以預期影響層面的擴大；而這共有的行星度數也可能指向一個貫穿家族、尚待發展的天賦或是尚未處理的問題。於是一個普通行運引發的事件，將會全面性地以相互影響方式而促成改變。

我希望你們繼續思考這些資訊，並且開始運用在自己的占星研究上。有時當我們深掘整個家族全貌，一個已經發生的事件、一段小插曲，都是影響生活中選擇的重要關鍵。最近我為一位女士諮商，她一直考慮是否要轉換事業跑道，她已經四十多歲，為了想成為助產士而回到學校繼續深造。她一直拿不定主意，但儘管懷疑，還是覺得必須去做這件事，於是在我們的談話之間，逐漸浮現出一個故事。她的父親在兩歲時便失去母親，死因正是難產，當她發現這個連結時，露出了一臉不可思議的表情。我們談到她如何藉學習助產的知識，以療癒父親的過去，這種療癒不僅是個人的，也歸屬整體家族。我的腦海裡浮現一個畫面：母親在生產過程中死去，這種悲傷與哀痛就像是朵烏雲籠罩了家族；而另一個畫面是這個孫女，在她幾近超過生育的年紀，以她厚實的雙手接住剛誕生的新生兒。這次孩子非常健康的來到人世，安穩地躺在母親溫暖的懷抱裡。

這就是這份工作的目的：在療癒過去的過程中，找到我們能夠扮演的角色，不僅是為了自身，也是為了那些與我們分享過去生命的人。謝謝各位。

第二部

兄弟姊妹與朋友

2-1 肩並肩與面對面

與他人連結

我發現此刻的星盤非常符合今天的主題，這當然是個巧合，因為主題在一年半以前即已選定，我並沒有事先查看課程日期。首先，此刻的月亮在雙子座，而今天談論的主題之一便是與雙子座相關的兄弟姊妹。此外，月亮對分冥王星，三顆行星在射手座，木星和天王星落在三宮，太陽和水星則落在十一宮（圖三十一）。

有些人也許會覺得困惑，為什麼我將三宮和十一宮放在一起談，相信你們都知道，這兩個宮位並不涉及浪漫、情欲等關係。至於另一個風象宮位——七宮，明顯不在今天的討論範圍內，即便提到，也不會花太多時間討論。這些宮位都與我們如何走出自我，進入外在世界與他人產生聯繫有關；由於我選擇專注在某些特定關係，因此不會提到這兩個宮位的所有面向，但也不限定在談論兄弟姊妹，範圍會再擴大一點。留意一下，隨著時間推進，今天的月亮將移動到與金星、火星對分的位置，這是一股衝擊力極高的能量，尤其是對於有行星落在變動星座前十五度的人而言更是如此。在上課的過程中，水星會從天秤座進入天蠍座，因此也可留心於星座特質的改變。

心理學幾乎一面倒的專注在父母如何影響我們，然而今天我想探討的主題裡，其中之一便是家族中的其他人，同樣也會影響到我們。

讓我們檢視三宮／十一宮與一宮的關係，你們知道上升點與十一宮的宮頭及三宮的宮頭形成象徵性的等距嗎？事實上三宮／十一宮原本的意義是與上升（希臘人稱 horoskopos 為上升）成六分相的友善宮位，暗示生活領域中對我們有助益的人，換言之就是朋友與兄弟姊妹。

另一種看待這兩個宮位的方法是，它們代表兩種與外界接觸的途徑、兩種建立關係的方法。其中一種是熟悉的、在日常生活中稀鬆平常、理所當然的環境，我們自然地將這個空間與兄弟姊妹、鄰居、麵包師傅與送牛奶的人分享，如此一來關係順理成章地建立，或是經由親屬與巧合的連繫，成為我們的一部分。但十一宮擁有不同的特質，這個宮位是彷彿我們帶著觸角，進入某個房間，觸角延伸舞動著去尋找具有某種難以言喻的吸引力的人。然而我們是如何選擇的？我們如何認出誰能成為朋友？十一宮將我們與社群連結，或是透過共同的興趣與他人相識，但更重要的是這其中有一種內在的認知——透過本質中的基本特性去結識他人。

如果大部分的教科書告訴人們三宮和十一宮是最無趣的宮位，誰都不會覺得「低層面的心智」（the lower mind）、「溝通」、「周圍的人」、「兄弟姊妹」、「社群」會是有趣的領域。我在法國一些受過人類學訓練的學生，認為第三宮代表自發的、無意識的心理狀態。我很訝異他們竟如此狹隘地解釋這個與我們最大的天賦——語言——有關的宮位。是的，它可以是很平常、很具體的宮位，但是和其他風象宮位一樣，它也是一個與觀念、與人們相互傳遞訊息有關的位置。

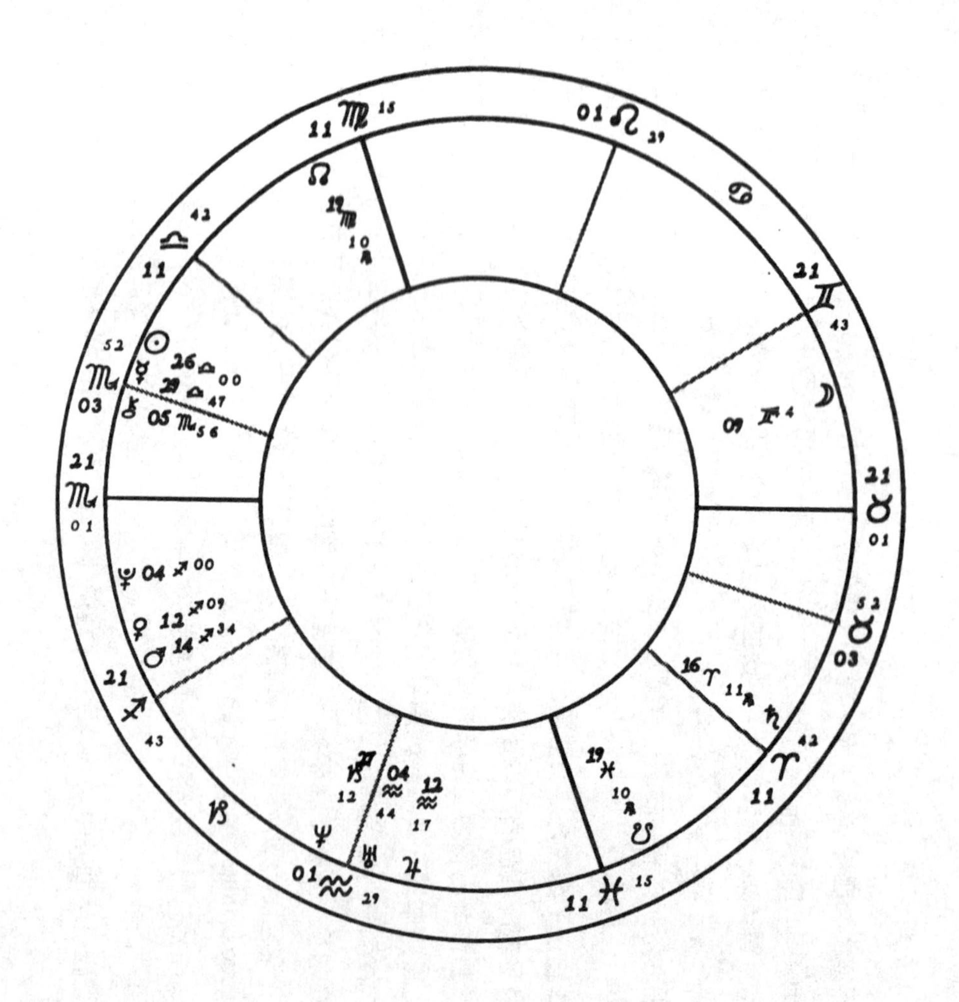

圖三十一

研討會當日的星盤，1997年10月19日早上10點，倫敦。

第三宮的確含有過去的概念，因為它緊鄰著四宮，保留最初同儕關係的樣貌與模式；但也同時掌管了我們學習、移動、探索，以及對遭遇處境提出問題的能力。坐落這裡的行星是生動與多變的，總是替我們與他人的互動及我們的思考更多樣化。誰是我們最先遇到的人？就是兄弟姊妹，這層關係讓我們最先意識到他人的存在，這些幼兒期的接觸在成年後的關係中可能留下鮮明的印記。在決定與手足的關係是親近還是疏遠上，父母親扮演了重要的角色，他們帶入自己原生家庭的經驗、公平與交流的觀念，以及互相競爭或扶持的看法。更微妙的是，父母同時從原生家庭中帶來懸而未決的議題，而這些未竟之事，不知不覺地滲入家庭成員的心裡，影響兄弟姊妹的關係。

很多人都學過這種有用的占星模式——將宮位想成是一種漸進式的序列，我們在第一宮開始一件事，在第二宮使之具體成形，在第三宮擴展出去，在第四宮扎根等等，這種看法傾向將三宮所象徵的關係視為尚未成熟，而將七宮與十一宮的關係視為較為完整的階段。這雖然有部分的真實性，但在實際的運作中，我們並不是依照宮位的排列順序過生活，好比說我們通常在結婚以前便已完整建立朋友關係。星盤是經驗同時也是藍圖之輪，從出生那刻起便啟動所有的宮位，並在我們的生活中持續向外擴展。

一個小練習

這裡有個練習可以幫助我們區分三宮與七宮在關係上的差異。請站起來，與另一個人面對面，牽起對方的手，並且直視對方的眼睛。先往後退，再往前一步，接著再次退開——此時七宮的張力與連結應該就很清楚了，我們清楚地意識到另外一個人的存在。

接下來，與其他人肩並肩地站在一起，就像雙子座符號呈現的那般，轉頭看看他們，再將視線收回來。注意你們是連結在一起的，因此只能看見這個人的局部模樣。你所看到的他們並不完整，但距離相當靠近——非常像是兄弟姊妹的連結，一種視為理所當然的血緣聯繫。

相較於七宮與十一宮，三宮所象徵的關係裡，彼此的差異較少，而且就像剛才你們體驗到的，對身旁的人，我們因為靠得太近而無法有全方位的視野。對於雙子座與三宮，有一個關鍵的問題：「這個人和我有什麼關係？」這個問題與自身有關，並非想知道另外一個人究竟是誰，而是他們的回應與我們有什麼關聯。第三宮象徵的人物，會用一種再自然不過的方式存在，就像周遭環境的一部分，不會打擾他人也很容易受到認可，甚至被視為理所當然。當然，如果有許多行星落在三宮，或涉及某個特定的星座時會比較複雜一些，後面我們會看到相關的案例。

2-2 第三宮

雙胞胎

讓我們來看看雙胞胎的原型，也就是雙子座的原型——這是黃道符號中唯一包含兩個人的符號，就像一對並肩而立的手足。雖然雙子座的占星圖示不是兩個獨立的個體，通常臂部相連或手臂未完全分開，卻是第一個出現他人概念的圖示。同時，他們的目光也並非落在彼此身上，而是一同朝向外界，肢體相連卻不盡相似。雙胞胎當然是一種非常特殊的手足關係，但在我的經驗裡，相較於第三宮，他們更像是第七宮的關係，也許這是因為在最現實的概念裡，他們就是夥伴關係。雙胞胎激發了我們對於完美鏡像的概念，也就是這個人可以映照出自我的真實模樣，只因我們是相同的（這對同卵雙胞胎來說更是如此）。兄弟姊妹掌握着個體自我認同的關鍵，這觀念是所有手足關係的基礎，同時我們也希望將這層關係向外延伸至愛人與朋友中。

雙胞胎也可能讓人們視為相反典型並形成一體的兩面，這就是雙子座最深層的核心。從某些文化信仰裡對雙胞胎於外在世界中不同面相的觀察，可提供我們手足關係裡潛在議題的線索。例如在全世界雙胞胎出生率最高的西非，人們認為雙胞胎是精神世界存在的證據；奈及利亞的約魯巴

（Yoruba）人認為每個人在天國都有一個分身，分身的生命映照著自己，而雙胞胎便是有力的證據，他們證明了精神上自我的真實存在，雖然沒有人能區別哪一個才是分身。在所有西非的國家中，都有特別為雙胞胎誕生所舉行的儀式，因為他們是承載著超自然能量的實體，即便是雙胞胎之後出生的小孩，也被認為帶有如此的能量。

雙胞胎如同鏡子般反映了每個人與生俱來的二元性，我們應該用更敬畏的眼光看待他們，因為他們能啟發我們另外一半更神祕的自己。在約魯巴，視先出生的人為年幼者，稱為「太瓦」（Taiwa）——意思是「機智」、「沒耐心」、「冒險家」；而後出生的人則被稱為「凱海德」（kehide），是年長者——具有智慧、按部就班。這些特殊的稱呼與互補的特質將雙胞胎與一般小孩區分開來，以約魯巴來說，雙胞胎是人類精神觀念的中心，他們認為人類的本質有強烈的二元性，而天與地之間也存在著一種神祕的連結。但只有少數人能夠徹底明白：唯有理解精神上的二元性才能解開生命的謎題【原註一】。我們的外在顯現只是自己的一部分，每個人都遺失了些許，這將影響到所有的關係——想像一下，如果能遇到對的人，我們自然會感到完整且在情感上有所寄託。兄弟姊妹正是我們生命中首次觀察到的「他人」，並期待在觀察之中找到自我。

根據克勞德李維史陀（Claude Levi-Strauss）【譯註一】的說法，美國印第安人也敏銳地意識到雙胞胎的差異性。對他們而言每個人都擁有一個對立面，與他／她共存在一種無解的緊張狀態中。在他們的神話裡，雙胞胎被派遣到世上，用以準確定位太陽在天空中的位置——這是一種非常有趣的占星觀點，不再單獨透過一個面向來尋找宇宙的中心點。而猶太教的傳統裡，第一對雙胞胎以掃（Esau）和雅各（Jacob）在母親的子宮中便開始對抗，之後又在爭取父親唯一的祝福上大動干戈。這兩種文化都認為人類由兩股衝突的力量構成，經常受到相反的方向拉扯。至於會有一方勝出嗎？或者有可能妥協？《聖經》告訴我們，最後只能選擇其中之一。在羅馬建城的故事中，羅穆路斯（Romulus）與雷穆斯（Remus）都是由母狼扶養長大，但雷穆斯卻在即將建城時死去。在這些神話中，皆有一方必須消失，也就是從雙胞胎象徵的雙重可能性中，做出擇一的選擇。

希臘神話中的雙胞胎

大家應該很熟悉卡斯托爾（Castor）與波呂杜克斯（Pollux）的神話。宙斯幻化成天鵝的形體強暴麗妲（Leda），當天晚上，她又與丈夫廷達瑞俄斯（Tyndareus）共枕，於是同時懷有凡人與神祇的小孩。另一種版本的神話是，麗妲產下兩顆蛋，其中一顆蛋育有卡斯托爾與波呂杜克斯，另一顆則是克莉坦娜絲和海倫。可以看出這兩組雙胞胎／手足代表不同的連結，每一顆「雙生蛋」分別繼承了命運中不同的一部分，然而他們的命運相互交織，無可避免地與整個生命連結在一起。

原註一　詹姆斯．耶爾尼斯齊：〈探尋人的另一面〉出自於一九九四年五月的《拋物線季刊》James Elniski, "Finding One's Twin," in Twins, Parabola, Vol, XIX, May 1994, No.2.

譯註一　法國人，建立結構主義的理論體系。

卡斯托爾與波呂杜克斯身強體壯、生氣勃勃、難以分開，當身為凡人的卡斯特爾戰死沙場，波呂杜克斯請求宙斯讓他的兄弟復活，結果宙斯允許他們輪流生活在天界與地底、死去與復活間，最後他倆升天成為守護雙子星座的兩顆星。在這裡我們看到親密與忠誠的原型，以及無論好壞都願意彼此分享。他們享受抗爭，但攻擊力直接向外、針對外人而非彼此，他們選擇常相左右。

學生：卡斯托爾與波呂杜克斯代表自我的兩個不同面向嗎？

琳恩：是的，我們通常會用這個神話來討論人性的光明與黑暗。我將這個概念延伸到手足關係中，我們經常在兄弟姊妹身上投射自己的某些面向，如果發現了這一點，就有再次整合的機會。

姊妹

麗妲的第二顆蛋孵育出海倫，她的美貌引發了特洛伊之戰；而她的姊妹克莉坦娜絲則在丈夫阿加曼儂從同一場戰爭歸來時親手殺了他。葉慈（Yeat's）在磅礴詩作《麗妲與天鵝》（*Leda and the Swan*）中，重現神（宙斯）在性欲驅使下強暴麗妲所導致的後果：

……腰際內一陣戰慄於焉生起
城牆頹敗塔樓炙焚

這不是非常明顯嗎？葉慈如此明確地將欲望升起的時間視為毀壞與苦難的萌芽時刻。兩姊妹各自以不同的方式繼承了家族模式——男性壓抑下的女性命運。海倫第一次被提修斯（Theseus）引誘時只有十二歲時，在驚險與拐騙中流離失所，直到適婚的年紀才被兩位兄弟救回。後來她又受愛神愛芙蘿黛蒂的影響，離開父親指定的丈夫，與特洛伊王子帕里斯（Paris）私奔，導致「上千條船隻」航向特洛伊。她的命運極不安定，但在她的故事中，她燃起這些與她相遇的人的愛欲火苗，可說是繼承了家族中所有的金星能量。

然而愛並不存在於她姊妹的婚姻中。阿加曼儂為了搶奪克莉坦娜絲為妻並鞏固自己的政治勢力，在她面前殺了她的第一任丈夫及襁褓中的孩子，之後又犧牲了兩人的女兒伊菲姬妮亞，改變風向讓艦隊得以順利駛向特洛伊城。即便克莉坦娜絲後來選擇了愛人，也是為了報復阿特伊斯（Atreus）家族。她與愛人一同計劃攻擊阿加曼儂，編織魚網困住凱旋而歸的丈夫，絲毫不留情地揮動斧頭砍下他的頭。如果這個故事中蘊含任何的金星能量，那就是金星／冥王星。

這對姊妹嫁給了阿加曼儂、米納勞斯（Menelaus）這對兄弟，兄弟兩人也都踏上了戰場；一個是為了愛情，另一個是為了榮耀。這對姊妹都帶著母親遭受強暴的復仇之意，但一個喚醒了愛的力量——引發特洛伊戰爭，同時成就偉大功績與破壞；另一個卻鬱積陰暗與懷抱仇恨，代表女性恐怖與無情的面向。可以說，這場大戰源自於最初無法壓抑的欲望，因違背女性的意志而蔓延。在受創的家族遺傳中，每位成員都承接極為不同的「報酬」，並以不同的方式貫穿他們的生活。海倫與克莉坦娜絲表現出兩種截然不同的女性面向：無法壓抑的欲望與無法壓抑的憤怒，這反映出她們母親的內在矛盾。在神話中她們很少一起受人提及，然而她們的生活卻以對比的方式，出現在特洛伊戰爭這則偉大的故事中。

愛或是戰爭？

雙胞胎似乎昭示出一種原始欲望的撕裂，這欲望同時包含了愛與戰爭；彷彿一開始就設下一個選擇題，等著人們說「是」或「不」，接受或是拒絕。即便你接受了，萬一另一個人拒絕呢？我們如何接受彼此並走入同一個家庭生活？又如何在這樣的世界裡存活？鑑於新的科技如超音波問世，如今人們可以很早就知道胚胎是不是雙胞胎，然而大部分的情況是，雙胞胎之一死於腹中，並被存活下來的另一胎吸收。對死去的那一個，我們必須更費心去思考他／她在我們的內心發展中可能帶來什麼影響。

約魯巴族人認為「每一個人都有一個精神的孿生面，當你與自己相遇時，你將常樂」【原註二】，這和柏拉圖關於兩性起源的說法頗為相似，一個生命被一分為二，因此不斷渴望找到分割出去的那部分，如果沒有成為一體，就不可能得到快樂。「雙生關係就是一面鏡子，雙胞胎的天賦就是展現自己沒有受到注視的那一面」【原註三】，在一般的手足關係中，雖然我們可能意識到某個兄弟姊妹帶有自己的影子，但因為某些方式掩蓋著，並不容易發現。然而，雙胞胎在子宮內有限的空間裡一起被孕育，從一開始就處於相同的時間與空間裡，他們的成長彼此糾纏；而非雙胞胎者，雖然其他兄弟姊妹也曾身處同一個母體內，但時間前後錯開，而與母體有關的記憶，可能暗示著我們遺留或遺忘在母體裡的事情。

身為弟弟、妹妹的人，也許會認為兄姊剝奪了自己沒機會得到的東西。例如長子繼承制度，只有長子可以繼承父親的頭銜與土地，這種制度造成兄弟姊妹間的嫌隙。法國於《拿破崙法典》（*Napoleonic Code*）中，廢止了這種繼承制度，但英國仍然繼續沿用。不過在早期文化中，例如貝武夫（Beowulf）【譯註二】的故事裡，繼承權是交給母系宗族，即傳給女兒的子嗣。思考一下便可以明白，這樣的傳法確保了舅舅與外甥皆來自於外祖母的血脈——因為人們可以「看見」孩子從母親的體內產出，卻無法一眼確定孩子的父親是誰。

從這些雙胞胎的故事中，而我們可以看出「矛盾」是手足關係裡的中心議題。我們尋求連結但憎恨篡奪，沒有手足卻又感到孤單，而我們的獨特性也由於手足的存在而遭受質疑。我們可能對命運所分配的才能與喜愛感到不平；或相互讚賞、拒斥、抵抗、競爭，甚或是提供安慰與傾囊相助。最

原註二 同前揭書。

原註三 同前揭書。

譯註二 英國文學，英雄敘事長詩。故事的舞臺位於北歐的斯堪的納維亞半島。

後，我們才開始學習關愛與照料他人的能力。也許這就是古人認為第三宮與月亮有關的部分原因。

月亮喜歡座落的宮位

希臘人將第三宮與月亮連結在一起。過去幾年我都在觀察行星喜歡座落的宮位（又稱喜樂宮位〔joy〕），它們是很有用的工具，可以增加我們對於行星所處宮位的了解。「喜樂宮位」從古代希臘的文本而來，出自最近發起的「古鏡重光計畫」（Project Hindsight）與其他計畫，也就是將希臘、中世紀時期的古代經典翻譯註釋。現代的占星師傾向將三宮與水星畫上等號，也就是水星守護雙子座以及黃道中的第三個星座，但古人認為宮位並非與十二星座的守護關係連結，相反的，水星喜歡落在一宮，月亮在三宮，金星在五宮，火星在六宮，太陽在九宮，木星在十一宮，土星在十二宮（圖三十二）。我們不需要捨去水星與三宮有強烈連結的概念，但可以試著探討其他的模式。第三宮在古代文本中稱為女神之宮，並對應著男神之宮——第九宮。

誰知道為什麼月亮喜歡落在三宮？畢竟我們容易認定三宮是屬於心智的宮位，並與感受無關。

學生：月亮會變化也喜歡改變。三宮是靈活的宮位，它喜歡社交、聚會，甚至是不同的群體。

琳恩：說得好，你所說的改變是指月相的變化。它是反覆的消長，是特別流暢的特質；月亮的改變並非是粉碎性或破滅性的，而是在生活中保持著變化上的流動性與孕育性，以一種節奏與規律

行星喜歡座落的宮位

	行星	宮位
☉	太陽	九宮
☽	月亮	三宮
☿	水星	一宮
♀	金星	五宮
♂	火星	六宮
♃	木星	十一宮
♄	土星	十二宮

圖三十二

的方式帶我們回到開始的地方。同樣的，我們的日常對話與遭遇，也與周圍環境維持著健康的連結。

在紙筆仍然稀有的時代，月亮同時掌管了記憶，記憶力絕對是學習的基礎。在古代，你若要找資料，不可能像現在一樣去查書本的索引；當時大部分的知識都仰賴記憶力，你必須記住聽到的事物，將詩歌或是文本熟記。我們甚至可以說，當時整個人類心智的概念比現在更為鮮明、充滿意象。直到近代，心智才變成抽象的邏輯機制與工具。當然，與記憶和意象最有連結的正是月亮。

學生：但是為什麼第三宮會與女神有關？

琳恩：我不確定是否有人真的了解，但可以說三宮的意識是更陰性、主觀，並以感覺為基礎；而九宮的意識是屬於太陽，直接與神的意旨連結。所以許多作者，例如從羅伯特・格雷夫斯（Robert Graves）【譯註三】到榮格及他們的追隨者，都已探討過月亮與三女神【譯註四】的連結，女神象徵着一種與外界之間具有節奏性與循環性的持續演變過程，而不是專制霸道的真理；再者，當光亮改變時月亮象徵的真理就改變了，所見的景象與觀看的觀點也隨之改變。以上這些都比較偏個人與主觀，也是一種檢視三宮的有趣方式。

妲比・寇斯特羅在《占星學中的月亮》（*The Astrological Moon*）裡談到，月亮代表了天賦的心智與智慧。她提到三宮的概念與月亮的喜樂之間有著非常有趣的連結：「我們必須了解，如果缺乏月亮我們便無法獲取滋養。我們透過水星收集資訊，然而是月亮的陰晴圓缺讓我們能夠吸收、消化資訊，然後成為我們的一部分。」

讓我們繼續探討溝通與手足之間的連結。你們有什麼想法？

學生：我的月亮落在三宮，我經常將弟弟當成父母，也許這是因為三宮代表兄弟姊妹間擁有共同的語言。

琳恩：這裡有兩件有趣的事。兄姊可能是我們第一個透過語言與世界產生連結的人。回頭來看雙胞胎的例子，也許孿生子會發明一種共同語言，是其他人不了解或無法分享的。不過在你的例子中，相似感與交流感可能比較與月亮的配置有關，而非三宮本身，但還是得看是什麼行星落在這個宮位。

學生：我一直以為，三宮代表著我們與兄弟姊妹有相似的語言。

琳恩：不一定是這樣，要看你的三宮裡有些什麼。

學生：月亮喜歡落在三宮，是不是因為家庭的連結？

琳恩：可能是，但如果你的三宮裡有月亮的強硬相位，就不一定是這樣。你的月亮可能四分火星、對分冥王星，你會擁有部分月亮的能量，但卻明顯的感覺不舒服。在這種氛圍裡的人可能會透過語言來操控他人，或者因為充滿強烈的情緒使得溝通不良，進而演變成家庭生活裡戲劇性的衝突。也許在你的家庭中，所有的情緒都需要大聲地說出來；在某些例子中，月亮落在這個位置的人成為家庭生活中情緒暗流的發言人。既然月亮通用來常形容母親，月亮在三宮的孩子至少在某部分強烈受到母親思考與溝通方式的影響，不管是好是壞。

撇開特殊心電感應的能力不談，如果沒有語言，我們便沒有管道能與周遭環境連結。可以說語言表達了我們的內在經驗，雖然不盡完備。要記得，三宮通常是我們與他人交流的地方，這是我們呼吸的位置，描述着「風象」的交流特質，比起土星類似生活在沙漠的感覺，月亮賦予了更「滋潤」的環境。

譯註三　英國詩人、學者、小說家暨翻譯家。專門從事古希臘和羅馬作品的研究。

譯註四　三女神（Triple goddess）是羅伯特・格雷夫斯寫作的主要主題之一，並被許多新異教主義者（Neopagans）奉為主要神祇。通常三個女性形象是少女、母親和老婦，每一個女神都象徵著女性某一個獨立的生命週期和月相消長的不同階段，並且通常主宰著大地、冥界、天空的不同領域。這個概念同時對女性主義、文學、榮格心理學和文學批評產生影響。

我重讀了羅伯特・漢德（Robert Hand）【譯註五】《星座符號》（*Horoscope Symbols*）這本書，他在寫這本書時不太著墨於宮位，但他形容三宮是：「囊括了大量似乎彼此不相關的觀念。」但是，他又發現其中存在着某種無意識、未經篩選的元素，連結着三宮所有的屬性。他也提及自動駕駛裝置與慣性模式，這似乎也與月亮有關。

過去與未來

三宮帶有過去的意味。手足關係的特點之一是，他們以某種方式與我們共享過去，這是其他人辦不到的。手足是我們與第四宮（星盤中最私密的部分）的連結媒介，透過兄弟姊妹，我們可以想起自己的本質與根源，父母雙方皆已離世的人尤其更有感觸。人生早期，兄弟姊妹的關係為我們開啟世界的大門，或是將我們約束在家族模式與祕密中；長大後，許多人不再與兄弟姊妹分享相同的生命旅程，因為與他們相見會有種重返過去的感覺。有時人們對此感到拘束、不自在，但也可能因此感到安慰，這大多取決於有多少家庭成員願意接受彼此的成長。三宮的特質也展現在重複的故事、閒話家常以及談論往昔親友的憶舊之中。

另一方面，十一宮有明顯的未來特質。有沒有人持反對意見？即便十一宮擁有充沛的好奇心與開放性，還常使人熱切渴望地運用三宮的行星方式去學習，但蘊含與出現在十一宮的概念，明顯與隸屬於三宮的事物不一樣。三宮大多與此時此刻對世界的看法有關，十一宮談論的則是即將到達的地方與長遠的期望；十宮展現了我們在世上的影響，有可能指向職業上的成功，而十一宮則是更為寬廣的可能性——精確來說，也就是人類的可能性。透過友誼我們將未來付諸實現，而這些友誼來自於我們所選擇與所疏遠的人。

我記得一些印度占星學提到，人們是否擁有第五宮所代表的愉悅，端視先前歷練的結果。印度占星視十一宮為此生第十宮的「果實」，以及與將攜帶什麼轉世有關，也就是「來世的化身」——這是個迷人的想法。在某些例子中，強勢的十一宮反應出影響他人的能力，即便這個人過世已久，他的影響力依然存在，例如梵谷（Van Gogh）有著沉重的十一宮（土星、冥王星和天王星），他在世時難與朋友相處，逝世後作品卻大受歡迎。

土星在三宮

學生：我的土星在三宮，一向是團體中沉默的那個人，幾乎到了自閉的地步。

琳恩：三宮裡的土星暗示着某種溝通上的障礙，不管是缺乏或是受阻。一般來說三宮的行星和星座影響著早年生活中與人接觸的意圖，以及他人的回應。我們與外界的互動將會透過行星、星座

譯註五　美國占星師、作家、翻譯和講師。

與宮位守護星展開，並常按著這個順序發生。很明顯地，土星比其他落在三宮的行星帶有更多困難的暗示。

學生：摩羯座也一樣嗎？

琳恩：上升天蠍座的人，通常三宮的宮頭會在摩羯座。眾所皆知，這些人對於自己的表現非常謹慎。有位擁有這種組合的女士說過，她在家中找不到人交談，姊姊與她保持距離、拒絕往來、沉默寡言；無獨有偶，媽媽的情況也和姊姊相似。她想盡辦法想要突破溝通障礙，卻總是抓不到要領。她在七歲時開始對著鏡子說話並使用靈擺來進行降神會的儀式：「既然家裡的人都是活死人，我就真的去找死人說話。」這聽起來還滿幽默的，由於天生活潑的個性（風象的太陽和月亮），她在朋友關係中找到了出口，尤其是她的水星與金星合相在十一宮。

當然，在檢視宮位時需要一併考慮守護星，納入守護星的星座及行星所提供的資訊。前述女士的例子中，土星四分太陽的守護星金星【譯註六】，將三宮的議題與自我價值與自我認同連結。這揭示出，只有在找到對的溝通方法時，她才會感覺自己「夠好」。土星同時也四分水星，加深了溝通面向的問題，但她能言善道且喜歡開玩笑，只是常感覺不受重視，所以她生活在土星四分金星的那一面。這可以解釋何以她到了三十多歲，還會回學校修讀一個高等技術的學位。

以孩子為例，有時土星在三宮意味著找不到人溝通。比較正確的說法是，總是有人能為孩子發言，因為父母懂的比他們多。土星落在風象宮位通常描述著不平等或是權威性的關係，這樣的例子常發生在兄弟姊妹年歲差距很大時。經典的例子裡，年長的兄姊扮演着如父、如母的角色，使得土星「向下訓誡」年幼的弟妹。幾年之後，這土星可能換到用權威語言和他人說話的位置。

當然不是所有孩子的土星都落在三宮，如果真這樣時，可能暗示著濃烈的孤立感，以及與他人交流時的不自然。不管這早期的受阻經驗原因為何，都可能迫使當事人轉而埋入思想中的世界。另一方面這種缺「氧」的狀態也會養成一種無法與人連結的孤僻習性，距離人群愈來愈遠以致變得憂鬱，甚至造成心理上的壓抑。奇特的是，這裡的土星就像是突然從大家族中冒出來一樣，在這樣的大家族中，較為內向的小孩很難找到聽他說話的對象。

年紀相仿的孩子相互分享探索的過程，他們透過語言一同描繪世界的輪廓，並在父母的視線外向其他的領域探險；但年齡差距較大的手足，不容易形成如此的感情。不過，手足關係絕對不等同於十一宮的關係，十一宮能非常敏銳地意識到年齡與成就的微小差異。土星傾向於加深家族成員的隔閡，而讓某些特別固執的角色繼續固守己見，例如某位兄姊長你七歲，他／她運行世界的軌道就是與你的不一樣。

兄弟姊妹是一種獨特的同儕關係，他們是特殊的。雖然你可能有情同手足的朋友，但實際上來看，朋友絕不會變成家人，因為這是不可能的事。兄弟姊妹的關係無從選擇，即使某天真與其中一位絕裂，這種血緣上的連結仍是無可取代的。不管你接不接受，手足的關係就是如此，而他們也以某種方式考驗著你。

譯註六　此案例的太陽在天秤座，金星守護天秤座。

2-3 蘿娜的星圖範例

現在讓我們來看一個星盤範例：

這位女士有強勢的九宮，太陽、水星在牡羊座靠近天頂的位置，合相十宮的木星，對分三宮天秤座的土星，以及海王星落在四宮宮頭。這裡有兩組T型三角的圖形相位，一組包含天王星，另外一組包含月亮，都在巨蟹座十二宮，雖然這兩顆行星沒有產生合相。（圖三十三）

學生：若納入摩羯座十二度的凱龍，便會形成一個開創大十字。你注意凱龍嗎？

琳恩：我愈來愈注意凱龍，但若要將它與星盤中的其他元素並列討論，還是沒把握，我們得請梅蘭妮．瑞哈特（Melanie Reinhart）到巴黎開設完整而專門的凱龍課程。在法國，有些人的確會解讀它，但是並不普遍。通常他們比較會運用暗月（Lune Noir）而不是凱龍。

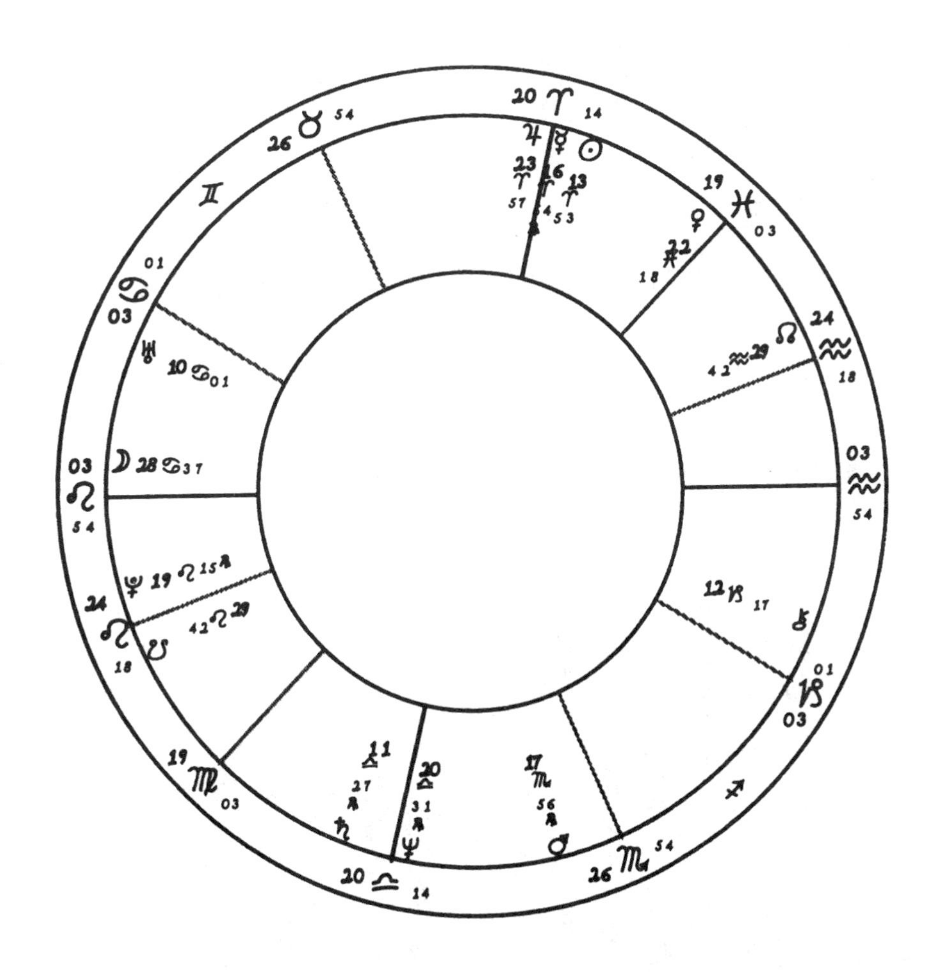

圖三十三

1952年4月3日，下午12點23分生，EST，霍博肯，新澤西州，40N42 74W13。

暗月

學生：什麼是暗月？

琳恩：受到地心引力與太陽系中其他行星的牽引，月球的運行軌道呈現出不規則的橢圓形。月亮在運行軌道中距離地球最近的點稱為近地點，反之，月亮軌道中離地球最遠的點則稱為遠地點。裘莉·德·格列芙連恩（Joelle De Graveleine）是一位非常好的占星師，也是法國最具說服力的「暗月」擁護者，但是她不太關心數學，自始至終都無法解釋什麼是「暗月」。與圓形不同的是，每一個橢圓形都有兩個中心點，以一個天體（星體）來說，兩個中心點（或是焦點）之一是實點，另一個則是虛點。地球是月亮軌道中的實心點，暗月便是另一個虛點，象徵某種遺漏或是不明物體。而吉恩·卡特里特（Jean Carteret）【譯註1】提到的「暗日」（Soleil Noir），事實上是地球繞行太陽的橢圓形軌道中，那個看不見的中心點。對於任何一個軌道呈現橢圓形的星體，都可以假設一個這樣的中心點。你們可以開始想像這裡的象徵意涵，例如希臘文中「elleipsis」的意思是「省略」或是「不足之處」；我們使用「elliptical」（橢圓的）形容某種「刻意隱晦的說話方式」；而「ellipsis」（刪節號）是指文本中被省略的部分：有時是某個字，有時候是某種邏輯上的連結。

對我來說最主要的困難在於，要確切知道這個中心點在哪裡。月亮的體積很小，它的移動受到許多不同引力場的影響，以致有著不規則的軌道，相對的這個中心點也不固定。直到現在，它的位置也只是大約數，即便目前已有正確的暗月列表，許多占星師還是沿用古老的計算方式，使用平均值或是實際的位置。在準確列表出現之前，比較常用的是平均交點（Mean Node），較少使用真實交點（True Node），但平均交點與真實交點的差距可能很大，甚至可以相差至十二度，這會產生相當不同的詮釋。許多學生為了解決這個問題，在星盤上放上各種計算方式的暗月，每種詮釋都有些許不同，這種不精確的結果讓我非常困擾。

學生：我總認為暗月與性的黑暗面及女神陰暗的面向有關，它還有其他意義嗎？

琳恩：暗月是一個看不見的中心點，這就是為什麼它總是被用來比喻女性的未知或黑暗面。裘莉・德・格列芙連恩將莉莉絲（Lilith）視為暗月的象徵，莉莉絲應該是亞當的第一任妻子，但後來在故事中遭到除名，因為她拒絕亞當在行房時男上女下的體位。暗月討論的是在陰影中，藉由否定、分離而悟出的陰性能量。

學生：莉莉絲是亞當的另一根肋骨塑造的嗎？

琳恩：不，她是由泥土塑造而成，就像亞當一樣。我們只能在莉莉絲反抗世俗版本的神話中找到這方面的訊息。

學生：這是否意味暗月呈現的女性能量與男性能量相等？

譯註一　法國哲人、散文作家和占星師。

琳恩：是的，或者更確切的說，是暗月非常要求相等，也因此才遭受放逐並變成夜之魔女。暗月的一個關鍵字是「矛盾」。它是欲望層面中較為破壞性與強制性的力量，藉由回絕、切斷、犧牲與強烈欲望而覺悟。在法國，有許多與暗月有關的象徵，大家常視它為冥王星議題的陰性版本。當學生要求時，我會解析暗月，這確實會給星盤非常有趣的註解。在這張星盤中，平均暗月大約在獅子座零度，合相上升，所以要探討的主題可能與拒絕或切割有關。暗月同時也合相月亮，所以當我敘述這位女士的故事時，你們可能會想知道關於莉莉絲的主題。這是個範疇很廣的題目，但不是今天研討會的主軸。是否解讀暗月在某種程度上反應了文化上的偏好。大家不妨思考這個有趣的推測：為什麼英國密切注意象徵傷痛的凱龍，而法國卻熱衷於暗月的討論。

我們今天的談話符合了月亮在雙子座的調性，跟著它好奇與漫遊的模式，轉變到有趣的話題。我天生容易這樣，所以要更費勁地提醒自己別偏離主題。

土星如何影響溝通

回到我們的星盤案例，土星不僅在三宮與水星對分，這組對分相同時與落在十二宮的天王星以及第六宮的凱龍產生四分相。此外水星還處於逆行的狀態，事實上這張盤裡有很許多逆行星：火星、土星、海王星、冥王星與水星等五顆。無庸置疑，這代表當事人要克服許多關於溝通及接觸他人的難題。

學生：在早期，她可能承擔了很多責任，以致於難以輕鬆地與人接觸。我對這當事人的概念是，所有的逆行星將她拉回自己的內心世界。

學生：她不是被缺乏流暢的溝通能力所困擾，就是苦於這方面能力的過度發展。也許是基於某些不利的條件，例如閱讀困難，因而激發出她改善溝通技巧的動力。

學生：上星期的研討會中有一個土星在三宮的人，他四歲時就可以完整的讀寫。但因為他上課非常無聊，一直在搗蛋，最後被學校踢出大門。

琳恩：也許土星在三宮最基本的問題是，當事人看見的是有如磚牆般的障礙，而不只是一面鏡子。牆是一種負重的結構體，可以提供支撐，但大致上來說並沒有反映力。由於某個難以相處的兄弟姊妹（也許是當事人的主觀認定），讓他對所有人際關係都產生怯步。如此會迫使個人轉而向內發展，習慣壓抑，但也會刺激內在意識的發展。如果當事人要突破這種孤立感，必須付出心力。我看過土星在三宮，有很多兄弟姊妹的個案，在這樣的家庭裡可能很難找到傾聽的對象，因為其他手足可以說得更好、更快或是替你傳達，可以說某種程度上，表面上的溝通取代了孩子真正的需要。

學生：因為海王星的位置，使得這張星盤的底部缺乏向下扎根的力量。四宮通常代表過去，因為海王星的關係，我認為有種模糊難解的個人背景，需要藉由了解才可以為過去開啟窗扉。

琳恩：是的，很有趣。另一方面，這張星圖中，介於九宮與十宮之間的天頂區域是相當愉悅的。木星接近天頂，太陽落於強勢的牡羊座位置並在九宮，也就是太陽的喜樂宮位，金星同在九宮並落於強勢的雙魚座。這些行星都位於星盤的頂端，大家不覺得這些都會鼓勵她向外發展嗎？朝著發光的方向前進，而不是將她拘束在家裡。

學生：牡羊座的能量，是否象徵受到家庭排擠而向外發展？

琳恩：是的，這裡有種遭受壓力推擠而離開巢窠的感覺，因為牡羊座就落在天頂。

學生：看土星位於三宮和天王星產生四分相，意味這兩顆講求系統性的行星傾向在心智認知上尋求意義的解釋。此外兩者都與水星產生相位，加上九宮強勢行星的因素，表現出一種非常實事求是的智慧。

學生：但是月亮巨蟹座落在十二宮彰顯了這個宮位，而且這些逆行的行星代表著內化的過程。是否由於十二宮被強化了，而使人與內在產生連結？

琳恩：這是事實，有個迷人的矛盾遊走於數顆逆行星、十二宮和天頂的牡羊座能量間。巨蟹座的月亮置身十二宮並合相上升；還記得先前談論月亮十二宮時我們提到，這與情感需求不受重視或是想要消融在環境中有關。土星落在三宮可能會增強孤立感，並一肩挑起手足的責任。這裡的月亮暗示著非常強烈卻不被了解的情感，同時月亮、木星和海王星還彼此成為T型三角的相位，而且就像你們說的，海王星落於四宮宮頭，缺少一種根基。以上相位共同創造出一個劇烈的內心世界。同時，太陽與土星的對分相也附和了需要與現實世界抗衡的狀態。

值得一提的是這張星盤中，太陽、月亮、金星、火星及土星，分別因為守護及強勢的關係而受到尊崇。這在傳統上暗示着極大的力量，我們可以藉此推論，這些行星因而擴張了運作的範圍。

學生：整體來看，月亮位在T型三角的端點上也相當敏感，是否象徵某位家人的作為有利於她個人的發展？

學生：月亮在十二宮與木星及海王星產生相位，是否有種強烈的精神性能量？

琳恩：這個相位渴望連結，但不一定是靈性上的解釋。整體來說，月海相位能夠微調生命與感受力，不過就達成個人需求方面而言，當事人可能常會感到強烈的空虛或渴望。我常比喻這是一個幾乎看不見裂痕的水壺，不管如何補充都會慢慢漏光壺裡的水。

學生：我看到缺乏界線。

琳恩：是的，土星同時也與界線有關，當土星對分太陽與水星時，會阻礙月海相位想徹底解放的渴望。

學生：我認為土星代表更確切的事物以及對於實物的愛好，他可能是某類物品的收藏家。

琳恩：即便星盤中缺乏土元素？

學生：土星通常習慣掌控，並用某種方式加以限制。

琳恩：我對她精細雅緻的筆跡印象深刻，她可以將長達幾頁的文字完美且清晰地寫在明信片上。如同許多土星落在三宮的人，她不擅長口語溝通，卻是一位很棒的作家，只是文風比較自由。她也收集東西，但動機並非真想累積有形的物質。

一個殘疾的妹妹

讓我詳細說明這個故事。蘿娜（Lorna，化名）有個心智不健全的妹妹。我也帶來了她兄弟姊妹的星盤，不過先看她的就好。蘿娜排行第二，有「問題」的妹妹珍妮（Janet）小她兩歲，在一九五四年的三月出生。然後間隔了七年，第二個妹妹才在一九六一年二月出生，再來是家中第一個男孩，生於一九六二年的三月，最後還有個妹妹生於一九六三年的九月。這個家似乎被分成兩半，需要一段時間緩衝，才能承受一個不正常孩子的到來。這個有缺陷的妹妹是在難產時，因為腦部缺氧以致運動神經受到損害，並不是一個好相處的人。蘿娜現年四十五歲，仍極端討厭這個妹妹，這是一個不得不「政治正確」的處境，因為社會觀點認為我們應該對殘疾手足懷抱同情心，卻在受苦與磨難的情況上賦予過多浪漫的想像。

殘疾妹妹的誕生震撼了整個家族，對於蘿娜來說，這震撼發生在兩歲時，也就是處於學習語言的階段。更令人震驚的是，土星在三宮的意涵即是父母全然不談這妹妹的狀況。他們從不告訴孩子們剛出生的妹妹有什麼異狀，就是絕口不提。通常一個弟／妹出生時，前面的孩子會產生正常的嫉妒與被取代感，然而此時的感覺混合了些許不對勁，但蘿娜和姊姊也沒有想要談論的意願。想像一下，你有個妹妹誕生了，她騷擾你、搶你的玩具、對你又打又咬但最重要的是這個妹妹很怪，說話有困難、學習上有障礙，還有一點暴力，並不是個乖巧到令人想呵護的殘疾者。

最近蘿娜想起，她小時候常照鏡子，想確認自己的腦袋是不是畸型，因為她擔心別人看得出來她哪裡有問題，就只有自己不知道。她也害怕去學校，因為別人認為她和妹妹都是「智障」。這個憂慮潛藏得非常深，有好一段時間，在自信的外表下侵蝕着她的心。在我們學習語言的過程中，兄弟姊妹扮演著重要的角色，在這例子裡，當蘿娜正努力學習說話時，卻因為幼小的妹妹無法反應或「正常」理解而挫敗，讓她覺得不被了解，無法傳達內心的情感，這也在她的生命中成為重要的議題。此外，她在修女管理的天主教學校裡受教育，這環境對於處理內心的巨大焦慮沒什麼幫助。

她們的父母呢？她母親切斷情感連結，並疏離兩個較大的女兒。蘿娜的記憶中不曾有過被母親輕擁入懷及親切撫慰的記憶，也不曾有過受到喜愛或是溫暖碰觸的片刻。母親遁入宗教的世界，尋求安慰，渴望心靈的支持並拋棄為人母的職責，非常符合十二宮裡的月亮與海王星四分相的象徵。擁有這相位的人常有受到遺棄的深刻體驗。很幸運地，由於太陽落在理想化的九宮，蘿娜擁有良好的父女關係。有段很長的時間裡，她只與父親交談，父親開闊的心胸與幽默，都與母親的冷漠形成對比。

如果將三宮認定是通往世界的大門，這裡的土星代表了某種障礙，也可能是某種不友善的回應，甚至是缺乏回應。當我們與外在世界互動不順暢時，有些事情必須要處理，並在內心裡轉化，否則這種阻礙的感受會一直留存在心頭。蘿娜懷有這種受阻的意識，當她與外界溝通時，無法明確表達自己的意思，或是讓自己遭受誤解。年幼時，她發明了一種非語言的溝通方式，土星在這個位置的人經常如此。蘿娜是一個很有天份的藝術家，隨手即可勾勒出生活中的點點滴滴，但她卻將這個才華封鎖了十五年。她有拿起筆就能創作任何事物的潛力，卻無法有效發揮，因為她無法與自己的創作產生感受上的連結，所以毫無意義可言。請注意，這張星盤中，水星如此強勢，但雙子座卻處於截奪【譯註二】狀態，我們得思考：「她要如何打開溝通的大門？要如何才能表達內心與腦中的想法？」

過去的模式與三宮

有時候，行星落在三宮並和四宮宮頭合相，加上有與手足相關的故事在家族神話中占有一席之地時，可能不只涉及兄弟姊妹，還得遠遠地追溯到祖父那一代，或將叔伯姨嬸一併牽扯進來。無論是爭奪遺產、驅逐或遺棄小孩，又或者背叛與過度溺愛，我看過各種有這些特徵的家族故事，這些故事將持續在親人們的心裡運作，或在後代身上重複上演。兄弟姊妹是我們學習如何分享的第一份關係，當這關係偏離主軸時，扭曲的心理狀態將在所有關係中成為主旋律。

我個人相信，當三宮與四宮受到阻礙時，人們會轉向十一宮，因為這是與人群接觸的另一扇門。多數人只要缺乏與他人的連結就無法正常生活，必須到陌生的領域尋求連結，特別是有行星落在十一宮時，這種傾向會更加強烈。由於蘿娜的星盤中，雙子座在十一宮內截奪，所以她會找尋口才流利與善於溝通的朋友。我刻意用非傳統的方式來談這些宮位，目的是希望引導你們思考，並以不同的方式來運用。

學生：你能多談一些關於行星落在三宮，並合相四宮宮頭的可能性嗎？

琳恩：這通常暗示在家族中，與兄弟姊妹有關卻尚未處理妥善的問題。這麼說吧，假若你是家中冥王星唯一落在第三宮的小孩，可能是前世中有個手足消失了，他若不是離家出走、移居到其他國家、二十年沒見過面，就是死於戰爭，或偷走了遺產（當與八宮產生相位時）。這些事件可能設立起能量場，不知如何地觸動到冥王星在三宮的人，使他特別關心信任的話題。記得在轉宮制**【譯註三】**中二宮是三宮的十二宮，因此在兄弟姊妹的關係裡，金錢常是巨大且陰暗的議題，我們不乏聽到能證明此推論的爭產故事，這也常發生在與三宮產生四分相或八宮產生十二分之五相位的行星上。童年時期的不公平感受，日後常藉以金錢的相關爭論再度浮現。在這裡，海王星落在四宮的宮頭，引發了信仰或是失去信仰的問題。對愛爾蘭天主教的虔誠教徒來說，生出有問題的小孩讓蘿娜的母親嚴重質疑上帝，而這可能就是她關閉情感的原因之一。

譯註二 「interception」，中文翻譯為截奪或劫奪，在非等宮制的星盤當中（普拉西度制〔Placidus〕或柯式〔Koch〕分宮法最常見），由於依據上升與天頂之間的角度來劃分宮位，故在高緯度地區有些星座的上升時間較長（在北半球上常見的有巨蟹、獅子、處女、天蠍、射手），使得在劃分宮位時會有兩個（有時甚至三個）宮位落入同一個星座，這時會造成另外一到兩個星座囊括於同一個宮位中，形成一個涵蓋範圍相當大的宮位，這些被包含於其中的星座就稱為截奪星座。

譯註三 倘若將任何一宮的內容定為主體，然後把那宮轉成一宮，那宮的後一宮是二宮，後兩宮是三宮……例如：以伴侶為主題，將七宮看成伴侶的一宮，八宮就是伴侶的二宮，以此類推……因此三宮的十二宮是二宮。

蘿娜母親的切割源自她不再相信生命出於恩寵，這決定微妙地瀰漫在家庭的精神型態中。以蘿娜而言，這影響顯示在她對於周遭環境有著急迫焦慮的症狀，內心總有股衝動要找個「對的」地方。她換了好幾所學校，每回都感覺不對勁，甚至在成年後幾乎到處流浪。例如住在蘇格蘭一段時間後，她會搬進城市，之後又渴望與大自然接觸；然而一旦搬到郊區，腦中又不斷浮現住在城市的所有優點。她似乎就是無法融入周圍的人際關係中，而且慢慢地又會想要搬到另一處更好的地方。

學生：確實，T型三角相位中的海王星，使她難以感受到回家的感覺。

學生：但你所描述的，是否更接近牡羊座星群四分天王星的影響？

琳恩：你們倆說的都對，但現在我們要尋找的是她行為本質中的潛藏機制。也許火象能量較少的人，會待在離家近一點的地方，然後試着去修復。海王星合相天底這一點，經常讓人聯想起「失樂園」【譯註四】的神話，一個極度夢幻並終將擁抱與支撐我們的地方。

學生：意思是說，她也會擁有深刻連結的感受？

琳恩：這是有趣的一點，但通常這種連結只會維持一小段時間，然後就會消失。蘿娜會漸漸感到隔閡，也因此愈來愈察覺出所處環境中，所有她不認同或是不喜歡的事。她曾在靈修社區生活過，之後卻成為反對靈性的人，因為「這些人總在談那些沒有意義的東西，我很不以為然。」所以她必須離開。當然，她所追求的連結只能由內在產生，這是月亮在十二宮巨蟹座四分位於天底海王星的最佳詮釋。

學生：我認為牡羊座星群使然，加上火星在天蠍座，這裡包含很多的憤怒。

琳恩：是的，可以說她比許多人更容易展現憤怒。雷根在位時期，她參加過冗長而激烈的政治演說，這也能解釋，何以她老是對第一任丈夫發火。最近，蘿娜對母子話題更是激憤填膺，稱孩子們為「地毯下的小老鼠」（rug-rats），還談到社會承受太多嬰兒誕生的壓力，但基本上她對嬰兒根本毫無興趣。如你們所見，她不怕針對社會上具有爭議性的觀念做出評論。一旦我們知道她的背景，便能明確了解她對母親與小孩的憤怒是出自於她的個人經驗。某段時間，由於這種憤怒太過強烈，使得她與一位老朋友產生嫌隙，就在這位老友剛成為新手媽媽時。然而透過治療，她開始在被遺棄的感覺上下功夫，此處正是她問題的根源，治療之後她的創作能量便源源不絕。

如同一般狀況，當「有問題」的孩子誕生，父母會集中所有的精力在這孩子身上。這位母親的「冷漠」與沮喪，意味著她無暇顧及其他層面，也許是不再相信自己能夠成為好母親，因為她生出異常的小孩。還記得嗎，這家庭裡沒有人談論過這件事；在學校裡，因為帶著怪妹妹，同學們會嘲諷蘿娜：「你跟你妹妹一樣是白癡！」但她並未從大人那裡得到任何幫助，所以她創造出一個內在的想像世界，這是十二宮的禮物之一。蘿娜是個出色的學生，在學校表現優異，因此與父親建立深

譯註四　十七世紀英國詩人約翰．密爾頓（John Milton）所著，以舊約聖經創世紀為創作的史詩。內容主要描述墮落天使路西法（撒旦）反叛神失敗後重新振作，及運用謀略化身為蛇，引誘亞當和夏娃違反神的禁令偷嘗禁果，導致遭神逐出伊甸園的故事。

厚的關係。她形容父親是個活潑、開放而有趣的人，讓她的生活安定一段很長的時間。但她二十一歲時，父親突然在直升機的空難事件中喪生，也許那時正是她失去創作能量的開始，自此之後，她對未來不再懷抱希望。

學生：那麼是什麼使她改變？是一個特別的行運嗎？

琳恩：是治療使她改變。蘿娜和一位她很信賴的治療師合作，治療師點出她想要離開新英格蘭的迫切渴望，但直到三年後她才動身回到紐約。當她搬家之後便向內心深處探索，最後終於安定下來。很有意思的是，她開始將童年記憶裡的夢境畫成大幅的黑白畫作。雖然她已從事裝飾、壁畫和立體錯覺畫多年，卻在與過去的情感搭上線時才著手畫下夢境，她說那就像「孩子的惡夢畫冊」。這些畫作讓她非常震驚，她覺得它們充滿感情，令人激動興奮，但同時又害怕得畫不下去。

如果根據土星在三宮來看這件事，就可看出，她有刻意壓抑情感記憶的傾向，也切斷了表達，直到能找到疏通的方式為止。兩組介入的行運行星都帶來影響：一是行運的天王星對分本命月亮，釋放了潛意識裡的物質，並改變情感的結構模式；另一組是行運的土星合相九宮的太陽，因而產生非常正面的結果。後來她獲得為州政府繪製壁畫的委任工作，並決定重返校園取得藝術類的碩士學位。日前有個女性特展也展出了她的作品。有趣的是當年紀愈來愈大時，土星通常變得相當有建設性、相當友善，她現在待在同一個區域並買了房子，這是她成年後待得最久的地方。在這個案例裡，停駐同一個定點，意味著不再使用三宮／九宮的模式逃避。

學生：我觀察到，行運的冥王星在她的四宮裡停留很長一段時間，當冥王星進入第五宮及射手座時，她便脫胎換骨。

琳恩：冥王星通常會先在表面下運作一段長時間，因此當它進入五宮時並沒有馬上出現明顯的反應。這個改變歷時兩年，所以比較正確的描述是，冥王星進入了火象星座。冥王星進入射手座時三分位於獅子座前幾度的上升點，這喚醒了她星盤中的火性能量。在這之前，她在裝飾性的工作上展現創作力，但無法傳達出最深刻的情感，因為孩童時期，土星在第三宮的訓斥是：「不要說、不要談、不要問。」這讓她花上很長的時間才得以超越。現場哪位土星在三宮？

學生：我有，落在摩羯座。

琳恩：你對我們剛剛提到的有感覺嗎？

學生：有的。

琳恩：我要強調一點，土星落在這個宮位，並不代表當事人必然有個身心障礙的兄弟姊妹。我之所以認為這個案例突出，是因為這對蘿娜的自我認同產生很大的影響。我手邊有來自三個不同家庭的手足星盤，每個家庭中皆有一位身心障礙的成員，但他們的星盤卻異於蘿娜家族的模式，因為不正常的孩子在不同的家庭裡可能有著不同的意義。在其中一個家庭裡，每位成員的上升都在射手座，而且三宮宮頭都落在雙魚座，猜猜這個家庭是怎麼看待這位身心障礙的姊妹？

學生：也許是比較理想性的。

學生：可能代表某種啟發，幫助家庭裡其他人與直覺連結？

琳恩：是的，的確是比較接近這個方向。我想起一個可愛、有趣、十分溫和的唐氏症孩童的家庭。儘管家人們都表現出積極正向的一面，但其他小孩都選擇不生育，這暗示著這個經驗值比他們願意承認的還要創痛。雙魚座在三宮可能指向某種犧牲，有時是某個兄弟姊妹替其他人承擔痛苦，有時還象徵希望融為一體的手足關係，但也因此產生混淆，搞不清誰是誰、誰做了什麼。

日本小說家暨諾貝爾文學獎得主大江健三郎，寫了一本簡潔有力的書，描述與重度智力障礙的兒子，他和妻子需要有相當大的耐性才能處理日日上演的挫折、憤怒與痛苦。他兒子一出生腦部就有問題，但對音樂異常敏感，起初是對鳥類聲音敏感，之後對任何音樂都有反應。從此他便跟著父母與老師學習，甚至學習作曲。雖然這個家庭並沒有虔誠的宗教信仰，大江卻寫出在聆聽兒子演奏音樂時，接收到一股難以否認的崇高力量，近似於恩寵，這些音樂流洩出其他面向所無法感知的生命。他將這本書命名為《療癒中的家族》（恢復する家族）。

可惜的是，對蘿娜來說，她的家庭未能找到一個療癒方式，她的挫折完全藉由土星呈現。幼年的溝通障礙持續在她的成年生活中發酵，除非找出破解之道，否則無法真正活出她的十宮。不知是不是因為眾多的逆行星，或土星的本質就是需要時間，使得她花了許多年才達到目前的狀態，現在終於覺得連結上長久以來無法碰觸的事。隨著行運的土星對分本命土星，她終於找到自我表達的管道。

學生：她的月亮在二十八度（巨蟹座）嗎？是否與行運的海王星形成相位？

琳恩：是的，海王星在一年之內幾乎都停駐在這個位置，並且會持續在那裡。當行運的天王星、海王星與月亮形成相位時，會將掩蓋的事物排除，並開啟通往潛意識的大門。

學生：我很好奇蘿娜與第二個妹妹之間年齡相差很多，是不是因為父母認為「我們再也不要生了」，這個問題使她與水星產生緊密的連結？

琳恩：的確非常緊密。一個孩子年歲差距懸殊的家庭，可能發生過某些狀況。蘿娜的母親認為：「真是個災難！我不會再冒險了」；同樣的，年幼的孩子們也不認同這個妹妹。等到父母決定再生小孩時，應該是已經排除了心結。蘿娜的處境是手足中最辛苦的，因為在她還小時，母親凍結自己的情感，是姊姊充當起母親的角色。她的姊姊是個負責又實際的人，所以姊姊也代表土星在三宮內的另一種典型——手足之一扮演了父親或母親的角色。親職議題在孩子罹患重病或天生殘疾的家庭裡，顯得相當普遍。蘿娜對此懷有理所當然的憤怒，因為她不僅失去了母親的關愛，還得忍受可怕的智障妹妹，然而她必然同時對於這種憤怒懷有罪惡感。

學生：她的火星在天蠍座四分冥王星，看來似乎是非常的暴力的組合。

琳恩：而且她的太陽還落於牡羊座！可以想像她強烈的憤怒，以及為何絕對需要接納與承認這些情緒。憤怒的暗流在她體內流竄，由於水星守護她的三宮又位於天頂，她必須找到表達的出口。

學習新語言

如果你的土星位在三宮，會不想討論任何土星在三宮的經驗，也因此你會繼續感到封閉或孤立。有些土星落在三宮的人，甚至無法談論這些事。

學生：我的土星落在三宮，有十二個兄弟姊妹。

琳恩：可以理解土星落在你三宮的意義，你是哥哥嗎？

學生：他們總是想幫我解釋我真正想說的事，所以我停止為自己發聲。

琳恩：在這種手足關係中，他們不知道你心裡到底在想什麼，對吧？

學生：事實就是這樣。

學生：我的木星和土星在三宮，我和我的兄弟相當親近，我常想讓他們了解事物的不同面向。但是當我年紀還小時，他們總喜歡當老師，把學到的知識強行灌輸給我。我有非完美不可的壓力。

琳恩：這家庭傳達出：當你說話時，最好知道你在說些什麼。

學生：是的，我希望受到認真的對待，但是不太可能，他們總是嘲笑我所說的話。當老么是很辛苦的，因為智力的表現趕不上哥哥姊姊。

琳恩：對你來說，這是否造成學業上的壓力？

學生：我不是個好學生。雖然我喜歡閱讀，但總有望塵莫及的感受。

琳恩：還有誰也是這樣？

學生：我是移民第二代，在學校我必須學習新的語言，還得經常為我母親翻譯。

琳恩：這是土星守護三宮的例子。三宮有土星特質的你們，都必須去學習另外一種語言，這樣不是很好嗎？當母語或第一種溝通模式無法使用時，得多付出些努力才能與世界接軌，那時土星的障礙便迫使你發展出溝通才能，並因此獲得極大的能力。如此一來，土星就不是單純的障礙，它成為你想要「克服」的阻礙，也因為這樣，你逐漸培養出人際互動的訣竅。

學生：講到任何其他的語言，占星就是其中之一。

琳恩：我們一直在探討這個生動的三宮故事，其中兄弟姊妹的關係有著極大的影響力。除了與溝通相關的議題，三宮也以察覺力過濾外界的事物。檢視蘿娜做的一切和無法做的一切，問題的源由都將回到殘疾妹妹的身上，這導致她有缺乏滋養的問題，因此投射在她對於自我的感覺上。她開始放下母親沒有照顧過她的憤怒，也釋懷了母親真的無心照顧任何人，包括這位殘疾妹妹。她們生活在一起，但母親不太關心未來，也不曾先設想過世後的可能性。這是否源自於妹妹對母親產生永久性的傷害，或是母親的難處在這之前就已經存在了？我們無從確認。

學生：我從事特教工作，聽到這些讓我很有感觸。

琳恩：你有一個很好、可以運用這些觀念的職業，並有現成的案例可以研究。探索兄弟姊妹的星盤，並分別觀察兄弟或姊妹的障礙將如何影響他們看待世界，真是件令人著迷的事。這是三宮需要強調的重點之一。

學生：蘿娜是否意識到，母親過世後她必須照顧妹妹？

琳恩：我不確定這是否構成問題。她們的父親意外過世後留下巨額遺產，所以這個家庭並沒有財務上的困難。她們的大姊是信託管理人並掌管家庭財務，相信她已為這個妹妹設立信託基金，同時所有成員大概會集體做出決策。

學生：會有這份遺產，是因為金星在雙魚座靠近八宮宮頭嗎？

琳恩：可能是，加上太陽和木星在極富力量的位置，傳統上有享受庇護的暗示。另外請注意，這張星盤中缺乏土元素，這是非常有趣的例子，因為土元素似乎已經飽和了，顯示活在物質的世界裡並不是工作或是專注的重點。我常在缺乏土元素的人身上看見這種情況。

學生：真希望缺乏土元素的人都是這樣！

琳恩：我想大部分缺乏土元素的人都會同意這一點。當蘿娜年輕時，認為這點對她而言是個實際的困擾。雖然她不需要賺錢養家，但也錯失了向內挖掘並發現自己天賦的機會。她的案例的確如此，雖然她並不是非常富裕。最後，她發現自己生命旅程的議題是，願意釋放所有受阻的感覺，找到表達管道——不論別人能否接受。

2-4 詹姆士兄弟

月亮落三宮的詮釋

接下來介紹比較複雜的部分，我將以比對的方式觀察兄弟姊妹的關係。我帶來兩兄弟的星盤，這些資料來自洛伊絲．羅登的星盤資料庫（AstroData II），由於它們取自傳記而非出生證明，所以時間並不準確。亨利．詹姆士（Henry James）【譯註一】的天蠍座月亮落在三宮，上升點位於處女座零度，上升守護星水星入八宮，並與太陽及冥王星合相（圖三十四）。這張星盤呈現的人格特質是？

學生：緊張、激烈。

學生：隱藏自我情感。

琳恩：是的，我們可以清楚看到，這不是個直率、易於理解的人。冥王星位於八宮的人，心思

譯註一　十九世紀知名的文學家，著有《貴婦的肖像》（*The Portrait of a Lady*）等書。

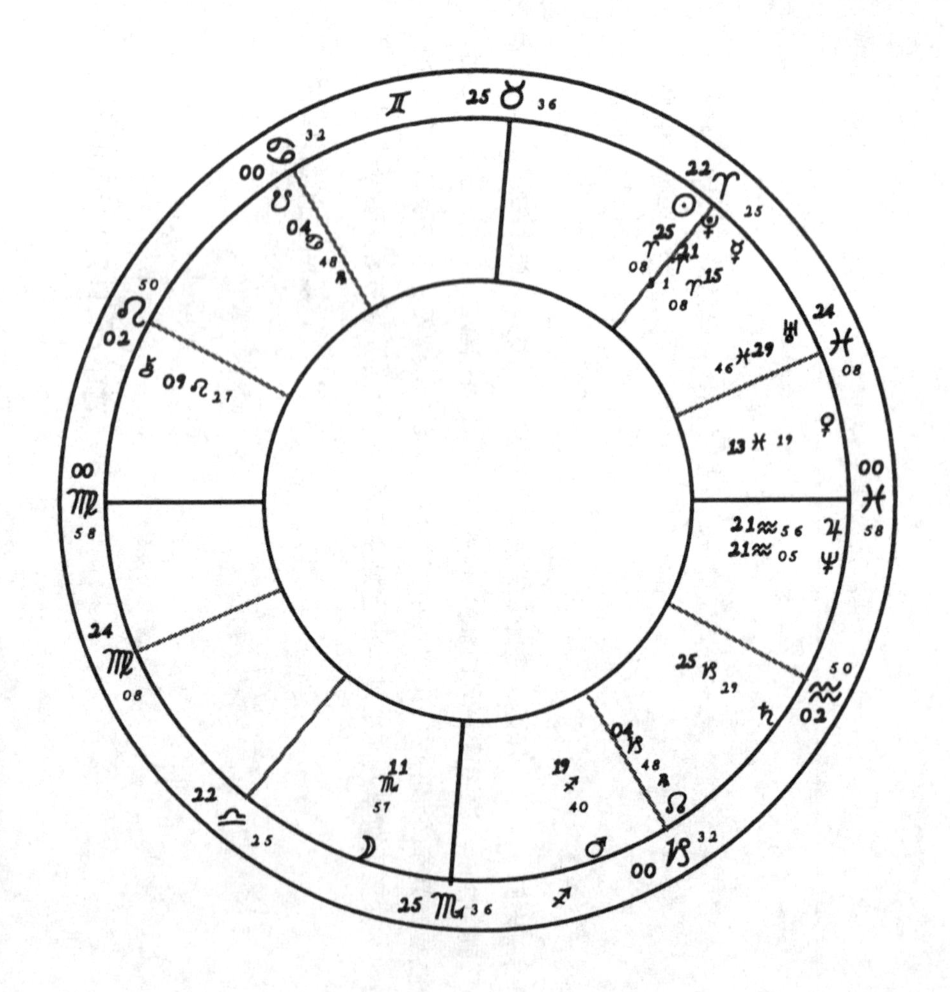

圖三十四

亨利・詹姆士：1843年4月15日，下午2點生，LMT，紐約。

周密且習慣保護自己，旁人得通過一連串的考驗才能親近，而且當彼此友好後，他們仍是神祕依舊。我一直覺得八宮就如同馬爾庫斯・馬尼利烏斯（Marcus Manilius）【譯註二】所形容的，是通往地底世界的入口，而八宮受到強化的人就像守門員，協助他人從世界的這端通往他處；佛洛伊德就是強勢八宮的經典案例，他的月亮和土星置身其中。身處八宮猶如活在邊緣地帶，但八宮人卻往往情願掌控入口的開關，也不願意縱身躍下地底世界。所以要如何形容亨利・詹姆士才比較貼切呢？

他的三宮守護星金星位於七宮內，落在強勢的雙魚座，同時與月亮形成三分相，這和先前提到的八宮氛圍明顯不同。這暗示了哪一種手足關係，或在幼兒時期與外界接觸的經驗上有哪些狀況？

學生：我覺得他很難了解。因為天蠍月亮三分雙魚座金星，可能象徵某人（也許是某個兄弟），是唯一能夠理解並提供情感支持的人。

日冥相位

學生：太陽與冥王星的關係有著不可抗拒的意象，可能代表著兄弟姊妹過於強勢，或家族中因

譯註二　羅馬詩人，著有《天文學》（*Astronomica*）。

某人逝世而將兄弟姊妹連結在一起。

琳恩：是的，就像無力抗拒豐沛的情感，無論好或不好的事，感觸都很深刻。

學生：可以將日冥相位理解成兄弟姊妹的操縱嗎？

琳恩：太陽合相冥王星肯定會帶來與權力相關的議題，加上強勢的八宮，這個權力議題可能用祕密或是以某種方式隱藏起來。但由此延伸手足的操縱則有些過頭，不過，我們可以觀察這個家族裡的男性如何看待自己，尤其是與父親有關的事件；此外太陽在九宮，某種程度上會將父親理想化。月亮天蠍落三宮，天蠍座的守護星冥王星，代表當事人可能對家族裡的暗流極端敏感。三宮裡的行星建構我們與環境連結的模式，象徵日常生活中送往迎來的關係，也代表我們輸送給他人的「氧氣」。當月亮落入這個宮位，代表不僅需要與外界交流，也需要將情感連結起來。

學生：月亮守護十一宮，似乎與象徵人際關係的宮位互動頻繁。

學生：也許這個人會先讓他人與外界接觸，再接著跟進，這麼做會讓他覺得安全，因為除了月亮的影響外，木星也在七宮附近。

琳恩：這個想法很有趣。

學生：我覺得也可能是兄弟姊妹很敏感，具有藝術家天分。

琳恩：若我們無法運用三宮裡的行星時，可能會讓手足之一為我們實現，尤其是三宮裡有外行星時更是如此。然而，我們可能會將「好的」行星投射出去，成為兄弟姊妹擁有的特質。就像麗茲．格林喜歡掛在嘴邊的，星盤裡的任何行星都可以啟動投射，而宮位則將提示在哪個領域，以及誰會是適當的「投射載體」。

本研討會的重點之一是，手足之間的關係以及我們看待世界的方式。三宮所能見的即是個人內心深處的想法。前面提到古人稱呼三宮為女神的宮位，女神藉由夢境與象徵昭示，讓我們與更深層的覺知相連。即使現代人的思惟更為深奧並符合邏輯，但也不是這宮位的真實本質。我們首先覺察到與我們內在呼應的外在事物，並藉由人際互動證實或質疑內在的模式；而兄弟姊妹是重要的關鍵人物，他們可以刺激或是打擊我們的內在。

可以說這當事人帶著月亮的觸角生活，能察覺出周遭情感層面的細微差異。在這例子中，天蠍座月亮的感知，透過守護星冥王星落在八宮的位置，強烈地與事物的底層連結。這不是張安逸舒適的星盤，對吧？他的內在常處於天搖地動的狀態，並敏銳地對人事感到不安。傳統占星學認為月亮在天蠍座是個困難的位置，這也透過觀察得到證實。我們得注意七宮內的金星，這常暗示著極需取悅他人的傾向。此外，天蠍座月亮是東半球的唯一行星，他對自我最認同的部分，可能正是情緒層面上的困難，加上金星在七宮，象徵他對待別人可能比對自己好。

學生：月亮在天蠍座的人很容易把自己逼到情緒的牆角。由於帶有強迫色彩，所以手足間會有股強制特質及深刻的情感需求，不是兄友弟恭那一型。但身處這種情況下，幾乎別無選擇。

琳恩：我想你是對的。這意味著，至少在某個程度上，情感是相互交流中最重要的。月亮落在三宮的人可能喚起保護意識、激發兄弟姊妹的母性反應，或讓手足們化身為照顧者的角色。你們認為當事人比較屬於哪一類？很難說是嗎？

學生：我認為月亮在三宮會得到滋養。

琳恩：讓我們透過星盤，看看能否稍微了解這個家庭，接著將更深入地探討兄弟姊妹的關係。四宮宮頭位於天蠍座，太陽在九宮合相冥王星，這說明父親和家庭間可能有哪些狀況？

學生：權力、固執己見，或可能是暴力。

琳恩：我聽到火星在四宮的描述，其他人的意見呢？

學生：反布雷迪家庭（anti-Brady Bunch）【譯註三】。

學生：對這個特定的家庭而言，上面的說法可能是正確的。

學生：這個父親藉由爭鬥確立自我認同，可能與戰爭有些關聯。另外因為火星在射手座，他血液中的戰鬥因子可能涉及異國文化。

學生：也許他是一個狂熱的佈道者？

琳恩：我從資料中得知，這位父親十分優秀，卻是個不切實際的思想家與哲學家，對烏托邦思想十分狂熱。由於與社會格格不入，因此遠走他鄉以逃避十九世紀標準的美國生活。亨利在十八歲時，已跟著「故意流浪」的父母橫跨大西洋六次，而那時萊特兄弟還沒發明飛機呢！他們曾住過法國、英國、瑞士、德國及新英格蘭，期間還研讀文學與語言，並且總是帶著私人家教隨行。

亨利的太陽落在強勢的牡羊座，同時也位於喜樂宮位。多年來，我注意到積極的男性形象與九宮的位置有關，因此收到談論喜樂宮位的文章時，馬上引起我的共鳴。希臘人稱這個宮位為「迪烏斯」（Deus）或是神的宮位，常與宗教倫理道德有關。顯而易見的，火星射手座落在四宮也與前述組合的原型相符，代表有位充滿活力、到處搬家、與信仰體系搏鬥，並為了某種特殊的生命哲學而戰的父親。因而這個家庭有著違反常態的教育模式。雖然他們擁有一定程度的財富與社會地位，但父親的著作與觀念並未發揮期待中的影響力。太陽、水星、冥王星合相與天蠍座月亮落在三宮，在在都顯示出高度才智、令人印象深刻，並能影響他人想法的能力。我們可以想像在這個家庭裡，非常在意深刻的思考模式，並鼓勵孩子捍衛自己的觀念。另外請留心太陽準確地四分土星，這相位讓人備感壓力。

有時四宮裡的火星指出了家庭裡強調「強者生存」的概念。基於此，強悍與懦弱躍昇為最受關切的部分，促使家中充滿競爭氛圍並導致成員們精疲力盡，到最後，家族成員「若非天才就是蠢材」。成年後，這家中兩位年長的男孩分別在極為不同的領域裡功成名就，但兩兄弟的個性卻南轅北轍。

當四宮守護星落到八宮時，通常代表家庭裡隱藏一些祕密。這個家族帶有躁鬱症的遺傳因子，父親的流浪傾向與突發性的狂熱正是受此影響，因此，這個家族的陰暗面，隱藏在這對舉世聞名兄弟的光環之下。

譯註三　《布雷迪家庭》是一部美國情境喜劇，由羅伯特．里德（Robert Reed）與佛羅倫斯．韓德生（Florence Henderson）等主演。該系列的劇情圍繞於有六個孩子的混合式大家庭。

手足星盤比對：詹姆士家族

亨利．詹姆士終其一生都十分崇拜哥哥威廉．詹姆士（William James）。關於他倆，可以閱讀由萊昂．埃德爾（Leon Edel）所寫的《亨利．詹姆士傳》（*Henry James: A Life*），這是本世紀最偉大的傳記之一，以及亨利的作品《一個兒子與兄弟的筆記》（*Notes of a Son and Brother*）——頗耐人尋味的書名！在情緒層面上他從未感到公平，無論是對權威卻無能的父親，或是極為喜愛、充滿魅力且多才多藝的哥哥。

哥哥威廉過世時，亨利六十七歲，他寫道：「我深受打擊地坐在黑暗中，他的消逝改變了我的生活。」不久之後，他開始撰寫傳記，以向哥哥致敬，但很快地，他就改以更個人、寬廣的方式書寫。如同傳記中提到的，他有一種能清楚記得過往（即便是非常年幼的事件）的驚人能力，以及「岔題」的才能。對此我們可以有不同的解讀，但這也暗示了月亮在三宮的力量。

讓我們聽聽亨利對這位「完美的兄長」有何看法，他在自傳中說道：「無論哥哥做什麼都很有趣，所以我整理出哥哥生平裡的一切，過起他的生活，覺得彷彿是披著他的外皮在過活。」此外還說道：「哥哥將自己提升到更輕鬆自在的層次，這使他享受隨遇而安的社交生活。」聽起來，威廉似乎替亨利實現了七宮裡的金星能量，不是嗎？

眾所皆知，亨利終身未婚，也沒有過性關係。這清楚地指出他將七宮裡的金星送給「他人」，自己則運用敏感月亮的想像力，成為人類心靈領域中極為知性的作家。

亨利還提到，在看過威廉的人體素描作品後：「我記得自己模仿得很失敗。」他自覺淪陷於難望項背的沮喪中，甚至連接近哥哥水準的念頭都不敢出現。以上這些聽起來就像威廉實現了他所有的渴望，亨利將所有喜愛的特質都投射在哥哥身上，並深感無法比較。當我們檢視亨利太陽、土星、冥王星的相位時，發現對他而言，展現自我是件危險的事。與其揭露內在感受，他寧可成為作家，寫出關乎他人的見聞與想像就好。

值得注意的是，這張星盤裡行星明顯地集中在西半球，這通常表示強烈地意識到他人的存在。亨利敘述，年幼時周圍的朋友和親戚看來都非常疏離，他得辛苦地建構起溝通橋樑，縮短人我之間的差距；而身為專注的觀察者，他從人類的互動模式中培養出敏銳細膩的洞察力。雖然亨利能夠主動與人友好，但旁人卻很難與他親近，因為他殘留了太多敏銳的感受與回憶，只營造出一個很迷人的形象——真是個有趣的畫面。

事實上，亨利的外在成就十分傑出，因為亨利是當時最多產與成功的作家之一。他在二十一歲時就出版第一本書，當時行運的土星對分他本命太陽、四分本命土星，是土星週期的重點時刻。在三十五歲左右出版的《黛西．米勒》（*Daisy Miller*）讓他享譽國際，那時正好是土星回歸後的第一次四分相。

兄長

威廉．詹姆士是位博學通才，在各方面的表現都非常出色。他在藝術方面極具天分，師承最頂尖的畫家，曾完成高超的素描和油畫，並以肖像畫做為職業畫家的起步，但不久後卻放棄繪畫改修化學、解剖學與醫學。歷經一段抑鬱期後，他進入哈佛職教，最後成為心理學家與哲學家，以《心理學原理》（*The Principles of Psychology*）與之後的《宗教經驗之種種》（*The Varieties of Religious Experience*）聞名於世。不難理解為何亨利會活在哥哥的陰影之下，雖然亨利較早獲得名聲；不過威廉對弟弟的看法有別於一般所知：「亨利是個怪異的孩子，非常優秀但也劃地自限，彷彿發誓不過於展現自己的特色，好讓自己的另一面不會受傷。」

檢視威廉的星盤時，那驚人的摩羯座星群十分醒目，有六顆行星合相於此，併列於一宮與二宮之間（圖三十五）。星群的第一顆行星木星，守護上升射手座，由此我們可初步判斷，威廉呈現出強烈的自我意識與積極外向的性格。然而摩羯座即便極度講求結構和充滿自信，但在它的象徵符號（♑）中，同時具有銳利的犄角與彎曲的尾巴，並不是那麼一目瞭然。當我們看得更仔細，會發現威廉的太陽、月亮和水星都四分冥王星，想必焦慮與掙扎對他而言應有如家常便飯。威廉出生於日蝕發生的幾小時內，意味著他努力地維持身分並且極欲與自我內在的光芒產生連結，此外，這也象徵他得成為一名開拓者而非追隨者。

非常有趣的是，威廉除了冥王星，其他行星都落在代表自我認同的第一象限內，與亨利的星盤模式正好相反。他的上升是射手座，第一顆行星是木星，指出他是一個哲學家與旅行者，能將先天的神祕經驗整理分類並使之系統化，很符合摩羯座的行事風格。接著注意月亮（新月）的力量，這讓威廉做出從沒有人做過的事——他是心理學中「意識流」的創始者。這不是一張追隨者的星盤，

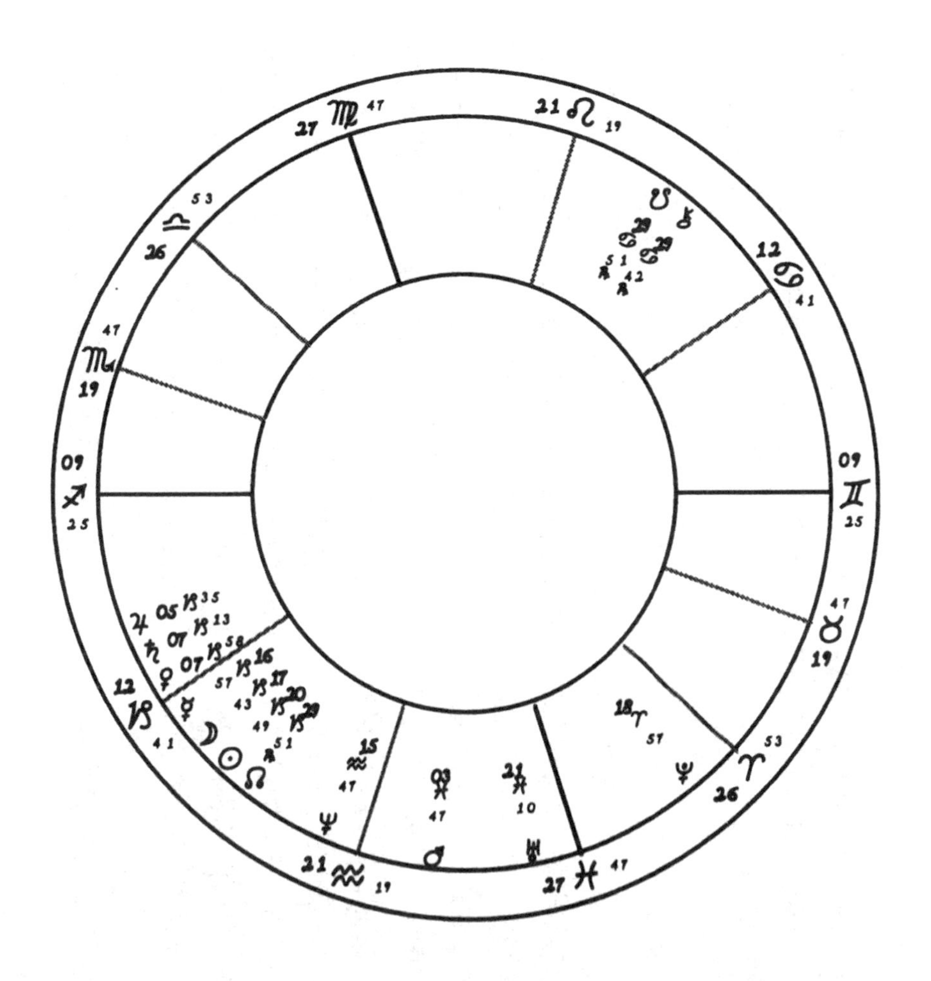

圖三十五

威廉·詹姆士：1842年1月11日，早上4點30分生，LMT，紐約。

而是一張充滿自信、與世界接軌的星盤。即便他與亨利都有強烈的冥王星，但兩兄弟的星盤配置卻相當不同。

他倆長期保持聯繫，在五十多歲時有次相聚，而那之前有七年的時間不曾見面。威廉從歐洲歸來後，在書信中描述與弟弟的會面：「他掩飾自己，就像海底的甲殼類動物般，身上雜物叢生，茂密的海藻、堅硬的藤壺等將他的陌生、沉重、疏離以及慣性隱藏其中，但是……在那外表之下，他還是那個我摯愛、熟悉、乖巧、天真、柔順的亨利。」當時亨利已是廣受歡迎、享譽國際的知名作家，擁有廣大且順利的社交生活，人們喜歡圍繞在他身旁；但由於哥哥出現，他無法做自己，甚至退回舊有的「不完美」狀態。請注意看，威廉選擇強而有力的月亮（及土星）來描述弟弟，始終認定亨利非常脆弱。威廉在另一處寫道：「他看起來總是很無助。」威廉似乎只看到弟弟自我保護下的月亮特質。此外兩兄弟都有日冥相位並與四宮有所連結，這都加深了與父親及家庭重大議題有關的察覺。此外兩人的星盤中，凱龍也與太陽有相位，這除了象徵父親不為社會認同的挫敗外，還指出父親在童年時期意外失去了一條腿，而有著明顯的殘缺形象。

火星落三宮

威廉的火星與天王星落在第三宮，擁有堅強且富原創性的心智，能很快在弟妹間奠定兄長的地位。他在晚期的研究中探討「心志堅強」（tough-minded）與「心志柔弱」（tender-minded）兩者的不同，我們可將此研究做為月亮與火星在三宮差異的有趣描繪！火星落在三宮時，當事人容易在家族會議中成為主導者、天生帶有競爭與敵對的傾向，並喜歡透過環境中的抗爭來考驗自我。可以想見，這種傾向非常容易演變成鬥爭、脅迫，甚至是恐懼，因為火星總是需要藉由衝突以定義自我。對較年長的孩子來說，火星落在第三宮，可能使他／她比較容易發揮，因為他們天生就有條件可以運用權威，但大部分還是得看火星表現的是運動家或英雄文明的那一面，還是憤怒野人的殘酷野性那一面。

思考三宮內的月亮與火星在機動性的呈現上有何差異，是件很有意思的事。具有機動性的人，容易打開心胸並激勵深入思考。由於這個家庭定期遷移，很容易使手足之間向內連結並更為凝聚。從亨利的敘述中我們得知哥哥能順利地交到新朋友、輕易打破隔閡，融入新環境；相反的，亨利月亮三宮的性格，讓他必須在確知、熟識且親近的基礎下才能建立起緊密的連結，所以威廉說：「亨利是典型詹姆士家族的人，對於其他國家一無所悉。」首先，亨利的月亮在天蠍座，太陽合相冥王星，這有如在生命裡設下一個祭壇，讓他無法排拒人性陰鬱的黑暗面，不論是對自己或他人，他都太過在意事情是否會出錯。而純真與邪惡的二元對立也經常出現在他的小說中；加上上升在處女，常使得他對自我產生質疑與貶抑：「我是怎麼了？為什麼沒有做得更好？」彷彿有一套自我禁欲的配方。處女座上升習慣於嚴以律己，卻對他人相當慷慨。另外因為水星落於八宮，他也很難在心中擁有簡單且直接的自信。

學生：他的金星在第七宮，而土星在摩羯座四分太陽與冥王星。

琳恩：太陽與土星準確四分是個重要的關鍵，這裡又結合冥王星導致巨大的心理壓力與緊張。你們能想像對一個有此配置的人而言，想要展現太陽能量是多麼困難的事嗎？有趣的是，亨利的小說如此卓越，但他總認為自己不如哥哥，在有威廉的場合中，他更覺得自己明顯地相形見絀。即便是成年後，哥哥還是讓他強烈地意識到自己的缺陷。另一方面，由於月亮極為敏感的特質，使得亨利容易情緒性地放棄並因此弱化他的溝通能力。萊昂．埃德爾寫道：「雖然威廉似乎有比較大的選擇空間，但亨利的選擇就只有在文學，奉獻一己於文學與神經官能症。」

威廉．詹姆士看來的確是位才華出眾的人，受當代人愛戴並視之為天才。如果讀過《宗教經驗之種種》，就會發現其見解之博大精深、出類拔萃，仍舊符合現代潮流，因此亨利對他的景仰與崇拜其來有自。然而威廉卻一貫地敘述弟弟很軟弱，這觀點也巧妙地反應在他的星盤中。三宮裡的火星會尋求強而有力的回應，但相反的，威廉卻只發現亨利那溫和、敏感與退縮的月亮特質。

學生：這與亨利的月亮落在喜樂宮位有什麼關係？

琳恩：亨利有能力以極度微妙的方式，潛入筆下角色的內在與靈魂。他在「自我想像」下完成了二十二本小說、超過一萬五千封信，以及與旅行有關的雜文和各式期刊與評論文章。這麼多的作品暗示他應該是持續不斷地寫作，彷彿心中有個介於心靈、情感天性與外在世界的想像泉源，這也是月亮位於此處的必然性。他的寫作關注於筆下人物的情緒與心理狀態，這些角色揭露無意識中做出的選擇如何演變為命運。月亮在三宮的最佳狀態是為內在的生命和事物的主觀經驗發聲。這個月亮雖然對他個人與兄弟間的溝通沒有助益，卻給了他與筆下「人物」貼近的能力。

在《占星學中的月亮》這本書裡，妲比・寇斯特羅說明有關心智與月亮的關聯：「月亮代表的心智是認知的核心，而靈魂則是承接過往所有經驗的聖杯。所謂的學習是，必須能記得你曾經吸收過的事物。」月亮的喜樂宮位，能將學習到的知識轉變為靈魂認知的一部分，同時月亮也蘊含著整體文化中的靈性內涵。三宮多與記憶和個人感想有關，而九宮則是尋求來自於神的客觀與「光明」的真理。有趣的是，榮格的月亮和冥王星在三宮，他發現了原型，也就是理想典型形成下的深層心理結構。

學生：是否可以說，事實上是月亮在天蠍座使他喜歡深入研究？

琳恩：是的。但這並不表示天蠍座的黑暗面不會顯現，而可能是往內投射。若仔細檢視亨利的三宮，就會看見三宮由強勢的金星守護，亨利似乎也選擇以此方式看待哥哥。但當他提到威廉時，也沒有月亮天蠍那種懷疑、背叛或偏執的負面意識。他在困難的月亮與容易的金星能量間選擇，一般而言當情況允許時，大部分的人會選擇比較簡單的選項。而當他描寫關於兄長的種種時，還是有種自我詆毀的意識，以及遙不可及的崇拜。威廉也認同這一點，總認為亨利是不足、失落、古怪，但有才華的傢伙。我們當然知道是誰主導了一切。

學生：我在思考他的性向問題。

琳恩：他似乎並不想公開自己的性向。亨利經常燒毀自己的日記與大量的文字和信件，只因不想讓它們輕易地結集成冊；他是當時少數為自己作傳的美國人，有趣的是，這麼做的原因是基於隱藏自我，以突顯哥哥和父親。亨利與女性有種特殊的關聯，也許是他的月亮三分金星的緣故，因此他能融入書中角色與女性認同。《貴婦的肖像》（*Portrait of a Lady*）中的黛西・米勒（Daisy Miller）和伊莎貝爾・阿徹（Isabelle Archer）正是描寫女性心理的經典代表。說到女性，該討論他們唯一的妹妹艾莉絲（Alice）了。

望塵莫及：體弱多病的妹妹

艾莉絲個性開朗，既機敏又幽默，但從小就被診斷出患有神經衰弱症。有誰知道這是什麼病症？

學生：長期處於緊張的狀態，逼迫自我到一定程度，當超過某個臨界點時，便會失去平衡。

琳恩：字典對此的定義是「心理上的失序，特徵為容易疲勞、經常感覺失去動力、委靡不振，並出現身心失調的症狀。」所以，她偶爾充滿生氣與活力，但很快就變得虛弱，之後就有很長一段時間臥病在床。記得她優秀的哥哥威廉是位醫生及哈佛教授嗎？因此常有專家來為艾莉絲診斷，但總無法確切找出她的病因。艾莉絲從十五歲時就開始發病，醫生們總結出的症狀是：昏倒、作惡夢及自殺衝動。她曾寫道，她想要炸開白髮蒼蒼的慈父的腦袋。

我有個想法，與手足們如何無意識地在家庭中找到安身立命處的方式有關。在某段時間裡，所有兄弟姊妹共享着相同的經驗，但他們的天分與才華卻無法均等。即使不是刻意安排，但其中某個孩子比其他手足更出色且得到更多地關注時，難免為追隨在後的孩子留下巨大的陰影。最好的情況是，每個孩子都會找到一處讓他／她能保有自我的空間。當家中老大像威廉這麼「完美」時，還有什麼可以留給其他小孩？想想，這會對其他孩子造成什麼影響？

威廉面對弟妹時總是扮演著強者的角色；他的成就如此耀眼，讓弟妹感覺只能淪於「陪襯」的角色。三宮內的火星，象徵著在心智與語言能力上占盡優勢，但威廉似乎毫無意識自己占據了多少光芒。有趣的是，他的星盤中只有海王星落於風象星座，這暗示著他不善與人進行觀念與能量上的交流，所以就某方面而言，他只看到亨利的壓抑與軟弱也不奇怪。此外，威廉雙魚座三度的火星合相亨利的下降點，並離金星不遠，以至於亨利對他的兄長毫無抵抗之力，雖然這相位不是很緊密，但也符合了金星與火星的合相。無可否認的，威廉激勵了弟妹們，卻也獨占了這個家庭的大部分資源。

艾莉絲的星盤相當強勢（圖三十六），雖然缺乏她精確的出生時間【原註一】。太陽、金星、木星合相在獅子座。太陽形象非常鮮明，這點也無疑地透過兩位哥哥呈現。擁有如此強烈動機想成為

原註一　本星盤的時間出自《亨利．詹姆士傳》（*Henry James: A Life*）。

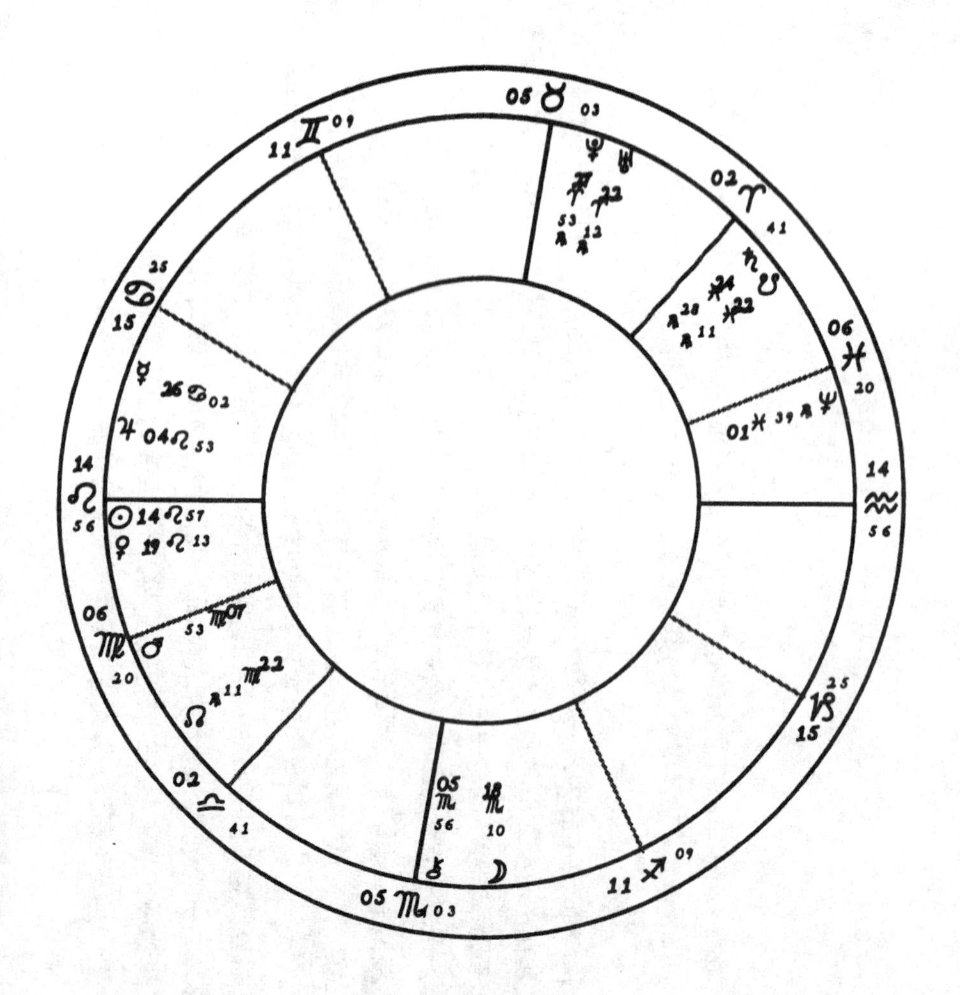

圖三十六

艾莉絲・詹姆士：1848年8月7日，出生時間不詳（星盤設定為日出時間），紐約。

主角的她，卻只能處於陪襯的位置？然而，事實上病弱者在家中擁有極大的權力，因為有這麼多人圍繞在旁，即便這些當事人也為得到這些關注而付出代價。雖然這個家庭充滿了優秀男性，艾莉絲又是手足裡唯一的女孩，但她並沒有受到差別待遇，也同樣接受了不尋常的私人教育。和亨利一樣，艾莉絲的月亮在天蠍座，代表她容易將能量轉向對抗自己。當天蠍座無法企及某種高度時，將毫不猶豫地向下沉淪。此外她的火星對分海王星，會渴望無法得到的事物，但若這個渴求永遠無法達成，就會變成徒勞無功的悲慘意識。於是，病弱的妹妹並非受制於她的兄長，而是她自己的無意識。

艾莉絲在晚年，有位非常親密的朋友凱薩琳（Catherine），在平日照顧艾莉絲之餘，也照料自己生病的姊妹。根據亨利的觀察，每當凱薩琳照顧自己的姊妹時，艾莉絲的病況就會突然惡化。某些跡象顯示她們可能有著同性戀的關係，這份情感自然非常熱切，但不知事實究竟為何。亨利看得出來，只有凱薩琳在照顧艾莉絲時，妹妹才較為開朗。當他們的父母過世後，艾莉絲經濟獨立了，於是到英國拜訪亨利。她抵達時已虛弱到必須請人用擔架抬她才能下船。如果有更多關於他們母親的資料，就可以得知更多孩子們的經歷與背景的線索。萊昂．埃德爾形容這位母親極其平凡與乏味，但處於這個能量活潑的家庭裡，她大概注定顯得無趣吧！誰的火星落在三宮，或是兄弟姊妹中有這個位置？

學生：我的火星在三宮，曾經與姊妹的關係相當不好。

琳恩：這個位置的火星，可能無法輕易地意識到自己對他人的影響。火星的注意力容易集中於催促他人向前、刺激他們的思考與溝通，讓對方倍感震撼。你能把這些敘述與你的狀況連結起來嗎？你曾讓她表達過自己的意見嗎？

學生：我們住在一起時，我大約二十歲，我總是為了逼迫她出門或表達意見而感到挫折。等到她結婚後，我有一年沒見過她，才感到她真正地長大了。我從未見她如此成熟，真是不可思議。

琳恩：換句話說，你凡事替她處理，因而剝奪她的生活？

學生：看起來是這樣沒錯。

琳恩：我們可以說，火星在三宮的人總是替其他手足披荊斬棘，但也可能因此阻礙了他人的意願。當某位手足反抗這顆火星時，衝突就產生了。

學生：我想我的意見太多了。

琳恩：所以沒有她說話的餘地，對吧！我有一組家族星盤，幾乎每位成員的火星都落入三宮，或是三宮的守護星位在其中。這家人都相當能言善道，也都堅持自己的意見。但想想看，當每個人都這麼做時會發生什麼狀況？更糟的是，火星在三宮暗示著非常競爭的環境，幾乎難以讓人卸下武裝，並製造出「軟弱就是敵人」的氛圍，若真在這種環境中遇到困難，可能就無處可去了；之前我曾提過某個家族中有兩位祖父都以自殺結束生命，就是這個狀況。如果我們最早接觸到的就是火星的環境，便學到必須捍衛自我或成為主導者，但也可能發展出過度的攻擊傾向。若有這種狀況，就要檢視第四宮及月亮，看看是否有個安全的避風港。

天王星落入三宮：我是與眾不同的

我們尚未提到威廉的星盤中，天王星落入三宮的配置，關於這點有誰想到些什麼？特別是它也守護第三宮。傳統占星認為土星是水瓶座的守護星，如此一來，木星與土星的合相讓祭司（導師）的原型更加鮮明，也就是一個擁有特殊知識、持有理解關鍵的人。威廉就讀哈佛，之後也在那裡教授五種不同的學科，包括解剖學、醫學、心理學與哲學。他改變生涯規劃，成為各種領域的專家。但這是天王星落入三宮的意思嗎？

學生：感覺他不想依照慣例、想突破常規。

學生：是否與普羅米修斯（Prometheus）的神話有關？

琳恩：這個配置通常具有才智過人的潛力，也有超越限制與靈敏的心智。我注意到天王星落入三宮或四宮的人，常覺得與家裡其他成員疏離。如果回到神話，會發現天王星（Ouranos）拒絕「不完美」的子嗣，它經常只存於事物的概念中，並非具實體的關聯。天王星擁有強烈的創造動力，用來征服以及帶領人群，而鮮少尋求交流。它的基本關係帶有更高原則與心智的活力，這些特質藉由三宮而明顯地表現出來。例如愛因斯坦的天王星落在三宮，他直到快滿三歲時才開始說話，也許是因為那時他的內在才受到足夠的刺激；當然，尚未整合完成的天王星動力，也會導致思緒層面和社交能力的斷線。與其追求一致性，天王星寧願尋求差異性，因此可能將手足視為有別於自己的異類，這無關對錯。

學生：威廉說過：「我弟弟是個古怪的孩子。」

琳恩：以現代的觀點來解讀這句話也許有著其他的意涵，但威廉就是這個意思。在此要留心威廉是基於何種理由而不認同弟弟。三宮裡的天王星彷彿形成一道過濾鏡，並自動傾向反對者立場，因此威廉有將亨利視為與眾不同、視為異類的可能性。

學生：天王星和火星都在雙魚座的話，會有什麼影響？

琳恩：三宮內雙魚座的能量，與火星、天王星等比較強硬的行星結合時會產生某種怪異感。天王星就像頻率準確的天線，敏銳地接收與回應不同的能量；而雙魚座會擴張範圍，意識到更多可能，所以產生過多的心理刺激。請注意威廉的天王星和海王星互融【譯註四】，這個世代相位也同時出現在亨利的星盤中，所以威廉是以何種態度看待他的手足？亨利的性格複雜又帶點神經質；羅伯森在戰爭中受了傷【譯註五】；艾莉絲如同先前提過的，一事無成。三人各自遭受不同的折磨而呈現出雙魚座原型；威廉則將他的才能轉向治療，首先是位醫生，之後藉由開創人類心理意識的途徑，成為心理學家與哲學家。上天在這個家庭裡劃分出黑暗與光明、強勢與軟弱、心志堅定與心志軟弱兩種區塊。當然，二分法十分普遍，但在詹姆士家庭裡儼然是壁壘分明。

家庭中的角色扮演

在家庭裡，孩子經常有著不同屬性的角色，諸如「她是聰明的、她是美麗的、他是強壯的、他是討人厭的、他是說到做到的」等等。一般而言，孩子很難擺脫這些標籤變更身分，尤其是藉由身邊人物探究自身特性的時候，將會發現三宮內的行星在童年時期留下不可抹滅的影響。即便落入三宮的火星是投射的結果，有如你那符合條件的兇惡姊姊，這個機制仍將比表面上感受到的更為深遠。還有另一種可能是，親人們容易引發我們的特別反應，而這種反應也許與心中對外界的觀感息息相關。有多少人看過雙胞胎的星盤，可曾留意過他們如何分享同一張星盤？

學生：我看過一對雙胞胎的星盤，他們真的一分為二，一個走向地下社會運動，另一個卻是政府官員。他們同樣都渴望受人敬重，卻利用不同的價值體系達到目的，並認為自己站在光明面，對方則在相對的黑暗面。

譯註四 互融：兩顆行星同時進入對方所守護的星座時稱為互融。例如金星進入火星守護的牡羊座，而火星進入金星守護的金牛座（或天秤座）。由於天王星與海王星都是外行星，停留在一個星座的時間，以及兩星互融的時間極為長久，因此許多不同年次出生的人都會擁有這個組合，因而稱之為「世代相位」。

譯註五 威廉的另一位弟弟，名為羅伯森（Robertson）。

琳恩：聽起來，你的意思是雖然他們來自同一個胎盤，卻走向南轅北轍的路途，一個似乎認同土星，另一個則是認同天王星，這對彷彿雙胞胎分割了星盤上的可用資源。我研究過的雙胞胎都有很強勢的七宮，也許是因為他們幾乎未曾分離。前面提過，七宮的鏡像原理比間接關係的三宮更為強烈，除了遭受拆散的例子外，雙胞胎很少是分開的。最近我拜訪一位朋友，她有對才五週大的雙胞胎男孩，神奇的是，母親已能分辨出兩人之間的差異。當她寄出孩子出生的喜訊時，還附上一張雙胞胎的合成照片，一個在光亮處，另一個則在有陰影的地方。這著實令人驚訝，當我指出這一點時，她說：「喔！才不是那樣呢。」但事實上，所有人都立刻注意到這一點。更有趣的是，位於陰影處的孩子比在光亮處的孩子少了一公斤，也比較不好照顧，兩人顯然已在資源的分配上出現差異。

學生：他們相差多久出生？

琳恩：由於是剖腹產，所以只差一分鐘，較早出生的哥哥的確比較開朗。他們「感覺」有別於彼此，儘管共有張相同的星盤。

學生：我看過一些雙胞胎小時候的照片，一個總是開心微笑，另一個總是冷漠嚴肅。但是當他們長大後，一切就改觀了。

琳恩：是的，在有手足出現的場合，我們會展現出與獨處時不同的樣子，對所有的兄弟姊妹來說都是這樣，雙胞胎更是如此。你可曾想過，如果童年沒有某個兄弟姊妹，我們的生命將會如何發展？例如把那位惡劣的兄弟刪掉、或讓你所崇拜的那一個消失不見？我認為大部分的獨生子女會花很多時間在想像情況有多麼不同。已有少數的心理研究著眼於手足對身分認同造成的影響，但大部分的研究還是以手足間的競爭為重，或只專注在雙胞胎身上，雖然他們的確不容忽視。令科學家感到訝異的是，即便在生理層面上極為相似的手足，事實上卻鮮少有共通點。在生物學上，手足之間相較於親子間有著更高的相似度，因為他們擁有更多相同的基因，同時也擁有相似的文化與生長環境（除非一出生就拆散二地），然而事實顯示，手足之間的差異之大讓人驚訝。我認為這是非常有趣的事情，這顛覆了我原本的想法。

出生的排序

關於出生的排列序位在家庭中的重要性，已經有很多人討論過，雖然這些理論有些爭議。有誰知道這方面的理論？

學生：就是老大責任最重，而老么通常有些驕縱。

琳恩：是的，但還要再深入一些探討。第一個孩子是完成者，承擔家庭生產、成功、物質成就的責任。根據理論，第一個孩子普遍認同父親；而以占星的觀點來說，則有強烈的土星特質——我發現這還滿準確的。由於父母將許多期待寄託在第一個孩子身上，因此孩子得承受很多不能出錯的壓力。

第二個孩子則承襲了家族系統中情感需求的意識或無意識，他常與家中未說明的情感議題連結。如果第二個孩子有麻煩，母親可能無法妥善處理。詹姆士家庭中的第二個孩子亨利，顯然展現了些月亮面向，他的書寫即是想像內在角色的所見所聞，特別是為女性發聲；他也經常敘述所有激烈且極為壓抑的冥王星經驗。另一方面，哥哥威廉帶著摩羯座星群強烈地與父親相連，呈現了責任與序位上的原型，也象徵與外界交涉的能力。一宮內的土星與上升守護星（木星）合相，給予這星盤強大的毅力與至高的志向。威廉同時論及內在生命，他雖是「意識流」概念的發明者，但他對後世影響甚鉅的理論卻是「務實」、「實用主義」、「現金價值」等其他研究。

學生：可以多說一些出生排列的理論嗎？

琳恩：沒問題。第三個孩子通常承擔家中關係與溝通上的需求，是確保父母與手足間保持溝通的橋樑，這個孩子也常是父母健康狀況的一面鏡子。第四個孩子以某方式打破了家族模式，他／她需要更加獨特，這迫使他／她與其他人不同，也許是成為家庭裡的異類，或是被賦予極大的獨創性。第五個孩子是個開心果，第六個孩子則是統籌者，讓每個人凝聚在一起。從第七個孩子開始，又是一個新的循環，所以第七個孩子如同第一個孩子般，這會使你們聯想到「第七個兒子的第七子」【譯註六】的說法。我在家系圖研習班中，有時也會檢視出生序位，結果都相當符合。艾莉絲並不是個有趣的人，但小時候父母逗弄她時，依然有活潑機靈的回應（艾莉絲是家中第五個孩子，其上共有四個哥哥）。誰可以說說這些論點是否符合自己的狀況？

學生：我覺得有一些出入。

琳恩：當模式稍有不同時，往往代表有潛藏的議題存在，這時我們可以檢視父母的關係，或在某個孩子出生的前後時間裡，家中是否發生過危機的狀況，例如流產、難產、死於襁褓中的嬰兒，或早夭的孩子，這當然就打亂了出生序位。

學生：有更多資料可以參考嗎？

琳恩：沃爾特・托曼（Walter Toman）是第一位撰寫有關出生序位的人，而後由佛蘭克・薩洛韋（Frank Sulloway）和凱文・萊曼（Kevin Leman）【原註二】繼續延續。但很多人士反對這方法，認為過於簡化，甚至抨擊這是偽科學。我認為不妨多去詢問他人，並透過檢視自己的家庭和認識的朋友來驗證。兩年前我成立一個讀書會專門探討家族星盤，每個月會選定一個週日聚會，研究某個特定的家族並找出家族的議題。成員們都認為，出生序位理論在他們的案例中有某種程度的準確性。

譯註六 第七個兒子的第七子是民間流傳的一種概念，這些人生來就被賦予某種權力。第七個兒子必須來自一個完整的出生脈絡，沒有女性的子女穿插其間。數字七有著悠久的歷史，與神祕和宗教有關，例如七宗罪、七枕木、七歲的男子、七天的創作、羅馬七山、日本神話的七福神、七賢、七姊妹、七星、世界七大奇蹟等。在這裡，是指某人出生序位的第七個兒子，而他的父親本身的排序也是第七。在某些信仰中，由於出生的順序，生來就繼承了某種特別的權力，或是因為他的出生序位是由上帝與神賦予。在某方面，廣泛認為第七個兒子的第七子直接與撒旦產生連結，而被授予其他的「特殊能力」。

譯註一 參閱本書附錄二的參考書目中，有關家族動力的其他資料。

學生：威廉・詹姆士結過婚嗎？

琳恩：他年紀很大時才與一位名叫艾莉絲的女性結婚。沒錯，她與他的妹妹同名，他在晚年才為人父。我認為他結婚的時間應該是在行運天王星與本命天王星對分後。

學生：這些都是非常摩羯座的特質。

琳恩：是的，威廉和亨利完成了父親想出名的渴望，而艾莉絲的憂鬱症最後演變成致命的疾病——乳癌。他們的父母過世後，亨利花了一年的時間在波士頓陪伴她，他當時寫道：「妹妹和我變成一對非常和諧的伴侶，我覺得似乎身在婚姻之中。」爾後，艾莉絲到英國與他為鄰，他們很親密，艾莉絲過世時他也隨侍在側。小時候，威廉是亨利生命中最重要的人，後來亨利將這種親密轉移到妹妹身上，並同時與蘇格蘭小說家羅伯特・路易斯・史蒂文森（Robert Louis Stevenson）發展出非常親密的友誼，直到他因病過世。此後，亨利用他的剩餘歲月陪伴其他傷殘病弱者。

天蠍座月亮、太陽合相冥王星、雙魚座金星，使得亨利似乎與他人的痛苦緊密連結。他將整個家庭的無意識躍然於紙上，寫出如何藉由隱約的操縱或影響來控制他人，並且描繪理性與情感、傳統與自由（真實的自我）的交戰。三宮裡的月亮讓他替家中強烈的情感暗流發聲，他的許多作品都與人們如何從家庭或文化中找到真實自我有關，而他筆下最強而有力的角色便是女性。

學生：我有種感覺，天王星在雙魚座暗示著集體層面的犧牲，落於三宮則意味着以某位兄弟姊妹的犧牲來定義整體，這裡蘊含著雙魚座的犧牲。

琳恩：你所說的非常有趣，有些事似乎是他們共同創造的，例如集體中的犧牲與個體化。他們都是天王星與海王星互融的世代，互融的組合會要求他們去探求個人的界限。

學生：這讓人感覺有更大的格局，而不只限於他們的家庭。

琳恩：在這個案例中，家庭代表着更大的格局。極少有兩兄弟如同威廉與亨利這般，分別在兩個不同領域裡功成名就，他們被視為美國人重新體認歐洲的先驅，也是「自我養成與心靈價值」的代表。

2-5 七年的沉默

童話保存了與家庭關係有關的豐富資源，淺顯的內容幫助孩子探索並說出心靈中的深邃暗流。民間智慧顯示了許多手足關係的模式，例如《糖果屋》（*Hansel and Grete*）中兄妹共享恐懼和機智，到《灰姑娘》（*Cinderella*）裡兩個姊姊的詆毀與嫉妒；以這些故事情節為出發點思考自身的家庭經驗是個有趣的練習，只要在這裡誇張一點、那裡簡化一些，就能勾勒出家庭故事的輪廓。我從伊塔羅．卡爾維諾（Italo Calvino, 1923-1985）【譯註11】的《義大利民間故事》（*Italian Folk Tales*）選集中截取一段名為〈七年的沉默〉的故事：

有天，疲累的父親回到家，年幼的兒子們迎接他：「爸爸！爸爸！」他們興奮地叫著。這個父親毫無和兒子共樂的心情，於是粗暴地命令他們走開，但孩子們還是纏著他，抱著他的腿不放，直到父親大喊：「我要叫魔鬼把你們統統帶走！」。這時，地板突然裂開一個洞，魔鬼把男孩們都抓走了。

剛開始，心生後悔的父親沒有告訴妻子和女兒，但夜幕漸漸低垂，他只得說出實情。這對父母開始哭泣，女兒則下定決心要解救哥哥。她偷偷進入森林，來到一座有鋼鐵大門的城堡，裡面住著一個老人，她問老人是否曾見過她的哥哥？老人說：「去那間有二十四張床的房間裡找找。」她很高興地在那發現了哥哥，於是掀起棉被大喊：「你們得救了！」但哥哥們叫她再仔細看看床單的下面，她看見無數火焰。哥哥們告訴她：「如果你能七年都不說話，就可以解救我們，但過程中你會經歷火與水的吞噬。」

回家後，她謹守承諾，從此不發一語，許多奇怪的危險開始降臨在她身上。她與一位王子結婚，這王子因為她的神祕與沉靜而愛上她，但她遭到心機深沉婆婆（太后）的誣陷，指稱她生下的不是孩子，而是一隻狗，並將她驅逐。她沒有忘記哥哥的生死，所以即便受到誣陷也未曾替自己辯駁。瀕臨死亡邊緣後，她剪去長髮並穿上男人的衣裳，以男性身分成為船員並擔任砲手，參與一場長期戰役。

結束戰役後她回到陸地，巧遇一棟破落的屋子，便走進屋裡並吃下一些食物。原來這間屋子隸

譯註一　二十世紀知名義大利作家，以《看不見的城市》（*Invisible*）、《不存在的騎士》（*The nonexistent Knight*）和《如果在冬夜，一個旅人》（*If on a winter night a traveler*），奠定了在當代文壇的崇高地位。

屬於一群殺人凶手，她受到逼迫且成為其中一員。後來這群凶手計謀搶劫國王，也就是她原來的丈夫，她絞盡腦汁送出警告的紙條，卻因士兵視她為同謀而遭到逮捕，並將她判處死刑。她利用書寫遺言的時間試圖拖延行刑，兩名士兵架著她上斷頭台時，眾人仍以為她是個男人並唾棄她。

最終她的兄弟及時前來解救，道出她的英勇事跡。此時，即便她的孩子早已遇害，她得以控訴太后並證明自己的清白。她與丈夫重聚，哥哥們當上宰相，成為最忠於國王的親信。

這故事道出了何種手足關係？所有情節始於一句無心之語，但這傷害的言語卻帶來長遠的影響。父親的詛咒啟動了這家庭的惡運，多數人都知道暴力言語對心理的影響甚鉅，特別是在盛怒的情況下，這將深烙在孩子們的記憶中。面對盛怒，孩子可能因為心理上的恐懼與痛苦，將自己監禁在內心的牢籠裡，並選擇沉默做為解決之道。在民間傳說的情節中，沉默通常是對抗語言暴力的方法。此外在這故事中，這對父母在故事展開後，就沒再出現過，只留下兄妹獨力解決問題，這也指出了父母責罵孩子後，接下來便是孩子的功課。

但若沉默的時間持續太久，妹妹也將徒勞無功。她起初與年輕國王相戀的好運氣，因為哥哥們遭受魔鬼監禁，而無法開花結果。同樣的，當某個手足身陷困難時，其他手足可能不會盡心幫忙，反而會有所保留。她的孩子成為她發誓禁語的代價，也許是要告訴我們單有對抗父母的作為，並不足以彌補家中極端的不公平。就占星學來說，故事裡顯然欠缺金星的能量。也可說妹妹成為人母的能力，鉗制於兄弟的苦痛及「壞」父母，導致她得改變身分、如同男人一般打仗、生活以發展陽性特質。她必須將正向的陽性價值內化，這也正是身陷囚禁的哥哥無法獲取、而父親又過於濫用的面向。她要發展的，不僅是透過沉默以消極抵抗，還得學習積極迎戰。

然而如此經歷仍嫌不足，接續她為殺人凶手逼迫，再次與社會／個人心理所隱藏的毀滅性力量連結；服用凶手的食物象徵透過仇恨與暴力來強壯自我。當她再次選擇保護所愛而非以只顧自身安全時，卻換來那群凶手所該承擔的懲處。所幸哥哥們及時趕來並道出實情，她才可以卸下陰陽共存的沉重特質，還原成皇后，而象徵消極陰性特質的太后則隨著絞刑而煙消雲散。

這個故事之所以吸引我，是因為它反射出手足們為了矯正家庭傷害而採取不同的對策，並說明在困境中有條隱形繩索將彼此相繫，還顯示各自的命運常超越時間與距離，以相互影響的方式進展。同時也給予我們線索以理解家庭中各種交流（或缺乏交流）的可能性。

2-6 姊妹

接下來是姊妹瑪莉詠（Marion）和安娜（Anna）的案例。目前她倆人已形同陌路，但之前就有如同雙胞胎一般，穿著同樣的衣服、擁有共同的朋友，對於人生與他人的觀感也有著相同的看法【原註一】。

缺乏風元素

姊姊瑪莉詠的水星位於一宮並寬鬆的合相上升點，加上三宮中強勢的摩羯座星群（圖三十七），使得溝通主題極端重要。然而這張星盤中卻沒有風元素行星。瑪莉詠家中的女性都擁有強烈的土象特質，只有些許行星座落風象星座，好比妹妹安娜的木星（圖三十八）是她星盤中唯一在風象星座（水瓶座）的行星，而她們的母親也只有太陽位於雙子座，所以欠缺風元素可以視為她們的家族模式。

風元素與事物的空間相關，代表由外而退的能力，協助事物客觀，也和能量的流動與交換有關。所以不難想像這個家庭的成員，在尋找及保有空間的議題上會有些困難。討論風元素時，總會涉及聰明才智、人際溝通，及概念運用等能力。但因為土元素傾向「動手實作」，必須實際處理、內化成經驗後才能吸收消化，導致這家庭裡的女性依賴實物而非運用才智，並以付諸實踐至上。兩姊妹的配偶雖同樣缺乏風元素，但卻擁有旺盛的火元素，所以她倆追求的並不是自我空間，而是更為強烈與熱情的外在體驗。

瑪莉詠的水星、海王星合相於天蠍座一宮。她有股強大的滲透力，能夠感知生命當下尚未揭露的部分。好奇心引領她直達他人本能隱藏的領域，她也很容易被體內川流不息的直覺、想法和感受淹沒。但她三宮裡所有的摩羯座行星，尤其是土星，企圖操控這股暗流，或是隔絕，或是制止。她的水海相位使她有些錯亂，因為她能看穿別人假裝看不見的，又或者她能使自身抽離天蠍座原始的情感，而進入一個虛假的狀態。最佳的狀況是，土星使這些覺知更加清晰明確，但也可能出現理智與控制下所產生的障礙。一開始瑪莉詠不知如何表達她的感受，但倘若她順利表達了，身邊的人可以理解嗎？

學生：也許其他家庭成員都很實際，所以壓抑了她的想像傾向。

學生：你曾提過她和妹妹非常相似，這是海王星位於一宮的原故？我馬上想到海王星會產生身分認同的迷惑。

原註一　兩人的出生時間都來自於出生記錄。

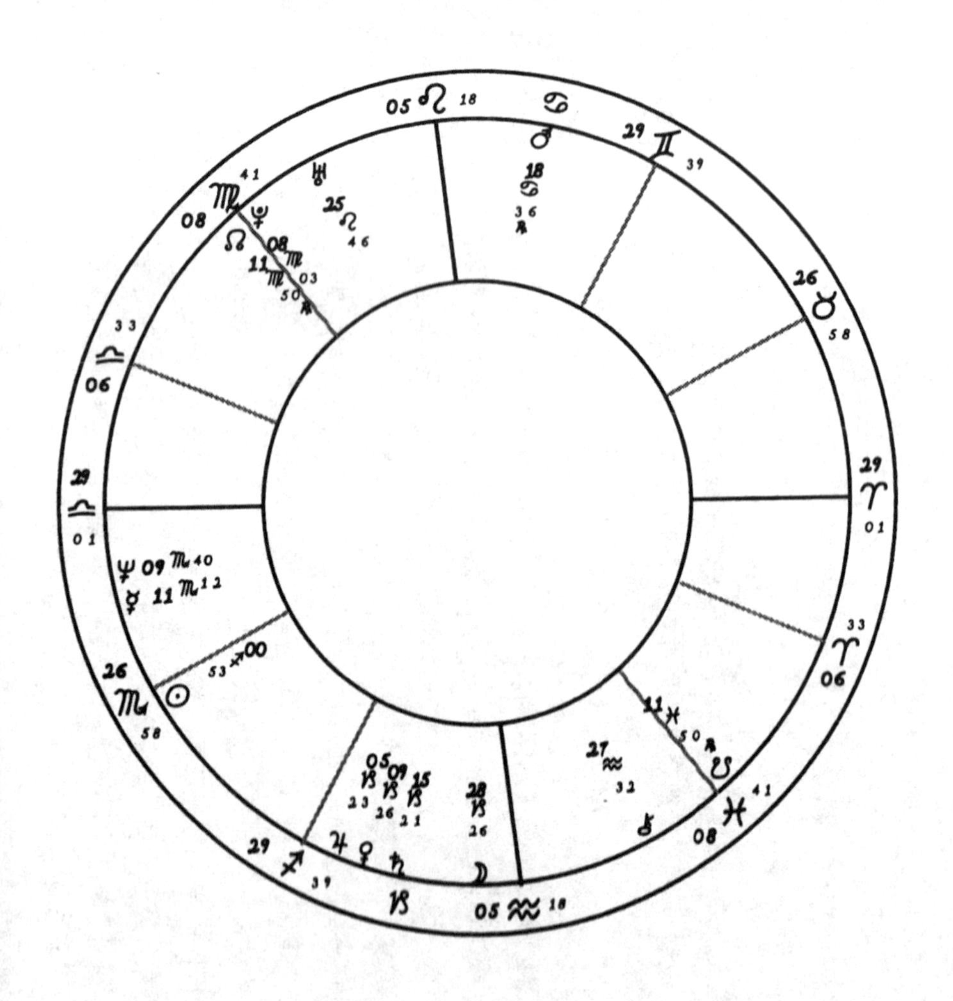

圖三十七

瑪莉詠，1960年11月23日早上5點30分生，CET，聖塞瓦斯蒂安，西班牙。

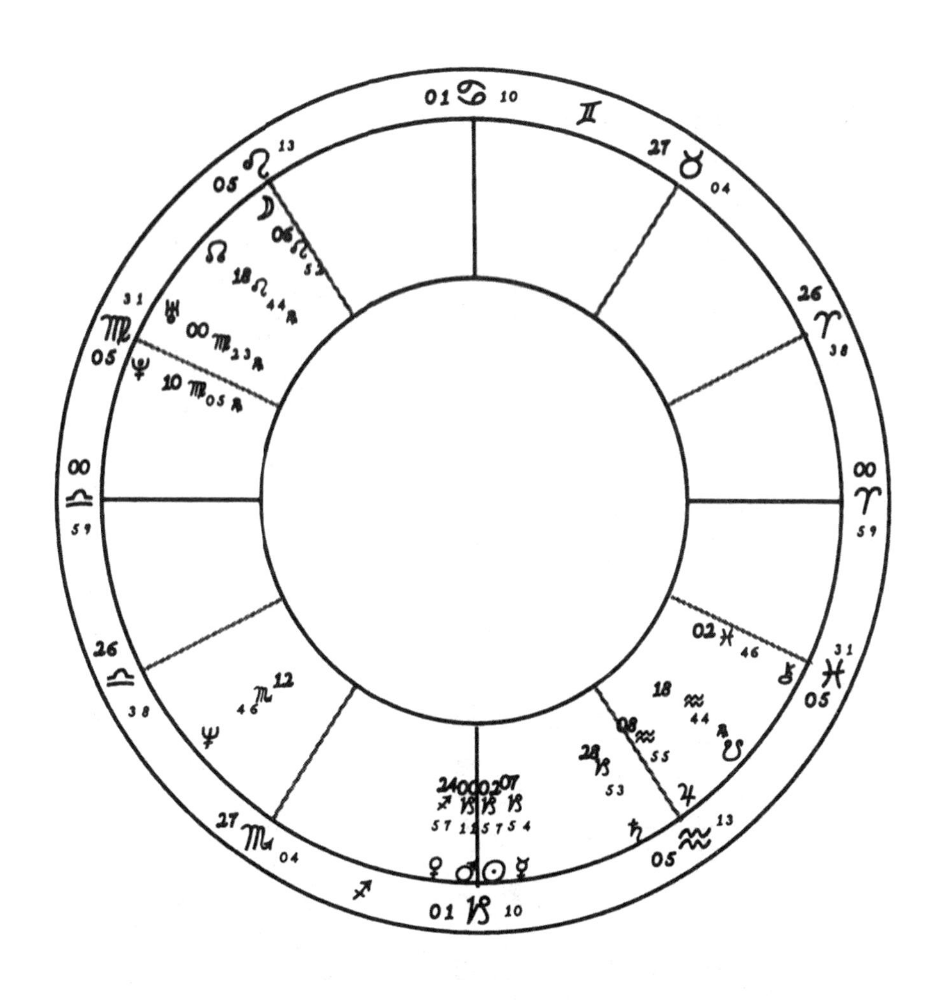

圖三十八

安娜，1961年12月25日早上1點生，CET，聖塞瓦斯蒂安，西班牙。

琳恩：海王星落一宮的人可能存有不切實際的身分幻想，但瑪莉詠的土星在三宮，因而不至於產生混淆，反倒是她們的母親老想著與女兒親密無間。瑪莉詠主要的課題是與妹妹切割。雖然她三宮裡有象徵親密的月亮和金星，也曾與妹妹分享金星的愉悅。但這對姊妹似乎遊走在親密與切割間，她倆已近乎一年沒有見面或交談。

學生：也就是說，三宮內的行星會輪流發揮作用。

行星牽連

琳恩：有這個可能。當行星集中在某個宮位或星座時，需仔細檢視它們之間的細微關係，這稱之為「行星牽連」。如此，才能細膩地詮釋，以展開其中的可能性。瑪莉詠三宮內的金星介於木星與土星之間，這與金星先合相土星然後移向木星的看法並不一樣。前者指出手足關係在起初無所拘束，日後卻漸行漸遠，而這種從親密到疏遠的模式，也將於成年後套用到所有的關係裡。月亮在三宮尾端並接於土星之後，這個宮位中有兩顆象徵父母的行星，暗示當事人將轉換成照顧者；當然，如果有好幾位手足，照顧者的角色很可能相互分擔。土星代表限制與隔離，而接在後頭的月亮，卻讓關係變得融洽。

我們都曉得，海王星在一宮會讓瑪莉詠在自我認知上有所困難，而其他人也看不見她真正的樣子。守護上升點的金星受到兩股力量的拉扯，一是與木星合相，木星意味著慷慨、開放、樂觀，但第二股力量卻是土星，我們通常會說土星與控制或約束有關。這樣的組合讓我們選擇要看到她的哪一面，也許她自己也得在心底決定要以哪一面示人。她的工作必須在開放擴張與約束限制之間找到平衡的方法。她可以滔滔不絕，但在她遭到批評的時候卻也能夠安靜沉默，完全不替自己辯白。如前面所言，她能開放也能封閉自己。我們一直都遊走在木星和土星之間，端看哪一顆星的力量比較強大。

學生：土星座落在守護位置摩羯座，看來很有力量；木星落在摩羯則較難發揮影響力。

學生：金星、木星合相是親切友愛的；火星位於九宮對分土星，呈現出向外開展或主導控制。

學生：這星盤中有許多緊張與憤怒，也許正是威廉．詹姆斯所說的「心志堅強」。但一宮裡的一部分的她想勇敢積極，另一部分的她卻把自己拉回來承擔土星／摩羯座的責任。

學生：或許童年生活形成某種限制？如某次搬家時遭受某種創傷，讓她此後需要不斷旅行或追求自由？海王星覆蓋了這些緊張與憤怒。

三宮／九宮的對分相

琳恩：三宮／九宮的對分相經常帶來內在或外在的交戰。此相位會使質疑的念頭不斷出現，對所謂理所當然的事物，保持一定的存疑。這有時起因於童年時期接觸到多元文化、宗教，甚至是不同的政治觀點。若是忽視這種緊張狀態，可能逐漸形成心理問題，例如焦躁、分心，嚴重的話還可能人格分裂。而這種抱持既有觀點的企圖，常遭受外來的壓力，直到當事人願意處理內心的矛盾為止。如同先前的個案，旅行的動機可能是為了改變視野，從侷限的世界觀中闊步邁出。位於三宮和九宮的行星都需要移動，無論是在身體或心理的層面，也或許兩者都是。這個星盤的三宮和九宮，指出了哪些可能性？

學生：火星與土星的組合可能涉及她的父親。也許兩人宗教信仰相互矛盾，或是父親常因工作出差。她的父親是西班牙人嗎？

琳恩：對，她父親出生於一九三四年。三宮／九宮的對分相意味著不同世界觀、不同信仰系統、不同語言及文化上的衝突。這些衝突可能存在於家庭、個人內在或外面的世界。當充滿行動力的行星與三宮形成對分相時，我們得問：「這個家庭存在著分歧的意見嗎？發生過與文化改變、整體改變有關的事件嗎？」一九三〇年代，西班牙發生了一些事。

學生：是否在西班牙內戰中，家人各自支持不同的派別？

琳恩：不是，但內戰的確是重要關鍵，故事與受迫移居及遷徒有關。當戰爭打到她的家鄉時，父親只有三歲大，祖父又為軍營拘留，祖母只得帶著年幼的孩子，經歷槍林彈雨，沿著布滿屍體的道路逃出佛朗哥（Francisco Franco）的魔爪。他們財產盡失，住了好幾代的房子夷為平地，最後有個年幼的姑姑沒有逃出，因此留給親戚照顧多年。而八個兄弟姊妹成年後都四散各地。

瑪莉詠出生於六〇年代。當時西班牙還在佛朗哥政權的高壓管制下，大人不能在孩子面前亂說話，如果孩子轉述出去，學校的同學會告訴他們的父母，而他們的父母便會到法西斯警察那裡舉發。在這種環境下人人自危。所以瑪莉詠兩歲半時，父母先帶著妹妹移居到法國，而將瑪莉詠託給親戚照顧四個月。

流亡與分離的模式再度在這個家族中出現，當瑪莉詠成長到了父親受創的年紀時，共鳴便產生了。與父母分離對瑪莉詠而言，如同被遺棄，這痛苦時光便是她開始封閉與分離模式的起始點。對年紀這麼小的孩子來說，四個月的時間非常漫長，即便是在熟悉的環境跟著摯愛的阿姨也一樣；同時父母先選擇帶走妹妹的決定也帶來極大的傷害，而後她到了巴黎與父母重聚，又得面對學習新語言的挑戰。

這一切，讓她星盤中巨蟹／摩羯的對分相開始清晰，即是強調家庭和社會環境拉扯的情況，加上月亮合相四宮宮頭，讓超越她自身經驗的故事開始延伸，回到了家族的過去，並探索相關的脈絡。直到最近她才得知過往的細節，但卻無法忘懷留在情感上的印記。她猶記得自己焦慮著父母是否會出現，因沒人想到要對年幼的孩子詳細解釋。落入三宮的月亮懷有強烈的感情記憶，而她也運用三宮裡所有的行星，透過寫作重建家族歷史。她的水海相位察覺到某些事，所以透過勸說、溫和及持之以恆的探問，慢慢解開了家族的祕密。

雖然瑪莉詠大半的人生都在法國度過，但仍認為自己是西班牙人，她甚至沒有法國護照。她的曾祖母出身富裕的家族，卻拋棄一切與所愛的人私奔，之後也在法國展開新生活；母系那方也有移居及移民的歷史。不約而同，雙方家族都有著與家族根源分離和切割的脈絡——再再顯示三宮／九宮的對分模式。當融合發生時，伴隨而來的常常是分離與失去的焦慮，這也提供了何以兩姊妹如此緊密相連的線索。

共同分享的行星：認同的問題

小時候，由於瑪莉詠的語言能力較早發展，因而被冠上「聰明」的標籤。雖然妹妹安娜天生細緻纖弱，但常打扮得像位美麗的公主。而生性奔放的瑪麗詠則總是從父母手中拿到書本，在十二歲之前，她就是個剪著短髮的淘氣女孩，還因脾氣暴躁博得「老虎」的小名。然而長大後，兩姊妹都亭亭玉立、溫柔婉約、說話輕柔，瑪莉詠如今也長髮及腰。妹妹安娜比較沉默，但有時會突然發脾氣，這點與父親很相似，至於她們的母親則是老師，善於言談。由於她們的父親重視西班牙血統，所以在法語的流暢度上，遠遠不如法語與西語左右開弓的雙子座母親。在此也可看出三、九宮對分時在表達想法上，有著輕鬆及挫折的雙向模式。

青少年時期，兩姊妹更常黏在一起，如果父母說：「今年的預算只夠買一個人的外套。」她倆會將新、舊外套輪流穿，就像童話裡的好姊妹一樣。她們共用一輛腳踏車、一台收音機，也有共同的朋友。瑪莉詠甚至在進行分析時說，這共處的印象有時讓她感覺和安娜合為一體。母親認為安娜承襲了她的女性特質與美貌，而瑪莉詠遺傳了她的聰明才智。有趣的是，兩姊妹的上升都在天秤座，金星都落入三宮。兩人從極不相同轉變到如此相似，以至他人分不清誰是誰。

學生：我想起一首歌：「姊妹啊姊妹，從來沒有這麼要好的姊妹，當某位紳士打從羅馬來時，她穿上華服，而我待在家裡。」聽來像是玩笑。

金星在三宮

學生：可以多談一些金星的部分嗎？在三宮裡如何運作？瑪莉詠大概會嘗試讓其他人都和她意見一致吧？

學生：我的月亮在十二宮，和我姊姊有著相同星座的金星。她自以為我們都一樣，感受也相同，她的三宮宮頭是雙魚座。

學生：金星落入三宮似乎會引發身分認同的議題，特別是對姊妹而言。不確定金星落入三宮的兄弟，是否也是一樣？

學生：我的金星落在三宮，和妹妹的連結很深，加上金星同時合相海王星，可能促使這個連結更為緊密。

琳恩：金星落入三宮，大多數人都會期待有位充滿愛的手足。也可能在童年環境中感受到愛，並讓我們與家庭保持親密友好的關係。金星喜歡透過共識來運作，但瑪莉詠星盤中的金星伴隨著土星，透露出她也許有些防備，少了幾分和諧。又因為與九宮中的火星相互對分，讓她鮮少自衝突中退讓。

學生：我的金星合相火星。有很長一段時間我姊姊總認為我的人緣比較好，直到成年後她才停止這麼想。我們很親密，但私底下會相互競爭。

琳恩：這是另一種可能性，當某顆行星落入三宮，那顆行星就好像代表著某個兄弟姊妹，不管它是金星、火星、木星或月亮，都讓我們更容易認同它們、更容易用那樣的觀點來看待這個世界。至於有何影響仍得視行星而定，例如火星會增加手足之間的競爭傾向。

學生：身分認同的概念很有趣，我哥和我的火星落在相同的度數，別人分不清我們誰是誰，但我覺得怎可能誤認？

琳恩：卡斯托爾與波呂杜克斯（雙子座神話中的雙胞胎兄弟）連結於同一戰線，他們共同搏鬥、競爭、賽跑與摔角，但他們終究是永生相繫的雙胞胎。我好奇的是，瑪莉詠和安娜是否有非常相似的價值觀和深厚的感情，或者她們是否在無意識的壓力之下才相互連繫？這種牽絆反應出家族的分離傾向，只因家族記憶裡帶有過去世代中尚未解決的分離焦慮。

有好幾年，瑪莉詠和某些不熟識的人交談時，對於對方太過親暱的舉動感覺不舒服，後來才知道對方把她誤認為安娜；姊妹倆都在電影圈工作，一個是戲服設計，一個是服裝師，後來互換工作；當瑪莉詠搬到倫敦生活，半年後安娜就跟著報到；瑪莉詠到西班牙，安娜尾隨而至，最後她們在巴黎同住一棟大樓，只是房間不同；安娜在電影圈找到一份工作後，便把瑪莉詠引薦進去……這些讓我們清楚看見，她們從不相距遙遠，簡直就是不可分割。

安娜的月亮四分海王星，指出她有強烈的情感需求，水星則與月亮呈現十二分之五相位，使她不容易表達自我。瑪莉詠教她寫字，唸故事給她聽，替她表達並作解釋。同時瑪莉詠也結交安娜的朋友（某部分的原因是母親討厭瑪莉詠的朋友），但過去幾年裡她覺得自己奪走了安娜的朋友，比安娜和他們還要熟稔，所以她開始保持距離。安娜常和瑪莉詠的男性友人談戀愛，甚至堅持要聽瑪莉詠的分析，瑪莉詠總是無法拒絕。瑪莉詠始終認為要對年紀較小的安娜負責，以致於幫她置裝、煮飯、帶她上學，儘管她們的年紀相近（幸好，精神分析師拒絕同時分析兩姊妹）。瑪莉詠的兒子出生兩年後，事情有了轉變，她和伴侶買了房子，安娜在接下來的一年內都不再和她說話，也絲毫沒有解釋。直到安娜懷了男孩，她們才又恢復聯絡。

學生：聽起來，瑪莉詠在理智上壓倒妹妹，如此強勢的第三宮，使她容易掌控溝通的主導權，尤其是面對自己的妹妹時。落於九宮的火星可能是外來的憤怒，將事情搞砸。所以她們並非一直和睦相處也不令人意外。

學生：我看到火土相位的另一個面向。這個對分相讓人理智地壓抑憤怒，因為其中一人必須冷靜。

琳恩：很明顯地，瑪莉詠是控制欲強烈的姊姊，這是一個羈絆與過分干涉的案例。安娜只有在無法同意的狀況下才會表達自己的意見，並變得非常生氣且不講道理。這聽起來不像是金星吧？沒錯，這比較像是瑪莉詠三宮裡那組火星對分土星的意涵。安娜的星盤中，天蠍座守護第三宮，上升守護金星在射手座合相摩羯座火星，火星又緊密地合相四宮裡的太陽和水星，暗示她與父親有強烈的連結。母親善於溝通，父親感到挫敗與受限，而相同的模式又在這對姊妹身上重複。父母們的火星同樣與三宮有著連繫，金星與火星在這個家庭中有趣地並列。金星建議和睦友好，火星則煽起操控的欲念。儘管如此，這對姊妹的金星都落入三宮，當和某位手足有相同的行星落入三宮時，可能會產生相互影響和混淆的作用，相似於雙胞胎的連結。若落入其中的是接納性的行星：如月亮、金星或海王星，將如同三宮宮頭位於雙魚座，身分的模糊感將變得更為強烈。

這種關係超越了相互的敵對、模仿與競爭。安娜覺得瑪莉詠總是得到比較多關注，當行運的天王星對分月亮時，她陷入深層危機中，開始從對姊姊的依賴中獨立。瑪莉詠也試著區分什麼是屬於自己的，什麼是屬於安娜的，兩個人再度不說話，而這次是由瑪莉詠開始的。

手足之間的緊張可以追溯至家族中的系統模式，即使三宮的運作只占了其中一部分，但卻是至關重要的一部分。

八宮／冥王星的模式：親密反應失落

我認識另一對年近四十的姊妹，兩人都很美麗，同住一棟公寓，有共同的朋友，會吵架，但也會熱情地和好。姊妹倆都未婚，看起來像是兩人之間容不下另一個伴侶。她們的通訊地址仍是父母家，這極具象徵性，代表她們都透過家庭與外界接觸。一九六一年時，姊妹倆年紀尚幼，由於一場獨立運動造成地方的騷動，她們被迫遷移，舉家離開突尼西亞安定舒適的生活。此移民文化在法國稱為「黑足」（pieds noirs）——來自於北非文化的血脈。這種文化相當複雜，家族成員間有著強烈的感情連結，幾乎每天都要打電話或見面。家族移民的同時，觸發了他們體內猶太血統與生俱來的流亡原型。

瑪莉詠和安娜的母親與自己的弟弟特別親密，但當弟弟和一個外來者（荷蘭女性）結婚後，關係開始變得不愉快，雙方有好幾年都不說話。之後父親借錢給小舅子做生意，想彌補太太和小舅子姊弟的裂痕，結果錢卻一去不回。這讓我們理解，姊妹倆之間如膠似漆的情誼，至少部分反應了家族歷史中痛苦的分離事件。

父系這方，曾有位妹妹送給沒有孩子的姑姑撫養。藉由整個家族強勢的八宮或冥王星模式，可以得知父系家族有著分離與融合的議題，這無法單從姊妹倆的三宮來推測。至於為何有些家人或手足就是顯得比較親密，則需要更深入地比對家庭星盤。瑪莉詠與安娜都和父親有日月的相位，在傳統上是一種親密的象徵。

瑪莉詠開始從事電影劇本寫作時，頗受好評，但之後陷入瓶頸與低潮，身體逐漸僵硬癱瘓，充分呈現出火星、土星的對分相。她的生活無法繼續下去，除非揭開家族的歷史。於是她尋求精神分析，慢慢發覺、了解潛意識底下持續不斷的脈動，揭露隱藏的事物，才得以宣洩自己的渴求。然而當瑪莉詠的母親像她一樣開始寫作時，情況變得複雜，因為善於言詞的母親呈現出非常明顯的較勁意味。維琴尼亞・薩提爾說過，每個家庭都有慣例，而這家庭的慣例是財產與才能必須一起分享，這是種壓抑個體發展的模式。瑪莉詠一宮中的水星合相海王星，對於家族內的暗流有著不尋常的高敏感度，使她善於接納家族的無意識。她目前正在撰寫一部發生於西班牙內戰時期的小說，試圖將這些家族幽靈融入創作，彷彿只有道出家族的祕密與苦難，她才能繼續書寫，找到自我。

學生A：聽來像是凱龍落入四宮，來自家族的傷痛正在生命中延續。

學生B：她之所以會切割，是因為之前連結得太緊密吧。

琳恩：這是理解土星落於三宮很棒的觀點，代表自我與他人之間需要分界，藉以化解彼此的敏感。比對姊妹倆的星盤，會發現安娜的火星、太陽、水星與瑪莉詠的金星、木星合相，這是濃烈的愛、親密與熱情的關聯；同時安娜的土星準確合相瑪莉詠的月亮，產生責任、罪惡、保護的感覺，但卻因為土星指揮領導的氣質，造成月亮這方情緒上的挫折。由此不難理解為何瑪莉詠難以在這段關係中感到滋養，雖說有幾段時間內雙方互不來往，卻仍無法切斷血緣上的緊密連結。

手足間行星的連結與相位，意味著當他們在一起時可以完成更多的事。例如人類能夠飛上天空，是兩對兄弟合作成功：蒙哥爾（Montgolfier）兄弟發明熱氣球，萊特（Wright）兄弟發明首架飛機。某些手足以這種方式合作時，比單獨一人獲得更高的成就，例如卡斯托爾與波呂杜克斯。但畫家梵谷和弟弟西奧（Theo）則是比較悲劇性的一組，後面會介紹他們的案例。

冥王星落三宮

讓我們來討論落在三宮的其他行星，例如：太陽、冥王星和海王星，誰想要談談其中的行星，例如：冥王星落入第三宮？

學生：我曾提到我弟對母親的說話方式有些問題，但剛才卻有個念頭，我開始了解他內心的吶喊是什麼了。我的母親曾經因為失去孩子而忽略我，對此，我從未真正原諒她。我三宮裡的月亮合相冥王星，母親總讓我感覺像個笨蛋，或是軟弱到無法獨自生存。年紀還小時，我的意見總是得不到回應，讓我非常沮喪。脫離母親後我動筆寫作，聽你說到「讓感覺發聲」時，我的心頭一震。

琳恩：聽起來，冥王星投射了一道長長的陰影。月冥相位有一種由母親掌控的危險，幾乎占據了孩子的心理。月亮在三宮的孩子通常強烈地與母親的無意識連結，由於這種連結過於強烈，以至於切割了與自己的連結，導致更深層面的焦慮。

學生：一開始，對心理治療師談論母親的事讓我感到很糟，但這幫助我與母親有較好的連結。她是憤怒沒錯，但並非暴力，她內心悲傷，需要我為她彌補許多遺憾。但我卻感到壓迫，覺得比不上其他的兄弟姊妹，因為他們比我獨立。

琳恩：想像或真實的背叛，都是與冥王星有關的重要議題，所以你會覺得與治療師的討論是破壞母子間的緊密關係，並因此感到不舒服，這是很正常的。有趣的是，由於你的天王星也落在三宮，會認為其他兄弟姊妹比你更自由。

學生：之前我覺得不受重視，現在才看見，每個人都用自己的方式變得更堅強。

琳恩：冥王星落入三宮時，某位兄弟姊妹可能帶有負面陰影，但你的例子明顯與母親失去孩子的焦慮有關。你會覺得不安全是因為母親沒有安全感。你的月亮承擔了冥王星的能量。不管有無其他行星，當冥王星落於三宮，更多無意識的陰暗面會在你與某位手足的關係中出現。

學生：我認識一位朋友，她母親有很多問題，如今這些問題都移轉到她身上。她是獨生女，你會如何詮釋她沉重的三宮？裡頭有火星、土星和冥王星。

琳恩：我會仔細檢視這家庭的溝通模式。每顆落入三宮的行星都需要表達，愈多行星在此就愈迫使你找出字句為它們發聲。三宮裡的土星代表沒人可以對話的孤立感，而當火星、土星與冥王星共聚於此時，則意味著溝通上的極大壓力，也許是因當事人需要溝通的議題會讓人不愉快。還有種可能是，孩子很難表達自己的擔憂或恐懼，因為母親會過度反應。

這種組合指出溝通上的障礙，但也可能是超凡的毅力與專注力，以及從模糊地帶搜索資訊的能力。重點是，上一代的事情是如何運作的？我想這其中隱藏着許多祕密。而愈能保持客觀的看待這些，事情就愈容易，因為最危險的陷阱在於逐漸為痛苦的思考模式所禁錮。我會檢視這母親星盤中的水星相位，同時比對兩張星盤，找出是否有過缺乏信任的創傷，也許這便是她與外界隔離的原因。你的朋友得說出那些令人感到沉重、沮喪及有些病態的事。她必須這麼做，否則到最後她將覺得深受束縛而斷絕一切交流。

家族的底層

學生：我覺得冥王星落三宮及天蠍座守護三宮，通常象徵與家庭「底層世界」的連結。

琳恩：這觀點很棒，不難想像這個位置的憤怒與嫉妒可能指向某位手足。不過，既然這是人性中的深層經驗，就不只發生在冥王星落三宮的人身上。三宮裡的冥王星是個偵測破壞性衝動的敏感指針，將把不愉快的事件深深烙印於記憶中，其他人則較容易輕鬆淡忘。

學生：我的冥王星並不在三宮，但天蠍座的火星落在這裡，意謂冥王星是三宮的守護星，而它位於十二宮獅子座的星群中。很難形容我哥哥有多麼卑鄙可惡，每次逮到機會便傷害或羞辱我，這已經超過手足之間的嫉妒了。我在這種折磨下長大，他大我七歲，有身體上的創傷。好吧，我母親確實比較寵愛我，我現在能理解他一定感受到冷落，但他從不表達出來。所以語言變成我的武器，我說話極盡諷刺，並不斷傷害他，直到他開始和我保持距離。

琳恩：你和哥哥的關係有隨著時間而改變嗎？

學生：我覺得沒必要再和他見面，並且盡可能避開他，已經好幾年沒和他說過話。

琳恩：在其他關係中，你是否每次遇到衝突時也會出現類似的模式？

學生：呃，如果有的話，那就是我過於保護自己。我變得太在乎說出的話是否會傷人，所以寧可保持沉默，就算早已怒火中燒。但有時還是會脫口而出，事後只好搥胸懊惱，並非每次都能控制得當。在許多層面上我大多努力克制，我懷疑這與我的沮喪有關。

琳恩：我們可能低估了青少年間嫉妒與憤怒的力量。這個族群的破壞潛力可能以不成熟的方式突然爆發，這在孩子之間是很尋常的。由於你有強勢的十二宮，可能設定為犧牲者；如同你自己說的，你容易過分自我保護，像株柔弱的植物捲回自己的花苞以求自保。當三宮和十二宮的行星呈現四分相時經常產生這種反應。

三宮主管思考與覺知的連結，就某種程度來說它描述著內在的心理模式，而九宮、水星和木星則與我們如何精細地建構信仰體系有關。三宮比較是反射性質、習以為常、難以捉摸，因為它是我們企圖理解這個世界的各種方式。我們第一次的經歷和經驗型塑了對外界的看法？或是三宮敘述了某種特殊看法的內在預設傾向？不管是哪一種，外在經驗與內在預設間交會的初次火花，形成我們觀看與理解事物的方式。

冥王星在三宮或守護三宮的人總是觀察入微，但前提是只針對隱藏起來、並需要挖掘的事物。冥王星確實喜歡抽絲剝繭，直到看見事物的本質；喜歡掀去矯飾，並看清楚幽微之處。就像你的例子，如果最初的連結極為困難，個人的知覺就可能轉往危險及心理的陰暗層面，最後形成一種習性並滲透到所有的關係中，也就是說感覺生活在充滿敵意與威脅的環境內，因此必須小心應付。而在大多極端的例子裡，這會造成嚴重的偏執。

學生：有人說，偏執通常是對的。

琳恩：遭受攻擊，會讓你更加深這種認知。偏執的預設經常引發他人的對應行為，這是更深刻的冥王星議題與焦慮——「事情並不如想像」的焦慮。更精確地說，由於冥王星蘊含這種爆發性的情感，因此容易將世界拆成絕對的好與壞。我一位巴黎的朋友克里斯蒂娜．芬尼格（Christian Femninger）相信這種分裂是冥王星自我防衛的主要方式。依據你的例子，你的哥哥似乎承擔著強烈的負面投射，不管他是否應該承擔。

學生：我保證他是個大惡魔！

琳恩：要記得，現在談的是位於三宮內的天蠍座火星，很符合你之前所使用的撕裂與切割的意象。冥王星通常較為幽暗，很難理解他們的想法，落入三宮通常意味著，某個兄弟姊妹承擔了不管是否屬於他們的負擔。我的星盤中也有這個配置，我的姊妹受憂鬱症所苦。幾年前我開始接受精神分析，我夢到她在地下鐵，帶著一個非常沉重的行李箱，我說：「需要幫忙嗎？我們可以搭電梯。」她說：「不！我要走樓梯。」我只好說：「那我搭電梯。」我不明白，既然有電梯可搭，為什麼要辛苦地提著這個沉重的行李。我總認為這個夢，簡單地描述出冥王星落入三宮所要喚醒的夢境中，地下鐵與地下車站代表著地底世界，且有個沉重的行李需要處理。我姊妹是負責拖運沉重行李的人，身為諮商工作者，很基本地我會想去討論行李箱裡究竟裝有什麼東西。冥王星落三宮，使我能為帶有恐懼前來找我的人發聲。我的姊妹因這重擔壓得喘不過氣，也許是某些事物已帶到意識層面。此外，這夢境也顯示了我做的選擇，也就是和她的痛苦連結，而不是站在身後袖手旁觀。

學生：今天之前，我並不太思考那位早么的手足留下哪些意義。現在，我開始了解也許他／她想引領我到達地底世界。

琳恩：對我來說這似乎非常明確，那位過世的手足從未受到完整的哀悼，以至於你陷入沉重、灰色、毫無生氣的地帶，也就是禁錮在你母親的憂鬱中。你們需要從心靈層面去釋放那個孩子，因為你的冥王星在三宮，重擔就落到你的身上。當這個功課完成後，月冥相位會幫助你更深入他人的內心世界，並陪伴他們邁入自己的地底之旅。

水冥相位：知識與力量

冥王星落在三宮或九宮，常代表透過某種特殊知識而獲得的激勵力量，無須多言，這在認真鑽研占星的學生中很常見。落在這裡的冥王星常培養出一種洞察力，然而，儘管敏銳的觀察力能幫助我們面對自己的焦慮，但也可能在某種程度上犀利得讓人不舒服。此處的冥王星，會以保留溝通或以切中要害的尖銳評論而讓人害怕。我家族裡的女性個個能言善道，但卻不太善於聆聽，也就是有著些許令人不悅的個性；至於我父親則不常發聲，但也許是因為沒什麼說話的餘地。語言是種令人著迷，甚至是具有支配力量的工具，這情況與落在三宮內的火星有些相似。兩者都會大聲制止、緊抓他人的不舒服直到對方侷促不安，以致對方沒有機會提出重點而遭受忽略。有時冥王星落三宮的人也會潑人冷水，因為冥王星有種神祕的直覺能捕捉到他人的弱點。這個位置的冥王星，或是有水星／冥王星組合的人，常描述他們如何學會利用語言去攻擊別人藉以自我保護。用語言瓦解他人是非常有效的防衛！

學生：有沒有可能是種執著及壓抑、反覆思考的傾向？冥王星落入三宮的人覺得有壓力時，該如何釋放？

琳恩：如果缺乏表達的出口，將使你一次又一次地陷入不舒服的狀況。最極端時甚至會中斷與外界的連結，形成思考或行為上的偏執習性。想要解決這種狀況，真正的溝通絕對有其必要，也就意味著不只是空談，而是深刻地受到他人的理解。冥王星必須學習適當地溝通。

學生：冥王星落入三宮的人，他們的世界比別人黑暗，但這卻是一種思維方式。

琳恩：確實如此。由於他們必須看清楚表面之下的事物，因此難以放鬆。某種心理模式似乎在其內心無止盡地運轉著，促始他們陷入困境。冥王星落三宮的人，不管如何都要直搗事物的核心。若回到三宮是與他人初接觸的概念，此處的冥王星意指我們將很快遇到人類天性中較具破壞性的衝動。說難聽點，三宮裡的冥王星讓我們更容易觀察出他人的歹念，但卻不見得能察覺自己的負面念頭。例如：如果你的手足想合力勒死你，他們便成為你負面衝動的投射對象，因此引發了你的「冥王星計量表」，讓你很快地察覺到危險，並選擇破壞性的行為對待手足或其他人。不難想到，這會對未來的人生帶來障礙，雖然在某些情況下是有用的。

2-7 葛楚斯坦和哥哥利奧

但我們也必須保持客觀，因為我也曾看過既不討人厭，也不可怕，更不帶威脅的冥王星三宮之人。他們的手足關係非常健全且熱絡友善。而有時，這種特性會讓手足關係非常緊密熱情，以致於外力無法打破這種手足間的連結。

讓我們看看相關的例子。偶然間我讀到一本《兄妹》（*Sister Brother*），是由布蘭達・溫尼艾波（Brenda Wineapple）【譯註一】所寫，描述一對親密兄妹的故事。主角是葛楚斯坦・斯坦因（Gertrude Stein）【譯註二】與她的哥哥利奧（Leo Stein）。這對兄妹對彼此投注相當大量的感情，思想上也有所連結。他們熱愛當代藝術，皆為收藏家。兩人像伴侶般住在一起，直到行運的天王星與各自的天王星對分時，才徹底決裂。

葛楚斯坦的星盤【原註一】中，位於金牛座的冥王星落二宮，並與三宮宮頭合相（圖三十九）。這對兄妹的故事明顯呈現出冥王星介入手足之間的狀況，及往後生命中感情與智慧會受到何種持續性的影響。葛楚斯坦有四顆行星在水瓶座，位於十二宮，歷經好幾年的掙扎才找到人生的道路，她跟著哥哥到哈佛，離開醫學院後又跟著哥哥到歐洲，同住在巴黎的公寓。一般認為利奧是兩人中較為聰明的，葛楚斯坦則是比較強悍的，因此有好幾年的時間，葛楚斯坦感覺自己活在哥哥的陰影下。她的太陽、水星合相，四分冥王星，而她哥哥的冥王星、太陽、火星則落在金牛座（圖四十）。兩人都承受大眾的批評與議論。

利奧先開始收藏當代藝術品，他從保羅．塞尚（Paul Cézanne）【譯註三】的作品入門，再收購馬蒂斯（Henri Matisse）【譯註四】與畢卡索的早期作品。他倆在星期六傍晚舉辦沙龍展覽，讓顧客欣賞畫作。雖然這些作品為兩人一起購入，卻是由利奧負責講解，並登上評論當代藝術教主的寶座。我們通常不會將冥王星與剪不斷、理還亂的關係混為一談，但冥王星的確常與易受影響及迷戀的個案有關，這時主導關係的人會控制他者。由於葛楚斯坦的上升在雙魚座、月亮合相下降點，以及天秤座木星落七宮，她並不喜歡單獨行事。她三宮前的冥王星似乎喜歡以結盟的方式行事，但有個巨獸般的權力議題在水面下蠢蠢欲動。

譯註一　美國非小說類作家，文學評論家，散文家。
譯註二　美國作家與詩人，後來主要在法國生活，並且成為現代主義文學與當代藝術的發展中的觸媒。
原註一　葛楚斯坦．斯坦因的出生資料取自洛伊絲．羅登《女性的側影》（*Profiles of Women*），利奧的出生資料則取自《兄妹》。
譯註三　有「現代繪畫之父」的美名，其風景與靜物畫對色彩與形式的創新，不但超越了印象派，也替野獸派、立體派及二十世紀的藝術開創出新的道路。
譯註四　法國畫家，野獸派的創始人及主要代表人物。

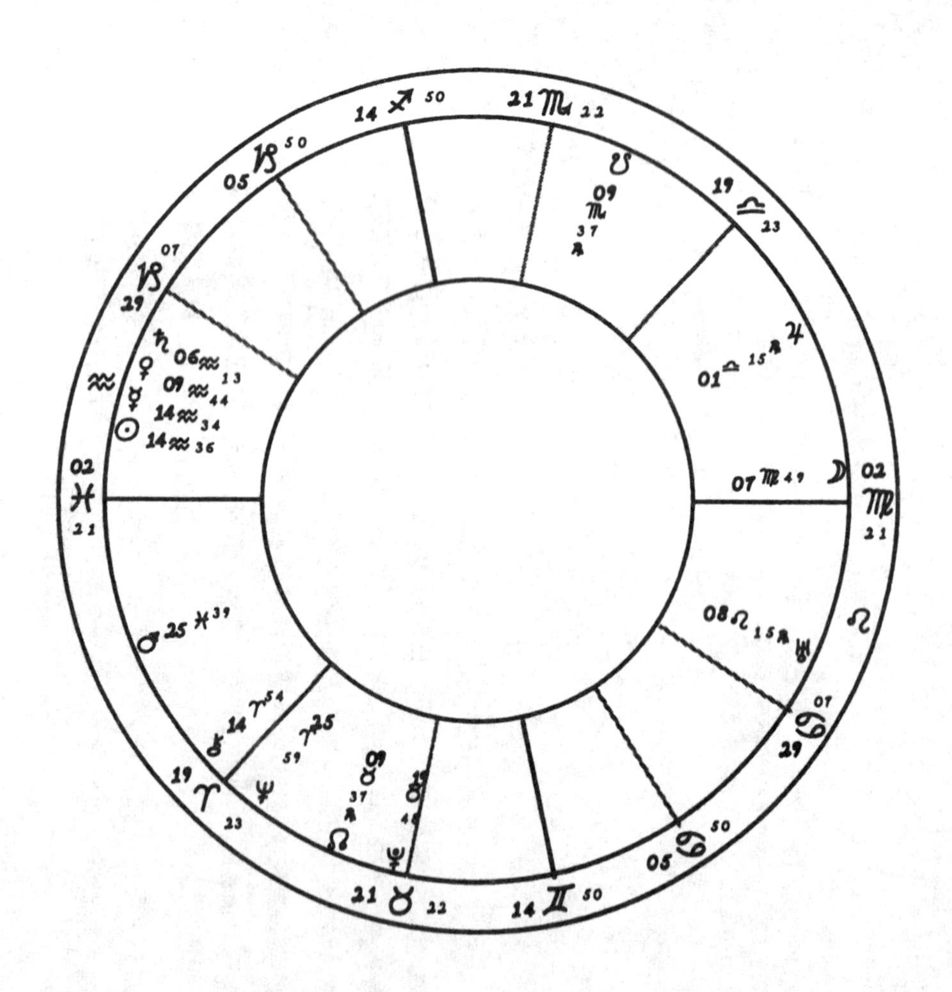

圖三十九

葛楚斯坦・斯坦因，1874年2月3日早上8點生，LMT，匹茲堡，賓夕法尼亞州。

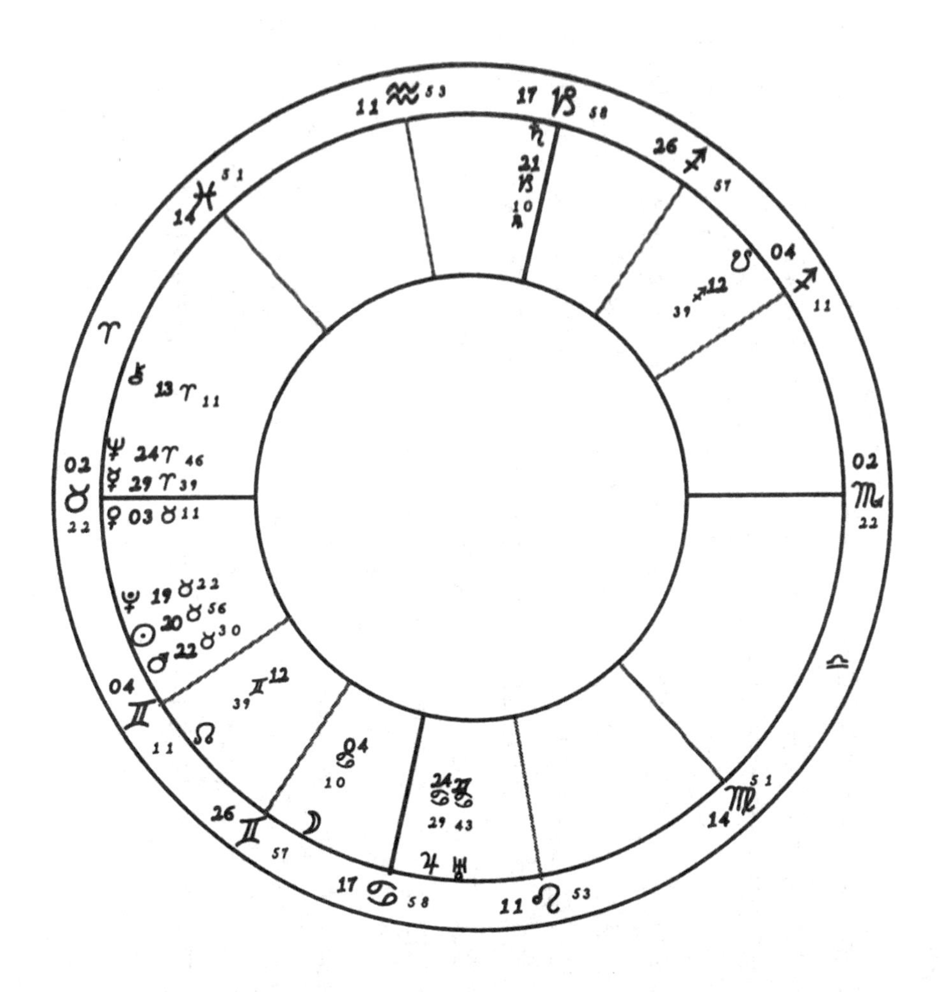

圖四十

利奧・斯坦因，1872年5月11日，大約早上四點生，LMT，匹茲堡，賓夕法尼亞州。

斷絕兄妹關係

手足之間的麻煩事也是家族歷史的一部分。他倆的父親在青少年時期便舉家由德國移民美國，後來與五個兄弟齊力打拼生意，但事業卻在南北戰爭開戰時崩垮。其中三個兄弟選擇支持南方盟軍，剩下的兩個兄弟，也就是他們的父親丹尼爾（Daniel）和另一個兄弟索羅門（Solomon）則支持北方聯邦政府。兩人在戰爭期間生產軍服，賺點蠅頭小利。葛楚斯坦出生前不久，兄弟兩人鬧翻，丹尼爾以一塊錢將他的股份賣給索羅門以「贖罪」。

葛楚斯坦強勢的十二宮，反應出父親從商場上提前退休。很快地，父親帶著全家人前往歐洲停留四年，起先是維也納，後來到巴黎。在舉家搬回加州展開新生活之前，葛楚斯坦已學會德語、法語和英文。這種流浪經驗預告她晚年的移民生活，也符合四宮雙子座、守護星水星落十二宮的象徵。利奧的星盤中，相同的移動性藉由四宮裡的木星合相天王星呈現。如之前提過的亨利．詹姆斯一樣，利奧的水象月亮落入三宮，母親在他倆年紀還小時便因病過世，父親也在三年後中風辭世，爾後性格互補的兩人便相依為命。很有意思的是，兄妹倆三宮的守護星都落入十二宮，反應了兩人之間的連結與混淆。

利奧是位極有天分的優秀演說家，喜歡探究藝術理論、覺知的本質與形而上學，且對這些領域充滿熱情與執迷。他從法律學院輟學，放棄繪畫。他可以才華洋溢地評論藝術，卻從來沒辦法、也不曾將他的評論公開發表，直到他七十五歲時妹妹過世時依然如此。水星在上升點並合相金牛座金星，傳統占星學認為這是個具有美學感受力的配置，加上海王星的合相更強化了這種天賦。而合相的星群們也與天頂強勢的摩羯座土星，及四宮裡巨蟹座木星合相天王星，形成T型三角的相位。這個T型相位顯示他有更豐富、難以形容的多樣才華，但卻無法專心發展、落實，於是到最後他的想法逐漸幻滅，時間一久熱情也變為妄想與古怪。在他與葛楚斯坦慢慢切割的期間，他斷食好幾天，試圖淨化身體與意識。而這種嚴厲與極度專注於內心的態度，呈現在星盤中強烈的土星、冥王星議題上。

在這段切割的時間裡葛楚斯坦日漸豐腴，同時也愈來愈加專注於個人發展與文學實驗的理論上。雖然利奧挖掘了馬蒂斯與畢卡索，並將他們的作品引薦給許多人，但他卻排斥立體主義；相反的，葛楚斯坦則慢慢肯定畢卡索的作品。後來艾莉絲・B・托克拉斯（Alice B. Toklas）出現，取代利奧成為葛楚斯坦的人生伴侶。長久以來，利奧深深影響著葛楚斯坦的想法，她先是在思想上與他分歧，之後是情感上與他切割。溫尼艾坡寫道：

她（艾莉絲）與葛楚斯坦住在花卉街二十七號有三十年之久，利奧的身影不曾在那出現過，她們也從未提起過他，只說：「他是我們不想見的人！」葛楚斯坦習慣屏除閒雜人等，最後她不只與哥哥不相往來，也與大部分的家庭成員斷絕關係，此外還蠻橫地趕走老朋友和一些新朋友，令他們感到驚訝與冒失（之後恢復往來的作曲家維吉爾・湯普森〔Virgil Thompson〕有回收到葛楚斯坦的名片，在她的名字底下寫著「婉謝和湯普森先生更進一步的交往」）。當她與曾經最摯愛的利奧分開時，並沒有留下任何結束、寬恕或刻骨銘心的字句。

當問及利奧為何與葛楚斯坦愈來愈少往來時，他說艾莉絲與葛楚斯坦的關係「就像藤蔓纏繞樹木」。從這句話裡嗅出嫉妒與被遺棄的煙硝味，更明顯呈現出令人極不舒服的冥王星特質，這種特質傾向於建立主體與附屬品的敏感關係。這似乎源於某種信仰，即是當生命的能量不足以延續時，一個主體必須滋養與支撐另一個主體的成就。葛楚斯坦後來提到，在這個家庭裡，只能容納一個天才。

冥王星特質重的人，會緊抓住他人不放，如此才能感到力量。在這種情形下，控制欲使他們吸取旁人的本質與生命力，但這些臣服於下的對象卻在暗地裡產生一股力量。冥王星使他人脫離常軌，並以微妙的手法將對方的能量吸取過來，冥王星人也可能有蠻橫的傾向，或變得愈來愈為暴力，這樣才能保持住他們不正常的地位。就外界看來，這對兄妹分手是因為利奧看不起葛楚斯坦的寫作，說她寫的東西是「狗屁不通」，而無論是對葛楚斯坦或她的寫作而言，這種批評都是不能忍受的。葛楚斯坦說哥哥對她作品的回應「替我毀了他，同時也替他毀了我」。我們可以在這句話裡聽出冥王星，因為她用了毀滅這字眼，以及完全不留任何情面的心意。

可以想像利奧的評論對葛楚斯坦造成多大的殺傷力，以至於葛楚斯坦決然地將他排除在生命之外。這種分裂、敵對的感覺或信念，成為她往後人際關係的標記，只有站在受推崇的位置，她才是溫和、慷慨、風趣的人。當她撰寫《艾莉絲．B．托克拉斯傳記》（*The autobiography of Alice B.*

Toklas）時，將利奧完全從故事中剔除，如同艾莉絲之後說的：「葛楚斯坦真誠地將自己托付給利奧，因而完全無法想像他會讓她如此傷心，以至於最後拒絕他出現在自己的生活中。」由此可以理解為何家庭中出現冥王星及天蠍座的能量時，會讓人們斷絕所有的家庭關係，不再往來或是好幾年不說話。利奧在第一次世界大戰後試圖與妹妹聯繫，但她從沒有回覆他，兩人之間的沉默一直延續到彼此離開人世，長達三十五年之久。

也許是因為冥王星落入三宮，迫使某個兄弟姊妹從記憶中消除，所以葛楚斯坦將利奧自心中抹去，並將他的影響連根拔除。極為詭祕的是，這個位置有時敘述著改變某位手足生命的註定事件，我曾見證這種破壞力量強大的事件如何影響其他人。一位冥王星落三宮、對分金星又四分火星的男士，繼兄在一次飛機失事中罹難後，他的生活自此產生劇變。不到兩年，他唯一的兄弟染上愛滋，當時幾乎沒有人了解這是什麼病，恐慌自此蔓延。該如何解釋這種命運？而他的婚姻也在兄弟過世不久後宣告結束，彷彿當初結婚的目的，是為了呼應那些失去的經驗。

落入三宮的冥王星，象徵在我們周遭的某位人物陷入谷底或置身於令人恐懼的領域，他們打開通往地底世界的大門，而我們比他人更為敏銳地意識到這些問題。葛楚斯坦曾為哥哥的憂鬱和他經常性的自我質疑所困擾，因此決定遠離那危險的領域。她比才華出眾的哥哥擁有更多著作與成就，在美國的某個文學巡迴營中脫穎而出，並受到「名流」般的款待。人們似乎較容易將三宮裡的冥王星與海王星投射到某位手足的身上，原因可能是這兩顆行星需要花更長的時間才能為自我吸收，也或許是過於沉重而不得不將之投射出去。有時我會請教三宮內有海王星的人有無手足在某段時間內迷失自我的經歷，打個比方，他們是否曾經吸毒或染上酒癮。

來自另一個世界：位於三宮的海王星與凱龍星

學生：我的海王星在三宮。我的姊妹曾經逃家，失蹤了一陣子。

學生：三宮內的海王星，會不會有界線的問題？

琳恩：非常可能，因為落在三宮的海王星通常賦予人們易穿透的心靈，但手足們卻不會留心到海王星所帶來的模糊界線。三宮裡的海王星還可能象徵某個兄弟姊妹「過於完美」，或是因極端敏感而無法生存、無法為他人所理解。我總會聯想到田納西．威廉斯（Tennessee Williams）的劇作《玻璃動物園》（*The Glass Menagerie*）中行動不便且極為脆弱的姊妹，她獨自沉浸在收集玻璃動物的喜悅裡。

學生：我最小的妹妹吸毒很長一段時間，我們一直試著阻止她，但她繼續沉淪。我的三宮裡有海王星。

學生：凱龍落在三宮的情況呢？

琳恩：對於凱龍，你們可能研究得比我還多。誰的凱龍落在這個位置，並聯想到什麼與兄弟姊妹有關的事？

學生：我和兄弟的關係非常不好，我們很少說話。

琳恩：似乎是與溝通有關的傷痛，這種模式也會在其他關係中發生嗎？

學生：沒有的。我有很多朋友，我的月亮在射手座二宮，我是個很友善的人。

琳恩：我認識一位雙魚凱龍落在三宮的女性，由於雙魚座的守護星為海王星，因此三宮增添了海王星的色彩。她的兄弟有毒品方面的問題，不僅吸毒還販毒，最後因為服用迷幻藥而發瘋，即使住院治療也無法回復正常。他就是家族治療師所說的「被指派的病人」，這個詞彙用來形容家庭裡的代罪羔羊，從此種象徵來看，自然可以預期如此的結果。雖然我還在研究凱龍星，但當我檢視手邊的檔案，挑出手足因病受苦的類型時，發現多數個案均有凱龍落入三宮的配置。這似乎強烈地指出這位手足承擔了家庭的傷痛。

學生：假如不只一顆行星落入三宮，那麼哪顆行星屬於哪位手足？

琳恩：我的直覺是參照行星的排列順序，若為緊密的星群時，則採取配對的方式。但使用這種方式時需保持流暢與彈性，因為它們描繪的是人們內在的心理狀態。看看稍早示範的案例，瑪莉詠有四顆行星落入三宮，但她只有一個妹妹，她對妹妹的態度隨著時間而轉變，甚至逐一顯現出這些行星的特質。當生命前進時，特定的行星會受到行運的觸發，這是一種檢視內在與外在轉變的方式。因為手足之情早在母親體內即已定義，以至於要讓這樣的關係保持活力與彈性呈現一定的難度。對此我們已經討論很多，是個聊不完的話題。

木星落三宮

學生：木星落入三宮呢？

琳恩：和海王星一樣，木星有種理想特質，但沒有海王星的脆弱。如果你將木星投射出去，這一生恐怕不會太好過，因為最好的部分已經是別人的了。我記得一場在法國東部的研討會上，有位參與者分享他那有如「天使」兄長的故事，這位兄長出生後沒多久便過世，父母將他的照片掛滿整間屋子，而且常說：「你哥哥是這麼棒，他正看著我們，由天堂往下注視著你。你要記得你哥哥，如同他會這麼記得你」。這個完美的兄長無所不在，卻無法實際接觸或交流。所以他永遠都覺得自己不夠好，這個完美的兄長變成許多痛苦的根源。

誰有各方面都很優秀的兄弟姊妹？你的三宮裡有什麼行星，三宮宮頭的星座又是什麼？

學生：水瓶座，而我的姊妹三宮內有木星，她認為我很優秀，實際上我們對彼此都很慷慨。

琳恩：我喜歡木星落三宮代表的寬宏大量，我們有時會發現手足之間有種教導的關係，很像啟蒙或激發潛能。在瑪莉詠和安娜的案例裡便能看見這一點。然而木星就像站在山頂，即便出於善意，免不了會有對兄弟姊妹頤指氣使的情況。有位水瓶座星群落入三宮的個案，其中金星、木星、太陽合相，有個大他七歲的並在各方面都十分優秀的哥哥，他的哥哥總為人稱讚天生有創意，這使得當事人覺得沮喪。然而事實上這位個案才華洋溢，精通科學、數學與音樂，是位記者與心理學家，往來的朋友也大多為相互欣賞的藝術家。直到年近五十，他才領悟到自己的攝影資質優於哥哥。他的哥哥是藝術總監，大概從沒意識到自己在弟弟心目中是塊絆腳石，但這顯然是當事人腦中上演的幻想劇。儘管他自我懷疑了許久，但周遭的人早已肯定他的才華。

太陽落三宮

學生：可否將創作的概念與太陽入三宮連結？

琳恩：可以的，記得那首歌「你是我生命中的陽光」（You are the sunshine of my life）嗎？由於太陽落入三宮，某位兄弟姊妹可能光芒四射、十分耀眼，或充滿生命力；然而那是你的太陽，太陽總是與自己內心深處的驅動力對話，落入三宮代表它將促使你把太陽的光、熱引進觀念中，並與文字連結。倘若你不把三宮中的太陽能量收回來自己發展，很可能會促使某位手足散發耀眼光芒，如果事情順勢下去，那將非常、非常令人難受。你最好的部分再次屬於他人，因為你拱手讓人。

學生：我認識一位太陽位於三宮的人，他與手足間有種愛戀的氛圍，走到哪兒都黏在一塊。

琳恩：太陽落入三宮，可能會有互相仰慕與欣賞的手足之情。某位兄弟或姊妹可能引導你找到真正的自我，所以太陽落入三宮的潛在禮物是展現童年關係裡的自我本質，也就是打從非常年幼開始，你就可以做自己。如同大家所知，手足之間喜歡相互作伴，因為即便是伴侶或配偶，也無法像他們如此地熟悉我們。順利的話，太陽落入三宮的人會以開放與明晰的覺知照亮周圍的人，然而卻也可能僅限於貼近的關係裡，只因當事人無法在生活圈外找到這份輕鬆與自在。

矛盾的是，如果你的手足是你的英雄，他們反而會拋出一道長長的陰影，將你隱藏其中；太陽落入三宮的人可能始終感覺自己不夠堅強，無法在眾人前呈現出完整的自我。為了理解這種動力，必須檢視多張星盤，假使某位兄弟姊妹三宮中有太陽，另一位有冥王星，就能看出他倆對事情的感受大不相同；或是你的太陽落在三宮，而你兄弟的土星正好也有著一樣的位置，你會感到來自於他土星的壓迫、抑制與束縛，但並不表示這份關係是不可靠的。一個人可以正面地認同兄弟姊妹，在關係中尋求一種對應、熱切的期待。但我們得記住太陽需要挑戰才能完整呈現，落於這個位置，挑戰所帶來的競爭可能遠比我們最初設想的多。

某些家庭似乎比其他家庭更為熱絡，家人之間更常聯繫，互動十分緊密；但有些人卻幾乎無法理解自己的手足，雙方鮮少交談，更是難得見面。艾琳．蘇利文認為天王星與家庭情感的疏離有關；海王星則是過分親密與依賴。大多數人處於這兩種極端的中央，有時親密，有時疏離，然後如此循環。

2-8 三宮之外：兄弟姊妹的星盤比對

手足關係不能單看第三宮，例如以下案例中的這對兄弟關係深厚，但彼此的三宮內都沒有行星。通常我會將雙方的星盤套疊比對，也就是以其一的星盤為中心（視為內圈），將另一星盤按照內圈位置對應於外。若不習慣僅以星盤比對，也可以參照雙方的相位關係表。

文森和西奧

這張雙圈圖是以弟弟西奧・梵谷（Theo Van Gogh）為中心，哥哥文森・梵谷（Vincent Van Gogh）的星盤（圖四十一）則顯示在外圈。

許多合相連結了這兩張星盤，文森的太陽和金星非常靠近西奧的上升點，可以如何詮釋？

學生：非常溫暖的連繫，一開始便帶來輕鬆與寧靜的感覺。

琳恩：那是大多數的狀況，但這裡的情形稍微沉重一些，因為文森的太陽和其它行星沒有相

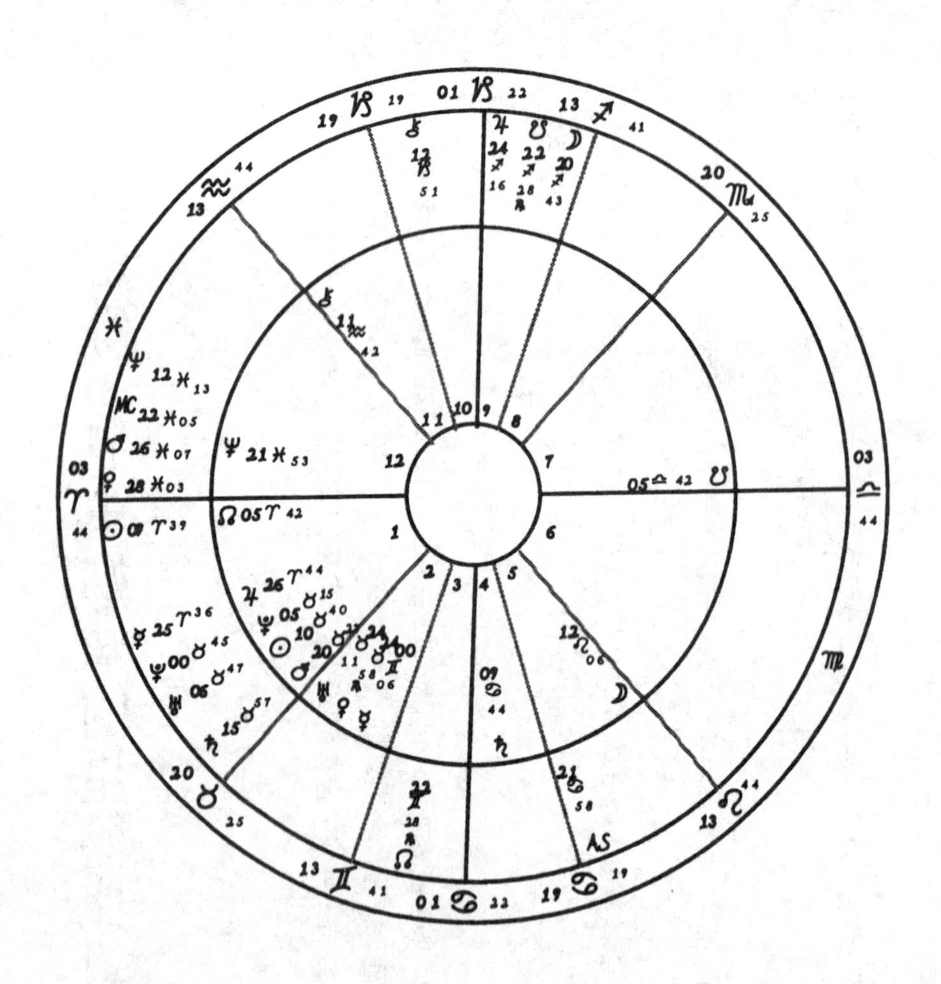

圖四十一

內圈：西奧・梵谷，1857年5月1日早上3點30分生，LMT，赫崙桑得，荷蘭。
外圈：文森・梵谷，1853年3月30日早上11點生，LMT，赫崙桑得，荷蘭。

位，只與凱龍星互為四分相。無相位的行星難以評估，有可能過於強勢或毫無發揮。西奧的上升接納了文森的太陽，並直接與文森強大卻還未整合的創作力連結。西奧和文森一樣也有太陽與凱龍的緊密四分相，這指向與太陽特質有關的傷痛，也就是內在生命力中有尚未發覺的痛苦與障礙。文森寫道：

> 曾經表現出內在的思想嗎？在我們的靈魂中，也許有把熊熊烈火，但沒有人曾過來取暖，路過者只見一縷青煙自煙囪冒出，然後錯過。現在，有什麼是必須落實的，必須走向內在火焰，添點風味，然後耐心等候。總有一天，因為殷切的期盼，某人會來到此處，緊挨著烈火入坐，也許就此停留【原註二】。

最接近文森內在火焰的是西奧。有趣的是，太陽同時守護文森的三宮，而三宮代表兄弟姊妹。西奧的太陽與冥王星合相，冥王星傾向極端的激烈，強勢主宰家庭中的關係。

兄弟倆的星盤中都有太陽與凱龍的四分相，無庸置疑指向他們的父親，這位父親曾辛苦地活在成就非凡與學識超卓的祖父陰影下。他們的祖父是牧師，名字也是文森。探討梵谷家族很容易陷入

原註一　摘自馬克．羅斯基（Mark Roskill）所著的《梵谷書信全集》（*The Letters of Van Gogh*）。

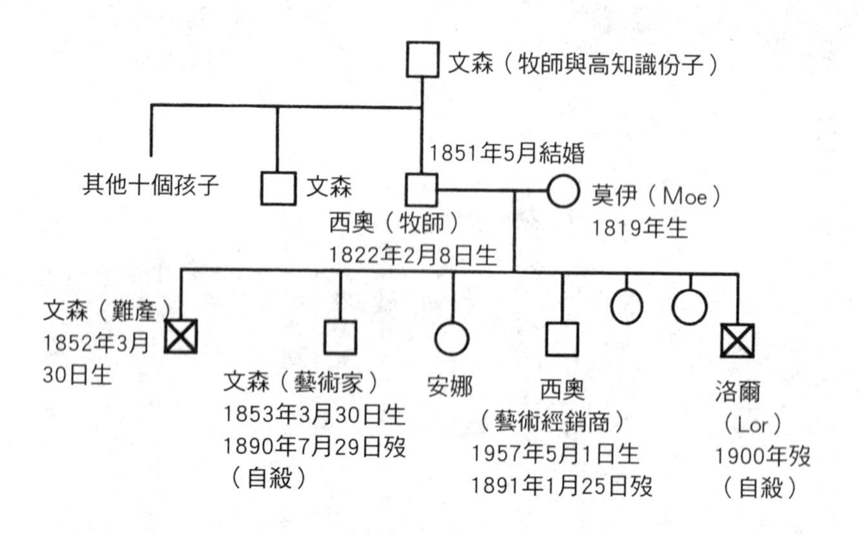

圖四十二

混亂，因為文森與西奧的名字一再重複，得畫一張家系圖才行（圖四十二）。

兄弟倆的父親是祖父的么子，他（西奧）繼承父業進入教會，卻因為行為不符期待，受貶派駐到偏遠的教區，家人們因而逐漸淡忘他。很自然地，他將第一個兒子以父親的名字命名，一樣取名為文森，但這孩子卻因難產而亡，死亡日期，正好是畫家文森出生前一年的同一天。所以畫家文森戴著「哥哥」的名字與生日，展開苦難的一生。他背負著別人的身分，延續著別人的死亡軌跡，難怪這張星盤中缺乏太陽能量的支持。

伯父文森是位成功的藝術經銷商，兄弟倆曾先後為他工作。由此可見，父執輩間已出現成功與失敗的相對模式。此外伯父文森及父親西奧與一對姊妹結婚，更增加了梵谷家族的複雜性。

以下是兩兄弟星盤的相位關係表（圖四十三）。文森與西奧的星盤中都有日土相位；文森的土星落於西奧的日土相位上，而西奧的土星準確地四分文森的太陽，暗示他倆的關係中帶有父親元素的互動。雖然文森總是讓弟弟與操心憂慮，且成為他沉重的經濟負擔，但兩人間的互動卻不沉重，西奧的支持與奉獻令人動容，他提供資金支持哥哥的生計與創作。西奧星盤中的巨蟹座土星非常顯眼，距離天底不遠，落於四宮且六分太陽，較文森的星盤容易整合。可以說西奧為哥哥犧牲（西奧的海王星位於文森的天頂），也可說他倆的命運無可避免地交纏在一起，神祕地共生並走向同一個目的地，又或者說，文森如火焰般吞噬西奧。當西奧訂婚的消息傳來後不久，文森便開始崩潰；而西奧兒子（也命名為文森）的出生，更讓他的病情加速惡化。西奧則在文森自殺後六個月的同一天因病離開人世。

在最難熬的時期，文森寫信給西奧：

> 人們常受到環境的限制，這限制宛如禁錮，我不知道還有比這更可怕、恐怖、殘酷的牢籠……你知道是什麼讓人從這種監禁中釋放出來？是極為深刻與真摯的情感，是朋友、兄弟強大神奇的愛打開了這道枷鎖，如果沒有這種愛，一個人將在禁錮之中遭受遺棄。【原註二】

原註二　同原註一。

文森的行星

西奧的行星	☉	☽	☿	♀	♂	♃	♄	♅	♆	♇	MC	AS	☊
☉	001 S ⚺ 01				000 A ∠ 27	001 S Q 24	005 A ☌ 17	003 S ☌ 52	001 A ✶ 33	009 S ☌ 54			001 A ⋈ 47
☽	002 S △ 27	008 A △ 37		000 A Q 56	000 S Q 59		003 A □ 50	005 S □ 19	000 A ⚻ 06				001 A ✶ 46
☿	000 A ✶ 58			002 S ✶ 02	003 S ✶ 58					000 A ⚺ 39		000 ✶ 55	
♀	000 A ∠ 19		000 S ⚺ 37	003 S ✶ 04	001 S ✶ 09	000 A ⚻ 42	009 A ☌ 01		000 A Q 45		002 ✶ 53	004 ✶ 22	
♂	000 S ⋈ 44	000 A ⚻ 21			005 A ✶ 43		004 S ☌ 26				001 ✶ 41	000 ✶ 12	
♃		005 S △ 59	001 S ☌ 08	001 A ⚺ 18	000 S ⚺ 37	002 S △ 28			000 A ∠ 28	004 A ☌ 01		006 □ 08	004 S ✶ 16
♄	000 S □ 05							002 S ✶ 56	002 A △ 29				
♅	000 A ∠ 27		001 A ⚺ 24	003 A ✶ 51	001 A ✶ 56	000 A ⚻ 04	008 S ☌ 14		000 A Q 01		002 ✶ 06	003 ✶ 35	001 S ⚺ 43
♆		001 S □ 08		006 A ☌ 10	004 A ☌ 14	002 A □ 23	005 S ✶ 55	000 S ∠ 05	009 S ☌ 39		000 ☌ 12	001 △ 16	000 A □ 35
♇		000 A Q 29	009 S ☌ 38		000 A ⋈ 52			001 A ☌ 32		004 S ☌ 29	001 ∠ 50		
MC	008 □ 16		005 △ 46	003 □ 19	005 □ 14	007 ☌ 06	000 Q 25	005 △ 24		000 △ 36	009 □ 17		008 ☍ 54
AS	006 ☌ 03			005 ☌ 32	007 ☌ 27	009 □ 19							
☊	003 S ☌ 57			007 A ☌ 38	009 A ☌ 34		000 S ⋈ 15	001 S ⚺ 05					

圖四十三

相位關係表

金星、天王星合相在金牛座的西奧，如何能抗拒這種請求？文森繼續寫道：

> 我們的性格迥異，對事物的看法不盡相同，然而也許會有那麼一天或某個時刻，我們會相互幫助。

如果將文森的星盤放於內圈來檢視他倆的關係，可以看到西奧有五顆行星落在文森的十一宮，這是與潛能有關的宮位（圖四十四）。文森最大的痛苦來自於生命中缺少友誼，由於冥王星、天王星和土星都落在十一宮，他極度需要有個人能長時間地與他相處。西奧是他朋友與兄弟的不二人選。

西奧的月亮落在文森代表財務的二宮。實際上確實如此，文森過世前的六年，西奧是文森唯一的經濟支柱；同時西奧的月亮四分文森土星、天王星的相位，另木星合相文森的水星，這通常代表教導與協助的關係，也指出他倆連繫頻繁。值得一提的是，終其一生奉獻給繪畫的兩兄弟都有強勢的金星，文森的金星落於強勢的雙魚座並與火星合相在天頂；而西奧的金星則是落於守護位置的金牛座。

觀察星盤中四元素的占比是分析個人特質的重點，當元素分配失衡時需要特別留意。西奧強調土元素而文森強調火元素，此外，兩人的行星都集中在少數幾個星座、特別的宮位和南北交的連結；另兩張星盤中都缺乏風元素，如同先前瑪莉詠和安娜姊妹案例中所呈現的。

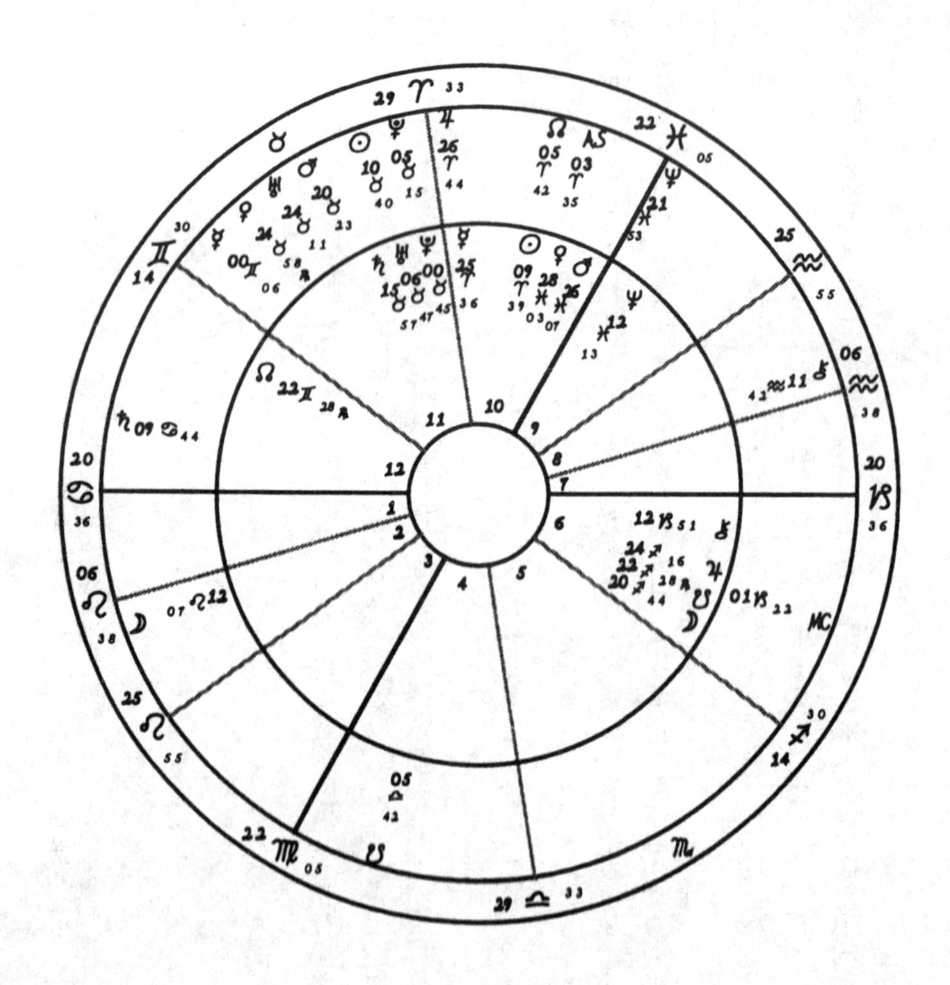

圖四十四

內圈：文森・梵谷
外圈：西奧・梵谷

兄弟姊妹的互動和其他關係一樣，無法單看一個宮位就可論定，即便是三宮提供了本質的暗示也一樣。別忘了觀察，與他人最早接觸的經驗如何影響著我們的世界觀，以及如何顯現在成年後的關係上。童年與兄弟姊妹相處的困難，可能促使我們走向十一宮，結果可能更符合我們人生的功課，因此不妨花點時間思考，自己是否透過三宮、七宮、十一宮與他人接觸，又是覺得哪種方式比較自在，哪種比較困難？

2-9 十一宮

能夠想像生活中沒有朋友的情況嗎？朋友是生活中最基本的部分，然而卻幾乎找不到與此相關的心理文獻。將友誼視為心靈的呈現是種迷人的說法，但它應該歸屬何處？

學生：自由權和選擇能力在挑選擇朋友時是個至關重要的角色，畢竟友情不受過去事件的影響或制約，不是嗎？

琳恩：是的，通常是無關的。許多方面，心理學以「我」的角度來討論友誼，視它為內心的本質，同時也是個性的展現，亦即我們如何及為何成為現在的狀態。然而「心理」（pysche）這個字指的是靈魂，所以友誼自然為靈魂所關注。圖書館將有關「友誼」的著作陳列在兒童文學、哲學思維與倫理道德的分類區，代表友誼與生活中所做的選擇有關，例如我們想成為哪種人、認為什麼關乎至要。「哲學」（philosophy）這個字指的是「對智慧的愛好」（the love of wisdom），從希臘文「菲利亞意指的愛與索菲亞意指的智慧」（philia-love and sophia-wisdom）延伸而來。希臘人提到三種愛，分別是「厄洛斯」（eros）、「菲利亞」（philia）、「阿加佩」（agape）。愛神厄洛斯代表尖銳、無法抗拒的被愛欲望，這種愛欲可以同時振奮與粉碎一個人；阿加佩是指「人類對神的愛」，可稱為無條件的愛；而菲利亞介於這兩者之間，不過於熱烈也不過於冷靜。

十一宮的關鍵概念包含：友誼與群體、希望與願望。但事實上卻很少提及希望與願望，大概是與其去期盼，我們的社會偏愛帶有意志的抉擇，許多占星書籍已略過此意涵不談，而以較能激勵人心的「計畫」與「目標」來替代。在我看來，有些東西可能已經消逝不見，稍後將會提到。

朋友關係是一種自由的選擇，除非生活範圍極端狹隘，否則一般而言朋友會從公開的領域中出現。一開始是父母在住家附近為我們選擇了學校，雖然學校同學的背景沒有太大差異，我們還是因此進入了未知的領域。為了製造第一次對外接觸的經驗，我們走出家庭，走向歌德所謂「選擇式親近」（elective affinities）的範疇。童年友伴通常是與地緣相關，而非真的出於選擇，但某些童年時期的特定關係可維持一輩子。大部分的人是在幾歲時開始結交朋友？又是在多大時，有朋友進入我們的生活，且讓這種關係「維持」下來？青梅竹馬的友誼較與三宮相關，而不是十一宮。許多人記得四、五歲時結交的朋友，並約於九、十、十二歲後，開始結交不同類型的朋友。

學生：我第一份重要的友誼大約是在十一、二歲建立的。那時是木星初次回歸的時間，不是嗎？但因後來搬家，友誼就此中斷。

琳恩：是的，木星回歸賦予這段友誼的中斷一定程度的意義。第一次木星回歸後，我們踏出家庭，準備邁向接下來十二年的轉變階段，也預示著將要結交另一類的朋友。特別是青少年時期個性變化得很快速，血氣方剛的處世方法會帶來許多混亂，我們需要別人給予「我可能成為哪種人」的意見。塞萬提斯（Cervantes）【譯註二】說過：「告訴我你結交什麼朋友，我就知道你是誰。」在早期，朋友幫助我們往探索自我的方向前進，或是他們代表了我們所選擇的道路。如同先前提到的，木星的喜樂宮位在十一宮，也許是因為兩者都帶有開放的意涵。

在座有多少人與朋友比兄弟姊妹還要親近？答案幾近是大多數。你們不覺得這件事本身就很有趣嗎？

十一宮：四宮的十二分之五相位

占星學吸引需跨出常規的人，所以接觸占星的我們可能內建了傾向十一宮的設定。我們之中父母也是占星師的例子極為少見，熱情通常促使我們遠離家庭，並偶爾與家人產生激烈的抗爭。我喜歡把十一宮想成是與四宮呈現十二分之五相位的宮位之一，另一呈現十二分之五相位的則是九宮。九宮與超越家族賦予的世界觀有關。你可能因為離鄉，或接受的信仰與知識而與家人有所不同，順利的話，你會成為他們的導師；或者恰恰相反，如鄉親們感到瀕臨危險，會視你為充滿劇毒的汙染源頭。我有時會想像著好幾世紀前小城鎮的生活，當一個年輕人從大學或長期的海外旅行歸來時，親人們會有些什麼反應？將以質疑還是好奇的眼光來迎接他？

十一宮讓我們踏出狹小、受保護的圈子並與更大的世界握手問好。這是另一個與四宮呈十二分之五相位的宮位，十一宮使我們與家族間的關係產生深刻變化，讓我們與外人站在同一陣線，甚至為了朋友而不理會家人。許多文化還是偏好血緣關係、對陌生人存疑，這就是他們何以忍受繁文縟節，小心翼翼對待姻親關係的理由。選擇一位帶有目的要和我們成為朋友的人，需要某種勇氣及對人性的信任，因此也可以說十一宮幫助我們釋放過去，從安全的需求中走出來。十一宮裡建立的關係須以信任為基礎，當你能信任他人，也就能相信未來、相信轉變。

牛津字典對「朋友」的解釋是「與你互相釋出善意和親切感的人」，你們覺得這個說法太過樂觀嗎？

學生：聽起來像是海王星落在十一宮。

琳恩：其他字典的定義大多是「希望他人好的人、同情者、偏愛者、贊助者、協助者，或擁護者」。十一宮包含政治層面，關係著我們如何與他人連結，這既個人，也是群體。身為心理占星中心的學生，你們是十一宮裡的一部分，即使這個群體位於三宮／九宮的教學與學習軸線上。

陌生人：第八宮

琳恩：如果朋友是在十一宮建立，那麼陌生人會在星盤中的哪一宮？

譯註一　西班牙作家、戲劇家、詩人，《唐・吉訶德》的作者。

學生：第八宮。

學生：十二宮，因為與未知有關。

學生：第九宮，它守護著不熟悉的事物。

學生：請等一下！對我來說，身為外國人是非常習以為常的事。

琳恩：在法文中，「陌生人」與「外國人」同樣是「l'etranger」這個字，因此可以將陌生人歸入九宮，雖然在法文的語文學上稱這是「假朋友」（a faux ami）【原註二】。十二宮則與潛意識比較有關，或是對集體的反應。我個人會選擇八宮，因為八宮是關注和他人親密交流的領域，並能觸及生命的奧祕寶藏。畢竟八宮是關係的宮位，相當在意信任與背叛的議題。之所以提出「陌生人」的問題，是因為我很想知道人們如何認定朋友，畢竟大部分的朋友一開始都是陌生人，而我們是如何篩選的？為什麼會尋找某種特定的人，選擇的基礎是什麼？

學生：我想你在尋找的是自我認知的投射，像是另一個相似的自己，或者是替代的面具。

琳恩：朋友會反映出我們的某些自我，只是這樣而已？我們不也是會受到不同的人吸引？

第十一宮：土星或天王星？

學生：透過與別人互動，我們更容易認識自己。

琳恩：哎呀呀，所以你還在尋找自己身上先前沒有挖掘的特質啊。十一宮的問題在於，它能夠反轉你與其他人之間那種一廂情願的想法。也就是說，十一宮可能會影響其他人看待你的方式。我相信大家都有過這種經驗，當你覺得別人認為你笨手笨腳、無能愚蠢的時候，你真的莫名其妙地笨手笨腳無助了起來，或著有時你會以差點打破什麼東西來回應其他人的想法。

朋友並非只會在你身上看到優點，但至少在一開始的時候，朋友會比較傾向於注意你的長處。為了準備這研討會，我訪問了一些人，想了解「文化」扮演何種角色。你們來自於不同的國家，我無法了解所有國家的文化，但我知道法國人需要時間才能建立朋友關係，而時間就是土星。美國人對此很不以為然，他們可以快速成為朋友，如同速食上菜的速度一樣，馬上就稱兄道弟起來。

學生：但這種感情也有可能是很真誠的。

琳恩：對某些人來說的確是。我們可以水瓶座的兩顆守護星：土星與天王星，對友誼做出不同的詮釋。美國人較歐洲人快些放下人我之間的界線，對於居住在美國，傾美國化的人來說也是一樣。但在法國，你必須經歷一連串的儀式，就像艘小船慢慢地滑過湖面。通過第一階段後，需靜待一會兒檢視是否安穩，再通往下階段，然後再等待一陣子看看。一旦讓法國人認定你是朋友，友誼

原註一　法文裡有個「假朋友」（faux ami）的說法，這其實指的是「同形異義詞」，也就是一個字形類似的字在不同的語言裡有不同的意思。

就能長存，他們極少有快速建立的友誼。

學生：在英國則比較容易一些，只是你必須等個三百年。

琳恩：你從哪裡來？

學生：瑞士。

琳恩：瑞士人結交朋友的速度相當快速，不是嗎？這說明了交朋友這件事是有文化脈絡可依循的，這些文化脈絡就是個外在的參考系統，也包含了人性的概念：我們是否信得過別人？是不是人人都自私自利？各個文化中人們交上朋友的速度皆有不同，這可能是長久累積下來的集體謹慎意識所致。十七世紀的哲學家托馬斯・霍布斯（Thomas Hobbes）認為人的一生「險惡、短暫且殘酷」，他認為每個人的行為都是出於自我的利益，而友誼就像政治，動機乃是出於自衛的本能。有句很有趣的法文：「對人們來說，人是狼還是神？（Est-cequel'hommeest un loupou un dieu pour l'homme?）」人性中的原始獸性隸屬八宮，象徵着貪婪欲念、侵入搶奪，以及燒殺擄掠的能力。對大多數人來說，擔心遭人剝削、摧毀或傷害的恐懼時常會浮上心頭。這種危險在人與人的關係中是真實的，隨便看一下新聞或報紙，就可以看到盧安達（Rwanda）或科索沃（Kosovo）的侵掠者，又或是美國中西部的小鎮上，青少年用槍掃射他的同學。

若你有八宮的行星與十一宮的行星形成四分相，將賦予「可否信任他人，成為真正的朋友？」這類議題莫大的能量。你會比別人更在意這類問題。根植於現實的這份恐懼，將會干擾你信任他人的能力。

冥王星落十一宮

學生：冥王星落十一宮能擁有真摯的友誼嗎？我認識一個冥王星在十一宮的人，他與一群壞人一同墮落。

琳恩：冥王星經常引發與陰影有關的議題。法國流傳著一種「狗狼之間」（Entre chien et loup）的說法，以極為詩意手法描述著每天日落後，事物由明亮轉向黑暗，以致難以辨別狗與狼。在這段灰暗的時間，人們與地底世界，也就是冥王星的領域，有種心理上的連結。如何辨識靠近我們的是忠誠的狗，還是一隻不可信任的狼？我們不可能看穿他人的心理，這種懷疑最可能屬於八宮的範疇。十二宮傾向自我的懷疑，雖然它幾乎可以包含所有的事物，無論是全面的或無形的。

由於冥王星傾向超越個人，可能會有種關於團體、群體或社會某種階層的焦慮，並有著將人劃分為「他們」的偏執。十一宮有種集體的特性，我看過反種族主義運動者與納粹主義者的星盤，兩者的冥王星都在十一宮。木星合相冥王星落入十一宮的傑基・羅賓森（Jakie Robinson）【譯註二】，打破運動場上種族隔離的陳規，即使他常受到旅館的輕視與詆毀，甚至拒絕為他服務，但他最後改變了社會群體的意識。十一宮與我們即將建構的世界有關，無論是集體或個人的世界都一樣。落入

譯註二　美國職棒大聯盟史上第一位非裔美國人（黑人）球員。

十一宮的行星讓我們知道自己將如何影響這過程，這種未來感或潛在感是十一宮非常根本的意涵。

十一宮與未來

琳恩：天頂／十宮與十一宮兩者描述的未來有何不同？

學生：我認為十宮與地位，也就是在社會上的位置比較有關，而十一宮的範圍更廣。

學生：在十宮的話，你會成為公司的總裁；在十一宮的話，你會開始從事慈善工作。

琳恩：這將十一宮傳統的社會功能描述得很好，但十一宮涵蓋的不只如此。我們可能設定一個目標並在十宮達成，而十一宮代表著「尚未實現的潛能」。

學生：摩羯座比水瓶座更具組織與架構。

學生：十宮的感覺比較個人和直接一些；十一宮是關於集體的。

琳恩：沒錯，十一宮並不只是我們未發展的潛能，也是社會的潛能。它如何與友誼連結？

學生：我想到「未來種子」的概念。善意促使事物成長，十宮是我們成就個人的領域，然後在十一宮，我們嘗試某些新的事物，並種下一棵樹。

琳恩：就好像在七十歲時，種下了一棵樹。

學生：在你死後，會有人來到樹下納涼與欣賞，還有其他人幫忙滋養和灌溉。

學生：也許十一宮與讓事物成長，和隨著朋友而成長有關。第十宮的摩羯座比較有組織架構，但當進入牽涉他人的十一宮時，就必須有更多覺知，因為這是雙向的溝通。

琳恩：星盤中天頂的箭頭總是指向某處，可以把它當成生命遵循的道路，只要活著就有方向與目的。我們走在通往天頂的道路，但它大致上是與個人目的及成就相關的道路；對某些人來說，他的成就領域裡自動涵括別人或世界上的大事件。十宮專注的是我們所扮演的角色，一旦你已完成了某些事，不管是什麼，十一宮就是你的下一步。

太陽落十一宮

學生：是否無法以個人身分或既有組織中評估下一步，而必須與一群夥伴共同選擇所謂的下一步？

琳恩：這聽起來非常像水瓶座。

學生：我的太陽在巨蟹座落十一宮。

琳恩：太陽在十一宮象徵天生與他人連結的意識。由於太陽落入此處，個人的身分認同乃是透過成為更大事物中的一部分、透過與他人連結的能力而建立，這類人喜歡感受人我之間交手的火花、喜歡參與團體事務。太陽落在十一宮的人在社交上一向如此，即便是在俱樂部裡閒聊、玩樂，他們還是在創造連結，尋找某種結盟。許多太陽落十一宮的人，如同一般書上所寫，他們信奉人道宗旨，並透過參與他人的生活找到自我。

學生：假使無法透過個人力量或某個機構、組織來完成目標，就得透過相互支持、友好的群體來完成。

琳恩：我們可以透過群體建立友誼，但不一定都是這樣。記住，我們談論的是「某種友誼」。

學生：我以為我們在談「一群朋友們」。

琳恩：這個對話很有趣，點出了十一宮裡個人／集體的本質，兩者都清楚地浮現。我們可能為了相似的理由加入某個群體而建立友誼，但運作上就是有些不同。大部分的人都有很多朋友，但朋友之間不一定互相友好。稍後，我們將會更宏觀地討論十一宮。

十一宮的守護星落八宮

由於土星與天王星共同守護水瓶座，檢視友誼的方法之一，便是探討這兩顆行星的模式。有些友誼即刻就能建立，有些則需時間慢慢累積，然而即便是快速建立的友誼，也需要時間之神為彼此在生命中扎根。兼顧守護水瓶座的土星告訴我們，友誼並非絕對自由，它包含某些原則、某些要件，這些極少是在有意識的狀態下建立的。如何得知某個人可以成為朋友？如何選擇？

學生：我的金牛座在十一宮，守護星金星落在八宮的水瓶座。我認為朋友是與其相處時，令我洋溢著愛與力量的人。這當中沒有支配或恐懼，有的只是兩人一起分享這份力量。

琳恩：所以八宮涉及的力量主題是你對友誼的定義，這也許是你意識層面中努力執行的一部分。你追求的不是互補、體恤或同情，而是對等的力量。孔子說「無友不如己者」，但我們怎麼知道某人有類似的特質，一種我們認為很珍貴的特質？

海王星落十一宮

學生：我的太陽、金星、土星合相在八宮，四分十一宮裡的海王星，而金星守護十一宮。我有劃清界線的困擾。

琳恩：是的，我能想像你為朋友兩肋插刀、替他們付租金、幫助他們。然而當你感覺太過分時，你會說：「到此為止。」

學生：是會變成那樣沒錯。

琳恩：十一宮裡的海王星，追尋事物中無止無盡的面向，所以即便沒有與八宮形成四分相，仍會浮現出界線的問題。十一宮帶領我們進入新的經驗領域，初步接觸時可能會覺得過於廣闊。因當身在熟悉的三宮環境時，即便是困難的事都不會距離預期太遠，然而進入了十一宮以後，各式的驚喜都可能從天而降。一旦踏入十一宮的未知世界，不論其中行星的本質是什麼，都會啟動這些能量。十一宮代表選擇與他人連結的方式。當三宮內有愉悅的行星落入，我們極可能深受來自熟悉領域的人、事、物所吸引。相較之下，假若類似火星、土星或冥王星等困難行星落入三宮，十一宮自然更具吸引力；反之，若是困難的行星落入十一宮，我們則不會離家太遠。

學生：要怎麼選擇朋友呢？

琳恩：究竟是「選擇」朋友，還是「發現」朋友？這裡的友誼似乎有點受到太陽的影響，與認定個人的真正本質有關。與第五宮相比，十一宮裡的愛比較不擔心是否有回報，也較有喘息的空間。由於三宮與十一宮之間互為三分相，應該有種流動性或持續性在兩者間穿梭，但友誼並不等同於手足關係，因為友誼還摻雜了選擇的因素；在某些宮位的劃分制度中，三宮內的行星甚至會四分十一宮裡的行星。

學生：面對手足時，容易陷入某種模式，很難成為真正的自己；面對朋友時則必須表現出個性，即便得很努力才能做到。我常在一開始時覺得自己與某人不合，但後來卻跟對方成為好朋友。

琳恩：仔細聽，「努力」、「真實」、「現實」這些字眼充分顯現出十一宮裡有天王星的影響，它讓你覺得與他人共處時必須努力地成為自己，這會豐富你所認定的人我之間的可能性。如果是冥王星在十一宮，你可能會感覺遭受壓制，並且陷入沒人可信任的殘酷處境。落在十一宮裡的行星，是作為一個人必須有的態度，不單只有「你」是誰，還有「他們」是誰，「我們」是誰。

學生：我發現關係總是在改變，包含各種形式的關係。有些人是我主動接近他們，有些人則是主動靠近我。有些是非常忠實可靠的好朋友，即使比較無趣，但他們身上有種和善的特質，這很美好。

琳恩：你的十一宮宮頭是天秤座，金星在三宮，解釋了你何以需要各種類型的朋友，因為你的三宮不喜歡單調與乏味。我很驚訝你用無趣來形容可靠的朋友，也許可將他們比喻為土星的類型，如同某種穩定的系統一樣。而天王星喜歡有助掙脫束縛、使內在獲得自由的朋友，讓你能成為真正的自己。聽起來，你似乎依然透過不同種類的朋友來探索自我。

古希臘哲學家亞里斯多德（Aristotle）提過三種不同類型的朋友，分別是正直可靠、性情愉悅，以及有所幫助。他提出朋友之間究竟是「物以類聚」還是「異性相吸」的問題？並引用了一句諺語：「乾旱的土地，渴求甘霖。」他認為友誼需要學習，因為它能夠幫助我們獲得快樂。

有意思的是，人們會花上幾小時、幾星期，甚至好幾年的時間來做治療，過程中他們談論父母或伴侶，但就是不會涉及朋友，除非友誼出現問題。一般來說，我們不會到處宣示自己對朋友的感情。想想看，在我們的生活中，存在著一個不願過度親密的關係領域，這真的很有趣。截至目前，我仍在尋找友誼和未來之間的聯繫。對此，你們有什麼想法嗎？

學生：你採用狼和破壞者來形容自八宮四分十一宮的意義，有什麼適合的神祇典故可用來詮釋十一宮？你不是說九宮是神的宮位？

2-10 善的守護靈

琳恩：這個研討會讓我想到一件事，也就是在古代的文本中，十一宮與「善的守護靈」（bonus daimon）、十二宮與「惡的守護靈」（malusdaimon）之間的連結。某些文本中，它們指的是善良的天使與邪惡的天使，很像卡通裡在我們身後角力的惡魔與天使，分別代表著誘惑與良知。但「守護靈」所代表的意涵其實不僅如此。

守護靈與命運

最近我一直研究這個概念，有朋友在我抵達倫敦時，送了本詹姆士·希爾曼剛出版的《靈魂符碼》（*The soul's code*）【譯註一】給我，其中的主軸圍繞著守護靈與個人感召，所謂的感召即是想釐清某個想法時，便有令人興奮的同時性發生。之後，我居然真在瑞士小屋（Swiss Cottage）的圖書館裡找到一本，市面上還沒有發行的平價平裝本。希爾曼在其中提到：

> 出生之前，上天賦予每個靈魂一個獨特的「守護靈」，它選擇了我們活在世上的圖像或模式。守護靈——這個靈魂的伴侶，引導我們降臨世上，然而我們忘了所有曾經發生過的事，以為誕生於空無中。而但守護靈知曉專屬予你的圖像與模式，所以守護靈承載著你的命運。

這是令人非常興奮的事，在占星的原型中，十宮與命運連結，那麼為何古人要將守護靈放在十一宮？

學生：這是代表水瓶座的土星意涵嗎？

琳恩：以水瓶座擁有的模式來說，是這樣沒錯。然而，即便我們一直討論水瓶座的守護星及其與友誼之間的關係，希臘人卻不這麼想。古代的占星師並非依照宮位與星座連結的方式思考，這是現代為了幫助初學者所使用的方法，但從長遠來看，最終很可能使你們陷入混淆。十一宮與水瓶座有許多共通性，不過，找出它們的不同點也很有意思。

以前的人相信每個人都會分配到一個守護靈，守護靈可能是善的、惡的或無關緊要的，故不一定會得到對自己有益的守護靈。某個程度來說，我們得到的守護靈決定了生命品質。在法蘭克·卡

譯註一　《靈魂符碼》一書寫於一九九七年，本書研討會是在一九九八年六月舉行。

普拉（Frank Capra）的電影「風雲人物」（It's A Wonderful Life）【譯註二】中，主角吉米在聖誕節前夕搞丟一筆重要款項，以致絕望消沉，想要自殺。這時，上天派了個翅膀還未長好、經驗也尚未成熟的守護天使給他，守護天使要讓吉米回心轉意前犯下許多的錯誤，但最終仍順利化解危機。惡的守護靈會將我們拉入痛苦與困境，透過掙扎與錯誤使我們通往目的地，這是我理解惡的守護靈與十二宮的方式。即便有些事情看來糟糕坎坷，卻能引導我們與命運連結，所以無須妄自斷言結果幸或不幸。

希臘文中，「eudaimonia」這個字是「幸福」的意思，也就是「守護靈」（diamon）的字首再加上eu（滿意或好之意），讓我聯想到「euphoria」（心情愉快）這個字。所以幸福最終是由附身的守護靈所決定，如果我們有一個善的守護靈，就是幸運的。《韋氏詞典》將「守護靈」（diamon）翻譯為「附身的靈魂」，基督教更美其名為「守護天使」。很難想像天使會讓我們陷入困境，但守護靈不全然都是良善的。探討這種附身的靈魂很有趣，例如探究它的優劣、它如何讓我們理解生命運勢的暗示。希爾曼引用柏拉圖《共和國》裡的末世傳說〈俄爾神話〉來說明。拉克西斯（Lachesis）是命運三女神「莫伊萊」（Moirae）之一，負責測量生命線的長短，她將守護靈分配給我們，一旦我們選定了命運的途徑，守護靈便會一路相隨；而另一個命運女神克羅托（Clotho）則編織著生命線，勾勒我們的命運藍圖。守護靈會記得我們應該做的事，以及應該成為什麼樣的人。

觀看《王爾德》這部與奧斯卡・王爾德（Oscar Wilde）【譯註三】有關的電影時，我的腦海裡不斷運轉著他的生平。電影內容描述讓他聲譽與健康毀於一旦的迷情，並導致他入獄、流亡及潦倒。王爾德的獅子月亮入十一宮，準確地四分天王星，這或許為他帶來卓越的成就、眾多權勢及欣賞他的朋友。另外，位於獅子座的月亮也描述了閃耀的靈魂和豐富的想像力。他不顧妻子，熱情地投入這段不合時宜的悲劇愛情，呼應了海王星合相雙魚座的七宮宮頭，四分十宮的土星。雖然十二宮是空宮，卻由太陽守護，透過太陽與獅子座的月亮連結，王爾德有個善惡兼具的戲劇性守護靈。

學生：所以守護靈與靈魂的目的有關，我們從出生時便帶著它走向未來，也就是十一宮。

琳恩：是的，在這個觀念裡，某人或某事在過程中幫助我們。善的守護靈就像某類心靈上的朋友，它關心的是我們的目的。

學生：為什麼我從沒聽過這個概念？

琳恩：在羅馬帝國沒落與伊斯蘭文化重新傳遞這些概念的過程中，許多占星學的傳統已失落。而且守護靈也屬於異教徒的觀念，中世紀歐洲基督教的世界觀無法接受它，因為基督教世界觀認為基督即是神，繞著靈魂與神魔打轉似乎有些不智，讓人嗅到巫術與魔法般旁門左道的味道。雖然人

譯註二　美國電影學會將其評選為百年來最偉大的勵志電影。故事靈感可追溯自查爾斯・狄更斯的經典小說《小氣財神》。主旨探討生命意義，內容涉及天使，也談相信奇蹟。

譯註三　愛爾蘭劇作家、小說家、詩人與短篇小說作家。

們還是相信，但可能已將這些概念擠到集體潛意識裡去。

另一個層次上，希臘人相信我們在出生時便全然遺忘前世的事，守護靈的存在是提醒我們此生的意義是什麼。羅馬人則有「守護神」（genius），也就是伴隨人們出生的守護靈，當時帝王有個專屬的聖壇，能將他的祈禱文與祭品奉獻給他的守護神。直到十七世紀，「genius」才開始廣泛指涉人及才能，這也反映出人們逐漸與神和靈的世界分離，認為得自行負起成就的全部責任。我們可以將守護靈想成一位引導者，但又不完全是九宮象徵的導師與引導者，九宮較與理解相關；而守護靈實際上是另一種意義。

學生：也就是說守護靈替我們選擇朋友，但我們不知道它為何這麼做？

琳恩：我猜，朋友與守護靈可能扮演相同的角色。

學生：也許是的，因為我的十一宮是水瓶座，但守護靈對我而言似乎是創造自我的一部分。學習讓自己更好、學習因為新朋友而選擇了新生活。其實我說的是我的金土相位經由這些外在的連結，讓我學到某些事物的價值。

琳恩：每個人都在友誼中尋找某種特別的事物。有些人的朋友既多且雜，有些人只有一、兩個親密的朋友。我問過一位雙子太陽落十一宮的朋友：「如果你只有一個朋友，會有什麼感覺？」她回答：「喔，那將會非常緊張與不安，因為我非常享受於和朋友互為對比的感受。」由於太陽落十一宮，她透過與每個人相處的不同感覺，來定義與了解自我，也從每個接觸過的人身上找到部分的自己，並漸漸靠近那些部分，這強調了雙子座容易將自我分成好幾塊的傾向。

學生：我發現朋友幫助我成為自己。朋友比家人或伴侶更可靠，他們協助我發掘自己的本質與創造力。

朋友如守護靈

琳恩：我們已逐步邁向友誼的相關概念，這是每個人內在潛藏的種子，並超越了賀爾馬克（Hallmark）問候卡【譯註四】上的虛擬情意。人們對待朋友可如惡狼或守護靈、像個破壞者摧毀對方的健康與幸福，亦或是協助對方找到本質。在友誼中，我們體會到如天使（無私的幫助）或半神（資助的恩人）般的面向，古羅馬人更在制度中落實這種概念，他們會在恩人過世後將其提升到如神般的地位。關於這些可參考杰奎琳·拉格雷（Jacqueline Lagrée）的研究，她致力探討傳統思想裡有關人的獸性與神性的分界。

古希臘諺語說：「人是他人的半神（anthroposanthropoudaimonion）。」正確來說，一個人是另一個人的守護靈。星盤裡的十一宮介於友誼與守護靈之間：以細微的方式或直接的物質協助，激

譯註四 於美國創立，今已發展出國際性品牌，產品包括賀卡、文具、禮品、電子賀卡及電視頻道等。

發我們內在的某些本質，並幫助我們更接近本性和目的。朋友是聯繫我們與守護靈的人，其作用正如守護靈。所以真的是我們選擇朋友嗎？或者是我們認出他們的某些特質，即使是交往多年也難以形容的模糊特質？充滿活力的友誼讓我們生氣勃勃、重燃希望，即便這個希望尚未成形或充滿未知。別忘了，希望與願望，正是十一宮初始的特性。在墨西哥電影「巧克力情人」（Like Water for Chocolate）裡，提到每個人的內心裡都藏著微微火苗，以及人們如何在相遇時激起熊熊火光。而這火苗彷彿與普羅米修斯之火有著相同的頻率。

對於泛靈論者來說，天地萬物各有靈性及不滅的精神，所以靈也蘊藏於朋友的內心深處。朋友讓我們與十一宮象徵的未來連結，告訴我們下一步該做些什麼、完成些什麼，而不是懷念過去曾到訪何處、建樹何事。奧森·威爾斯（Orson Welles）【譯註五】描述過一個夢境：他來到某個墓園，而墓園裡的墓碑有些奇怪，上頭的出生與死亡時間相隔非常短，例如一八二二年至一八二六年、一九三〇年至一九三四年等。他走到墓園中央時遇見一位老人，便問老人為何在一個其他人都早死的村莊裡，卻能活這麼久？老人回答：「並不是我們死得早，在這片墓地裡，計算的不是生命經歷的年歲，而是友誼維持的時間。」

結束與開始

我們大都有友誼結束的痛苦經驗。有些人讓它漸行漸遠，有些人則彼此交惡，以衝突或埋怨結束。常有個案提到當關係發生重大變化時，從原來相識滿天下，到後來知心沒半人，這代表了什麼？

學生： 生命中有些時候只能靠自己，不能期待他人為你代勞。

學生： 這得看雙方是否正往成長的方向前進，並以相似的方式在同時間內進行。如果你成長了，而他們卻沒有，只好分道揚鑣；但如果雙方都願意成長，友誼就會維持下去。

學生： 聽起來似乎是在生命的轉折點上，當一個人的目標與方向改變，也許就和朋友疏遠了，因為朋友還留在原有的道路。

琳恩： 和其他的關係一樣，友誼包含部分的投射與私利。一段友誼的結束不只是因為對方離開了相同的人生道路，那是有點天真又自以為是的想法。但這的確是友誼結束的部分理由，或許當雙方的生活再度有交集時，將會再次連結。不過，一旦友誼不再具有拓展未來的功能時，是無法繼續下去的。

並非所有的友誼在生命中都占有相同分量，從酒肉朋友到心靈相通的朋友，便是層次上的不同。當朋友的重要性逐漸增加，親密度也隨之提高，然而屬於這一類的朋友通常不多，他們承擔了

譯註五 美國知名電影導演、編劇和演員，第一部執導作品即為轟動一時的「大國民」（Citizen Kane）。

守護靈的角色。

學生：我不相信真是如此。

琳恩：我們運用故事、傳統思維的解釋，來了解是什麼將我們與他人連結在一起。不妨問問自己有沒有類似土星的行星落在十一宮，然後試著以守護靈的概念去解釋，看看能否發現什麼。你之前說過：「朋友是有相似的價值觀，並朝著相似的未來前進。」不過不是每個人都這樣。

我認識一位女士，她在巴黎市中心開了一間茶館。由於巨蟹土星在十一宮，雖然她懂得如何付出關愛，卻覺得不太知道如何接受。月亮由五宮對分土星，指出她的生活經常失去控制，特別是在財務方面，她的職員（也是朋友）協助她重整事業，這位朋友扮演了土星的角色，幫她在一片混亂中建立規則。這位女士雖然不善於了解規定、期限、付款時間表及法律，然而她卻創立某些永久性的事物，造福整個社區，因此擁有很多朋友。

事實上，這個事業最初是由三個夥伴合作，但現在只剩她一人經營。她說自己小時候最大的欲望就是控制他人、差使別人執行她想做的事。這個位置的土星產生許多似是而非的訊息，她一方面享受操控（或許也精通於此），但另一方面也營造出無法掌握的狀況。當她踏入十一宮的範疇時，她的土星主題曲就開始播放，但她不覺得那是為了她而唱。

學生：所以守護靈引來協助她建立架構的朋友，但建立架構這件事才是她真正該學的？

琳恩：這是其中一點。因為十一宮蘊藏我們的潛能與在外經歷的一切，我們需要一些時間並藉由別人的幫忙，才會發現原本屬於自己的那一部分。這些潛能可能被你投射出去，但如果所有的朋友都為你扮演相同的角色，就得檢視那是否指向你必須開發的面向。

朋友常讓我們感到意外。某位女士有群往來已超過三十年的朋友，她說：「我完全不懂，到底是為了什麼她們現在幾乎都在禪修，而且是各自進行不同種類的禪修。但在以前，沒有一個人學過！」這裡的重點是，她的朋友們最後都踏上相同的路，彼此間似乎存在一種看不見的模式。想像一下，如果有個老朋友原本是金融業的高階主管，忽然間他開始學習占星，最後竟成為專業的占星師，我們會有多麼驚訝！這一點指出了，也許我們會被活出我們潛藏天賦的人吸引，也就是和身上帶有我們的渴望的那些人做朋友。

學生：那是共通性嗎？

琳恩：是的，共通性似乎是友誼中最重要的部分，即便某個人經常扮演某個特別的角色。當我們遇到一位朋友，產生某種形式的認同時，並不會意識到是在他身上「看到」與我們相符的特質。大家曾見過工程師的星盤中，那強勢的十一宮或天王星嗎？他們能夠描繪出搭建橋樑、複雜引擎、精細微晶片的設計圖。工程師們在事物具體成型前就能「看見」它們，並想辦法建構，規劃與計畫，就像遠見之人與先知，可以預見種子茁壯後的樣貌。雖然九宮蘊含著意義，讓我們與理想連結，但十一宮才是持有實踐理想的關鍵。奧地利哲學家魯道夫・斯坦納（Rudolf Steiner）寫過一本書，內容描述他凝視一顆橡樹的果實，並試著從其中看出巨大橡樹；即便我們知道橡實內含成為橡樹的潛力，但實在很難從它小小的外貌中看出這一點。希爾曼正是以橡實的象徵來詮釋守護靈的意義。

水瓶座是固定的風元素星座。觀念是根深蒂固的，不會動搖的，就跟發現DNA一樣，這串遺傳密碼深植於我們的體內。太神奇了，在一九九三年海王星、天王星合相於摩羯座的時候，形體之內的另一個形體浮出檯面。現在（一九九八年）天王、海王兩星一起進入水瓶座，我們能以基因工程打造新生、創造新的種源，但同時我們也得背負相當龐大的責任。這裡還有另一個觀念：「當凡人做好事，他們仿效了神。」我常去某個巴黎市集，那裡每週五都有伊斯蘭教的行乞者出現。纏著頭巾、眼盲的男子以阿拉伯語乞討，如果你給他們一個硬幣，他們會為你祈求神的賜福。在伊斯蘭傳統中，救濟讓我們更靠近神，這種觀念帶有木星的特質，它的喜樂宮位正好是十一宮。此外，對埃及人來說，莊稼與動物是神，因為它們支撐人類的生存；貓是神，因為它們消滅老鼠，保護收成；小麥是神，因為它是食物神聖的來源。也許它們很渺小，但終究是神。

西方人可能很難體會這種觀念，因為我們思維世界的概念並不是這樣運行。但任何良善的、有益的事物都有其神聖的根源。羅馬政治家塞內卡（Seneca）說道：「任何人，不管受奴疫或自由，貧窮或富有，聰明或駑鈍，只要有好的意念，都可能幫助他人成為良善之人，去追求幸福、去效仿聖神。」也就是說，任何人都可以在他人的生命中扮演善良守護靈的角色。但無可否認的，恩人不完全等於朋友，對此，亞里斯多德與其他經典作家有多次詳盡的討論，他們爭論著友誼究竟是出於私利，或是自身的善意。

另一種看法是，十一宮內的行星只有在以某種方式與群體連結，或是作用於更大的事物時才會完整地呈現。如果十一宮內有困難的行星，很可能不相信別人會為自己伸出援手。在某些個案中這意味著他們在外界領域裡非常自我保護。我常見到，當一個人的四宮和十一宮有緊張相位時，他可能出身特殊的族群，但會選擇與同族人分開、離群索居。探討如何融入社會、如何融入某個特殊的群體，甚至該以什麼觀念面對浩瀚的世界……等大範圍議題的本質，仍屬於十一宮的範疇。然而，以上一切都是友誼的延伸，這將從個人的層面擴及至世界。「在那些和我毫無關聯的人的關係中，會有什麼可能性？」如同在這間教室裡，大家分享對占星的興趣與熱情，這就是友誼的基礎之一，因為朋友間經常共享同一個領域，不過這個領域本身並非友誼。如果我們能以十一宮的方式與他人連結，就能以不同的方式影響世界。

學生：我怎麼覺得這是在說第七宮？我對這兩個宮位的界定有些搞混了。

琳恩：我記得你有三宮與七宮行星的連結，這也許讓你分不清楚兩者之間的差別。還有誰有相同的混淆，認為這是第七宮？

學生：不盡然是混淆，而是部分重疊。因為兩者都是風象宮位，朋友可能變成伴侶，而第七宮也給予我們一些像朋友般的回應。

三百年一見

琳恩：蒙田（Montaigne）是位著名的法國散文家及文藝復興時期的人文主義哲學家，他的文章能幫助我們釐清不同種類的關係。在他最馳名的《隨筆集》中有篇與友誼相關的散文，內容描述父子、兄弟、情人、朋友間不同種類的愛，他以優美的法文敘述男女之間的情愛是：「…plus actif, plus cuisant et plus aspre. Maisc'est un feutéméraire et volage, ondoyant et divers, feu de fièvre subject a accez et remises, et qui ne nous tientqu'a un coing…」【原註1】

學生：這是什麼意思？

琳恩：我把它翻譯為：「……更熱切、更苦澀、更活躍，只需藉著我們的一部分，這赤裸羞愧又無法控制的欲火，能迅速點燃卻又戛然而止，就像是突然流竄全身的一股炙熱」。相反地，友誼卻是洋溢著「穩固、令人滿足的溫暖，通俗而完整，溫和圓融，沒有原始的粗暴或尖銳」。請注意蒙田如何把友誼與濃烈尖銳的愛作為對比，這所謂的尖銳就是狂暴炙熱、陷入愛河的五宮。七宮也有刺傷的意思，記得這個宮位與戰爭有關。不過，對於希臘人而言，友誼無關肉欲的愛，而是情感的連結。

學生：如果身為同志，忽然間對同性朋友有「感覺」時，我不認為可以劃分得如此清楚。

琳恩：情感連結有很多種，其中一種當然是與愛戀有關。

學生：某種程度上我可以理解你所說的。我認識的希臘人都很莊重及單純，認為朋友間不該太過熱情而失去界限。他們的教育一向如此，所以他們的友誼很像長者與年輕人間的關係。

琳恩：對，這種情感保持著某些距離，即便參雜着性欲的關係也一樣。但這並不是愛戀的真義，即便在蒙田的文章中，我們可以感受到愛欲是無法控制、無可節制，並有些危險的。反之，友誼是溫暖、安適，有著相同的能量卻不會有突然失控的危險。從這個觀點思考土星與天王星非常有趣。

學生：你的形容詞相當強烈。

琳恩：這不是我的措辭，而是引用蒙田的比喻。由於他只有一顆行星落在火象星座，也就是木星位於射手座，所以他需要從別人身上吸取強烈的能量。雖然我們認為「風象」宮位是關係的宮位，但並不代表火象特質在關係中就發揮不了作用。火象特質讓我們為他人帶來光亮、為欲望發熱、激起概念的火花、感受感情的溫暖。

學生：蒙田描述的是那位特別的朋友嗎？那段以悲劇收場的友誼。

琳恩：是的。蒙田在二十四歲，也就是木星第二次回歸時，遇見博埃希（La Boetie），他倆從

原註一　出自《隨筆集》（*Essais*）。

初識時便很親密。蒙田的《隨筆集》（*Essais*）在法國是學生必讀的書籍，與法國人談論友誼時，我發現他們都讀過，因為他們下意識地以文本直接回應我。當被問及為何兩人間有如此緊密的關聯時，蒙田回答：「因為是他；因為是我（Parcequec'estaitlui; parcequec'estaitmoi.）。」他倆一見如故，是這段關係的本質，雖然他們也做學識的交流，但諸如信仰與價值、學習與哲學的愛好等，都是這本質的延伸。兩人都受文藝復興時期立基於古典思想的人文價值所吸引，相信人擁有建立完善友誼的潛能。

蒙田提到，友誼的真誠坦率能穿透表象與偽裝，可直視他人的內心，在他人面前不隱藏自我，當然這種隱藏常發生在第八宮。在某個範圍內，友誼是坦誠的，自我充分地展露無遺。讓我們看看蒙田的星盤【譯註二】，博埃希的星盤則放置在外圈（圖四十五）。

兩人間特殊的友誼關係，從星盤裡看得一清二楚。蒙田的月亮落十一宮，位於強勢的金牛座，而冥王星、火星、金星與水星都在水瓶座，所以他賦予友誼高度的價值並不令人意外。還記得他使用「穩固」與「滿足」來形容友誼嗎？這足以表現出月亮落入金牛座，又同為巨蟹座上升的守護星。這是一張帶著高度理想性格的星盤，太陽合相海王星在雙魚座，四分射手座的木星。而博埃希出生的那一天，月亮在雙魚座幾乎合相蒙田的太陽，這是一種靈魂的深度接觸，呼應了兩人為何一

譯註二　根據蒙田在《隨筆集》中所提供的出生時間，大約是「十一點到中午之間」。

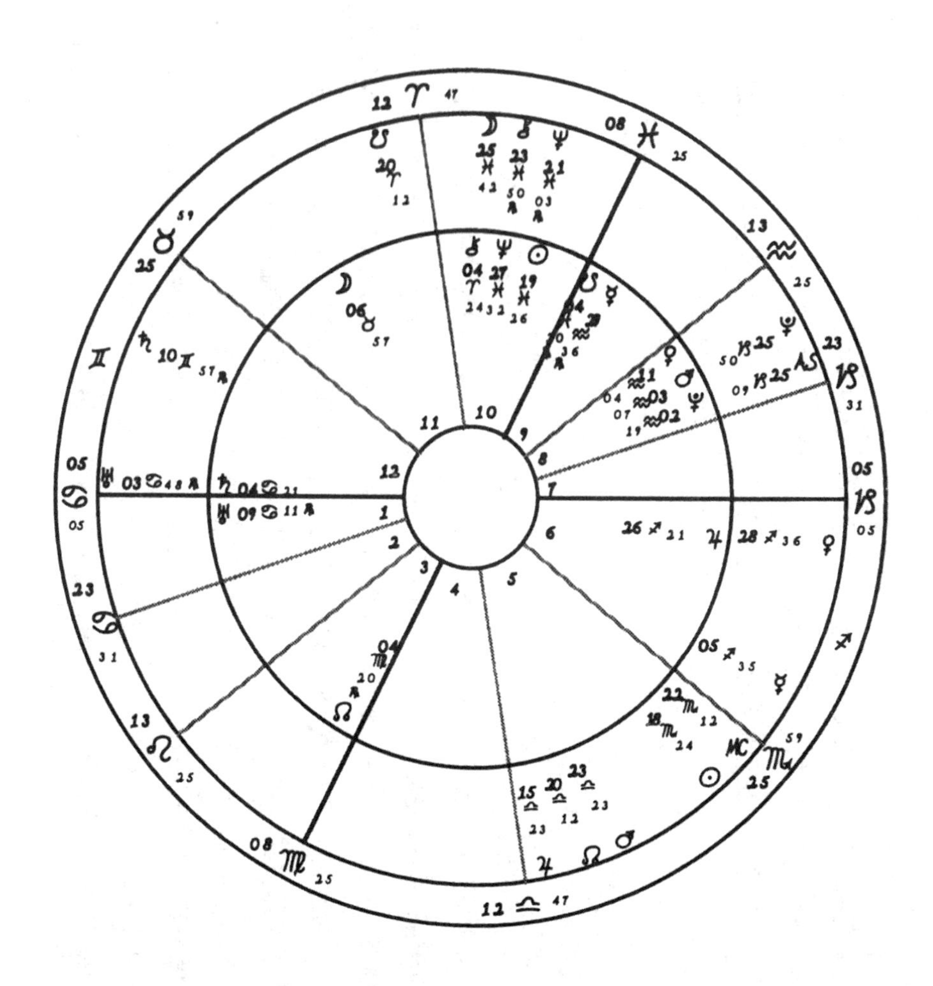

圖四十五

內圈：米歇爾．德．蒙田，1533年2月28日上午11點30分生，LMT，波爾多。

外圈： 博埃希，1530年11月1日（沒有明確的出生時間，星盤時間定為中午），薩爾拉。

見如故。當某人的月亮合相我們的太陽時，我們會有回到家的感覺，是那樣親切與熟悉。

此外，博埃希的金星合相蒙田唯一火元素的射手木星，兩人的友誼顯現在熱中於學習與哲理的熱情裡，並對內戰時期的人道信仰有著一拍即合的看法。博埃希的天王星還與蒙田的上升合相，這是快速建立關係的典型。當蒙田提到兩人都因對方的深奧而引發自我迷失時，似乎聽見了他倆間月亮合相海王星、太陽與海王星落在雙魚的聲音。這真是「三百年才出現一次」的友誼。

博埃希在兩人相識四年後離開人世，蒙田大受打擊，經歷了一段黑暗慘淡的時光。但蒙田並沒有因此對美好的性愛失去胃口，畢竟蒙田是名感覺主義者，更不諱言在作品裡直接提及性愛。他與博埃希的相知相惜，是情人、子女甚至夫妻等關係無法相提並論的，而這些也都藉由他月亮四分八宮中的三顆行星（金星、火星、冥王星）而巧妙地呈現。蒙田的月亮四分金星，且金星在水瓶座，肉體的欲念與理想中的愛情無法合而為一。

十一宮與投射

學生：十一宮與投射有關嗎？

琳恩：看你如何思考。十一宮蘊含我們的正面投射、我們的「希望與願望」，以及對朋友的渴望。以上種種都和我們與他人相處時，能夠表現最好的一面有關。當對他人敞開心胸，某些事物便綻放了，或如佛教所說，我們灌溉了福分、信任與喜樂的種子。十一宮代表成長的空間，你可以自由定義其內涵，然而，它卻也有某些限制與要求，如此人人皆可成長茁壯。在所有風象宮位裡，十一宮提供最大的空間，卻沒有因此失去親密性（至少這是理想的狀態）。此宮位與自我及他人的理想有關，可說是我們忙著將自己最好與最和善的一面表現出來，而將為較隱晦的衝動隱藏起來。

學生：我開始懷疑，友誼是否並不帶有心理上的需求，也就是並不帶有如母愛般的滋養成份。友誼需要的是從不舒服的掌控中解脫，毫不留戀。而帶有欲念色彩的七宮，則沒那麼乾脆。

琳恩：如果家庭以外的世界，自始自終無法讓心房卸下武裝，那是什麼感覺？想想野生幼獸玩耍的畫面，因為環境中暫無威脅，所以小獸們暫時放下警覺，揮舞利爪恣意打鬧，這對身體、心理和情感各方面都有好處。我發現人們確實沒花太多腦筋去思考友誼是個安全且重要的領域，現在討論友情就跟兩百年前討論母子關係一樣，都為一般人所忽略。同時，正面投射遠比負面投射讓人感到平靜多了。

友誼守則

學生：什麼是友誼守則？

琳恩：就是所有「真朋友」不會做的事，例如找你的戀人上床、出賣你的祕密、不回你的電話、公開羞辱你等，例子不勝枚舉，可能手法更為含蓄。請觀察這些看不見的「潛規則」是如何崩壞的！看上述某些例子，我們一定能立刻心有戚戚焉，但某些太私密的狀況則不易察覺。忽然間，我們又回到八宮的範疇，也就是感受到別人暗地裡捅你一刀的那種不舒服的感覺。

每個人都有各自的警戒區域，那是過去遺留下來，尚未痊癒的深層領域。它們通常不太明顯，即使我們能夠清楚意識到它們。朋友可能在不小心的狀態下觸及無意識內的警報器，於是我們開始大量產生負面投射、恐懼與痛苦的陰影。友誼跟其他關係一樣，都包含了無意識中的自我探索。再者，就算探索過程中充滿挑戰，那美好的最終結果，還是值得我們一探究竟。

學生：這就是為何友誼包含許多奇怪的誤解。競爭也是八宮的議題嗎？

琳恩：競爭可能來自其他的宮位。在許多的宮位制中，三宮的行星容易與十一宮形成四分相，因此手足間尚未解決的議題經常會在友誼中出現，特別是行星或星座與過去的能量產生連結時。此種情境下，即使家人與朋友的角色有些混淆，但比起面對真正的家人，這將有助於自我成長，也容易解決。投射幫助我們學習自己尚未整合的心理範疇，無論是善或惡。人心原本就是兼具惡狼與天使的特質，每人的比例各自不同罷了。

當我們將十一宮中的某顆行星特質投射出去，我們便賦予他人某種特別角色的權力，類似我們在七宮的表現。落入十一宮的木星，代表可能出現教導我們如何仁慈、慷慨的朋友；而火星則象徵朋友會為我們而戰，或教導我們如何表現出膽識。相同地，我們也會邀請朋友扮演守護靈，因為，朋友或多或少照亮了自我期許中殷切成長的那面向。

2-11 契合的條件

平等與欣賞

關於之前提到的部分，有人願意提供實際案例嗎？這樣我們可以試著練習運用。

赫敏：我是赫敏（Hermione），這是我與朋友莎拉（Sarah）的星盤，我們已認識九年了。

琳恩：莎拉的海王星在天蠍座三度，落於十一宮宮頭，三宮宮頭起始於雙魚座，其中有火星、水星和強勢的金星。赫敏的天秤太陽也位於三宮。兩人都擁有強化的三宮。依據這些元素，莎拉可能是哪種類型的朋友？

學生A：沒有界線的朋友。

學生B：能夠激勵他人，懷有慈悲的諒解心和同理心。

琳恩：莎拉的上升是射手座，火星在雙魚座，代表她自由且不受限。至於赫敏的上升則是獅子座，月亮落在巨蟹座二十四度；十一宮內沒有行星，雙子座在宮內被截奪，宮頭是金牛座，代表赫敏的友誼關係中蘊含著金星的需求，而金星處女座落於二宮。這呈現出哪種友誼關係？

學生：無法結交遠距離的朋友。

琳恩：是的，可以預料這是一段緊密的關係。因為赫敏的十一宮起始於金牛座，守護星金星位於處女座，土元素強調傾向實質的接觸。如果是風元素，情況就不是這樣了。

赫敏：她離我住的地方只需走路兩、三分鐘。

學生：赫敏的上升獅子有堅強的意志，而十一宮的金牛則較為頑固。赫敏似乎有操縱這段關係的傾向。

琳恩：別忘了赫敏的太陽在天秤座。我不確定在分析性格時，能否將金牛十一宮的重要性提升得這麼高。由於雙子座在十一宮內被截奪，尋找一個真正可以溝通的人，對赫敏來說可能不太容易。你是否通常是個傾聽者，而非訴說者？

赫敏：還好的，我兩種情況差不多。

琳恩：這段關係散發出感性的氛圍。莎拉的星盤中，三宮與十一宮都有強化的水象特質。赫敏覺得她很有同理心嗎？這是不是你欣賞她的原因之一？而莎拉是否因為經歷過困境，所以特別有同理心？

赫敏：是的。

琳恩：海王星守護她的三宮，這些困難與她的兄弟姊妹有關嗎？

赫敏：我們都是家裡的老大。她父親去世後，她代替父親成為家中的「男人」照顧家庭，也成為她母親的依靠。我覺得她的小妹有點麻煩。

琳恩：先前在蘿娜的案例裡提過雙魚座或海王星與三宮的關聯。莎拉的海王星守護三宮，暗示她的某位手足是脆弱的，以致於難以面對外界。以莎拉來說，三宮的守護星落入十一宮，使她願意包容痛苦，並視痛苦為關係的一部分。海王星落入十一宮的人會將海王星奉獻給朋友，他們理想中的友誼帶有全然的體諒。雖然伴隨而來的可能是海王星陰暗面的幻滅與沮喪，不過這也與夢想直接有關。

莎拉的上升守護星木星與土星合相在摩羯座，代表有如父母般富有責任感。你通常為她做什麼呢？

赫敏：她的行星裡沒有風元素，而我是太陽天秤座，風象特質相當明顯的人；她的太陽在牡羊座，月亮是獅子座，火象特質強烈，帶給我很多鼓舞。我們之間的關係是一種互補。不過她有很多矛盾的想法。

學生：這樣很可能使得莎拉無法與事物保持距離，你得幫她釐清事物。

琳恩：莎拉擁有強大的創造能量，但有些混亂。你的金星在處女座守護十一宮，可以協助她釐清事物的脈絡。她十一宮的海王星，似乎很能接受你給她的一切，你並非拯救她（雖然這是海王星落於此處的可能性），你是真的了解她。我感覺到你很沉穩，你倆對這段關係都一樣堅定嗎？或者你比莎拉更堅定？

赫敏：你會這麼問真有意思，因為這段友誼最珍貴的地方在於，我可以絕對信任她。我沒有真正思考過「堅定」這件事，但我想這應該是互相的。

琳恩：由於赫敏的金牛座在十一宮，「堅定」在友誼中具有不可思議的重要性，讓我想起詩人魯米（Rumi）【譯註一】所說的：「朋友，我們是如此親密：無論你足踏何處，都可以感覺我在你足下的堅定不移。」【原註一】。不過，莎拉海王星的運作就不是如此，因為海王星會對他人寄與厚望，感受對方的脆弱並予以回應，並毫無保留地慷慨關懷、相互聯繫，直到朋友不符合期望時才感到失望。就如同之前提到十一宮與八宮行星的四分相，但這個相位教導我們要有信心，就算感到失望，在人性的救贖中還是會再度燃起信念。我不知道莎拉是否與其他朋友有過類似經驗，因為這裡的海王星相位相當不錯，所以我不做這種推論，但它可能是個議題。

赫敏：她有些朋友不太實際。

琳恩：不切實際的作為可能反應出莎拉對跨越界限、追求夢想的渴望，這對上升守護星合相土星的她是件非常挑戰的事。此外，大家有注意到赫敏描述莎拉時語氣充滿羨慕嗎？特別是對她的火象特質。大部分的朋友似乎都有令我們讚揚的優點，那些通常是我們尚未發展的部分，而對方也以相似的方式呼應我們擁有的優點，雖然這些都隱藏在表面之下。

休息時間有人告訴我：「朋友給你完全的自由，但是有義務讓你成為完整的自我。」義務與自由分別是土星與天王星的意涵，也是我們用來建構友誼空間的磚瓦。雖然我們使用「朋友」一詞稱呼各種偶遇，但在真誠的友誼中，我們累積信賴感，並得以展現真實的自我。在兄弟姊妹的關係裡，我們可能沒有自己的房間，更遑論任何精神性的空間，例如在過去的世代，兄弟姊妹通常睡在同一張床上。所以我們從手足間血緣上的連繫，轉移到朋友來去之間的不具形態、無所束縛的連結。你與莎拉都有強化的第三宮，又是鄰居，這種親密關係可能有著非常像「姊妹」的特質。你倆都是家中擁有權威的老大，也因此，你們創造的是相互平等的空間。

根據人類學家德斯蒙德・莫利斯（Desmond Morris）對肢體語言的研究，當一對朋友的社會地位變得極端不同時，幾乎難以維持友誼。看來朋友間某種程度的雷同不可或缺，但仍得視土星和天王星的比例而定。法國小說家瑪格麗特・尤瑟娜（Marguerite Yourcenar）有強勢的十一宮與天王星特質，獨生女的她不覺得年幼時與園丁兒子之間的友誼，和富裕的堂兄弟之間的情誼有何不同；長大後，更認為那些木匠、水手、護士和擔任清潔婦的朋友們，和那些聰明優秀又有藝術氣息的朋友沒什麼兩樣。她說：「我們都一樣，朝著相同的命運前進。」

親密與自由

琳恩：有誰曾經歷過身邊一個朋友也沒有的時候？

克里斯：我持續不斷地面臨這種狀況！過去幾個月裡，我花了很多時間思考這個問題。我隨時

譯註一 十三世紀伊斯蘭神祕主義的重要詩人。

原註一 摘自《在春天走進果園》（*The Essential Rumi*）。

都在交朋友，總能立刻與人友好。我的朋友類型可能天差地遠。只要有人站在面前，我就會說：「保重，一切順利！」然後就交到一個新朋友，但四十八小時後我卻不曉得他們在哪。我總認為需要朋友時，他們會隨時站出來挺我，最終卻發現還是得自己想辦法。當我想獲得支持時，從不會有人伸出援手。

琳恩：你的十一宮宮頭是水瓶座，凱龍位也在十一宮，那天王星在星盤裡的哪一宮？

克里斯：天王星落於五宮，對分凱龍。

琳恩：你的友誼真的堅定嗎？

克里斯：這就是我要抱怨的地方！

琳恩：看來他的朋友都不見人影。

學生：或者如果不是他的朋友不見人影，就換成他不見人影。

琳恩：也就是說，你不知道如何穩定下來？

克里斯：我自認十分穩定，但也許你可以問問其他人的意見。

琳恩：你經常搬家嗎？

克里斯：我一輩子都在搬家。我曾想過凱龍可能描述我四歲時，失去我的親密夥伴、「真正的兄弟」路易斯。我們每星期都互毆一次，打得鼻青臉腫，但會立刻和好如初。後來我的家庭移民了，與他失去聯絡，我只能安慰自己有天會再度見面。

琳恩：和路易斯的友誼是否有著靈魂契合的感覺？

克里斯：那是我唯一一段真正親密的友誼，誰也不能拆散我們，無論在任何方面。我們曾經一同上學，雖然我在東京、紐約和倫敦也都有朋友，但再也遇不到像他那樣的人，所以二十五年後我回去找他。自從到處搬家後，我約略每兩年會和大部分的朋友見一次面。

學生：聽起來你和朋友之間有很大的空間，但也許真的太遙遠了。

琳恩：你大約在一個地方住多久？

克里斯：九或十年。

琳恩：堅定、可靠、忠誠，都是人們談論友誼時一再提及的。為什麼你認為你的情況不同，克里斯？

克里斯：當我真的需要友誼時，我的確有，危機出現時我們也相互支持。但我沒有可以一起去看電影、一起玩樂的朋友，缺少輕鬆愉悅的那一群。

琳恩：聽起來你的友誼似乎過於傾向天王星，卻缺乏土星的支援。天王星喜歡突破、興奮與改變，鍾情於自由自在的關係；土星則建立架構，支持並協助你日復一日地累積自我。

學生：天王星可能會以切斷連結來逃避痛苦。我的天王星在八宮，非常難以建立關係，我不想再碰觸與母親有關的事。水瓶座可能會想辦法從受傷的恐懼中掙脫。

琳恩：克里斯十一宮的守護星是天王星，所以他很快就得離開，沒有充分的時間進入一段關係。你好像總是在趕時間。

克里斯：當然，我的上升在牡羊座。

學生：我有個疑問，在關係中該如何保持充分自由的空間？那種距離似乎讓人有些喘不過氣。我曾有過非常親密、深厚的友誼，卻只維持了一年。我們就像姊妹，有許多共通點，同時因為我是獨生女，總是夢想有個姊妹。這段友誼結束得非常突然，也不知道原因究竟是什麼。因為我們還是會不期而遇，所以最後我搬離那裡。但事情並沒有完全解決。我很好奇，為何如此親密的兩人會突然不再聯繫？這種情形已經不只一次了。

琳恩：友誼需要界線，聽過諺語「君子之交淡如水」嗎？當所有的事情一起發生，可能會傷害友誼的本質，如同熱戀關係中可能發生的一樣。這再一次強調，土星在友誼中扮演了關鍵的角色。

學生：我的個人行星都集中在十一宮裡的牡羊座。

琳恩：如果是兄弟姊妹，我們可能爭吵、生氣、忽略對方，但是關係還在；但若不是兄弟姊妹，就無法保證搬離後是否還能保持聯繫。你的星盤需要你透過家庭以外的關係發覺自我。你可能是個非常好的開創者，因為牡羊座是黃道的第一個星座，具有足夠的信心與外界接觸。有時候十一宮內的困難行星，暗示著我們來自於不知道如何結交朋友的家庭。

誰有這種經驗？舉手的這些人，應該都是來自外國的朋友。一般情況下，局外人難以融入社會，但有時可能會強烈地認同某個小族群，藉以保護自我。

學生：我的父母是移民。我家有個講述沒有客人拜訪的笑話。

琳恩：十一宮能展現你與社會的整體關係，也說明你在何處與外界產生接觸。於是，若是有人出生於封閉的家庭，他不僅需要大費工夫的拆除阻礙，還必須面對來自於外人、更深層的恐懼。否則將受制在原生家庭的模式中。

學生：我的家庭不常與外界接觸。雖然家人們各自有朋友，但我不認同那是所謂的朋友。對我來說朋友應該是更重要的人，我覺得朋友是一群與你有共同興趣的人。我大部分的朋友都是素食者，且並非都是占星師。我也經常換朋友，不過還是有兩個從六歲就認識的老同學，我們一直保持聯絡。

學生：友誼，如同任何事物一樣，充滿了變數。當友情陷入瓶頸時，有時可以自然而然地化解掉，有時候則不是那麼簡單。我有很多天蠍與摩羯特質強烈的朋友，對於他們而言，改變是個相當大的議題。

琳恩：當本命或行運的行星與八宮內的行星產生四分相時，會引發劇烈的能量，使某段友誼變質或結束。讓我們回到之前提及的，也就是友誼在某種程度上蘊含了我們的渴望。想像一下，你有段充滿美好經驗的友誼，而且從對方身上吸取到以前無法接觸到的事物。這麼說吧，經由一段深厚的友誼，你從他人身上學到一些事，但最初吸引你的理由不復存在時，這段友誼還剩下什麼？

學生：這聽起來很像在占人便宜。

琳恩：當我們年輕時，事情很可能就是如此。想想那些結交於青少年時期，現在卻已不再聯繫的朋友。在你了解自己是誰之前，友誼有如路旁的指標，或是引導你找到真正方向的明燈，但通常在這過程中，會有種深度的交流，爾後，關係將朝著新方向開花結果。你發現了其他人，也發現了自己。

赫敏：十一宮的宮頭星座似乎非常具有影響力。莎拉是天蠍座而我是金牛座，我們都非常忠誠，並不是說我們沒有能力改變，而是與類似雙子或射手的人不同。

學生：我與一位瑪麗蓮・夢露（Marilyn Monroe）類型的女士原本不太可能成為朋友，因為雙子對上天蠍。雖然剛開始我刻意保持距離，最後卻逐漸熟識。我想這大概與我重量級的十一宮有關，我的雙魚太陽落在十一宮宮頭，而其中的水星、月亮、火星在牡羊座。我很好奇你會如何詮釋？

琳恩：她似乎幫助你與你的女性認同連結。月亮、火星合相在牡羊座，形容一位女性知道如何爭取她想要的事物、承認自己的欲望。瑪麗蓮・夢露的金星在牡羊座，值得好好玩味。當討論的對象是最好的朋友時，須以七宮看待。如果你把時間都花在這位朋友上，一天交談五次，你倆的關係便將移轉到七宮，而不再以十一宮的模式討論。

但就算再怎麼堅固、情比金堅的友情都會從我們的生命中消逝。當我和人們討論到這點時，發現友誼都消逝在重大轉變的階段上，可能是更換職業、結婚離婚，或是搬家遷徙。突然之間，我們與朋友失去聯繫，一段重要的友誼不再具有魅力。如果朋友對嶄新的你還無法反應過來，這段關係便可能消散而去。

學生：這簡直是在說土星回歸前後的我！那段時間我失去了許多朋友。但有位朋友至今還保持聯繫，她是我結交最久的朋友，二十歲時就認識了，而我現在三十四歲。她的月亮準確地合相我的金星，我的月亮則落在她的第三宮。這是一份最美好的友誼。

學生：我忽然想起，隨著天王星行運到水瓶座，關於家庭的某些束縛也開始鬆綁，這是否意味著能量將傾注在友誼上面？

琳恩：許多心理研究顯示，信仰比父母對人格的影響更大。不管真實性為何，這也許反映出集體原型的改變，並且似乎是隨著行運海王星的星座而轉變。由於目前的天王星和海王星都在水瓶座，我們可以觀察到它們跨越至新的「觀念」，這是很棒的過程。當海王星跨入新的星座，照亮該領域的經驗，並以某種方式提升這個星座本身的價值；由於水瓶座關注的是個人與群體之間的關係，因此群體的社交模式可能有所改變，我們可以注意到歐洲社會主義的新勢力與此呼應。家庭與我們的過去有關，而水瓶座展望未來、創造烏托邦、產生新模式。

學生：所以我們先前得花上所有時間討論母親，沉澱一下，然後把父親納入。而現在，還必須開始檢視我們的朋友！

琳恩：柏拉圖說家庭是靈魂的必需品，即使我們深信除了家庭還有更好的選擇。為了最初的內在需求，家庭提供了生物的功能以及有如化學作用般的影響、情感與物質的條件。但每個人最終都會離開家庭，而「守護靈」則會跟隨我們，在人生旅途中安排人事與遭遇。伊斯蘭教裡神祕主義派系蘇菲派（Sufi）有個象徵符號是「有翅膀的心」，他們認為朋友是引領我們找到真本性的人。有些朋友就像是天上掉下來的禮物。童話故事「傑克與魔豆」（Jack and the Beanstalk）中，當傑克以

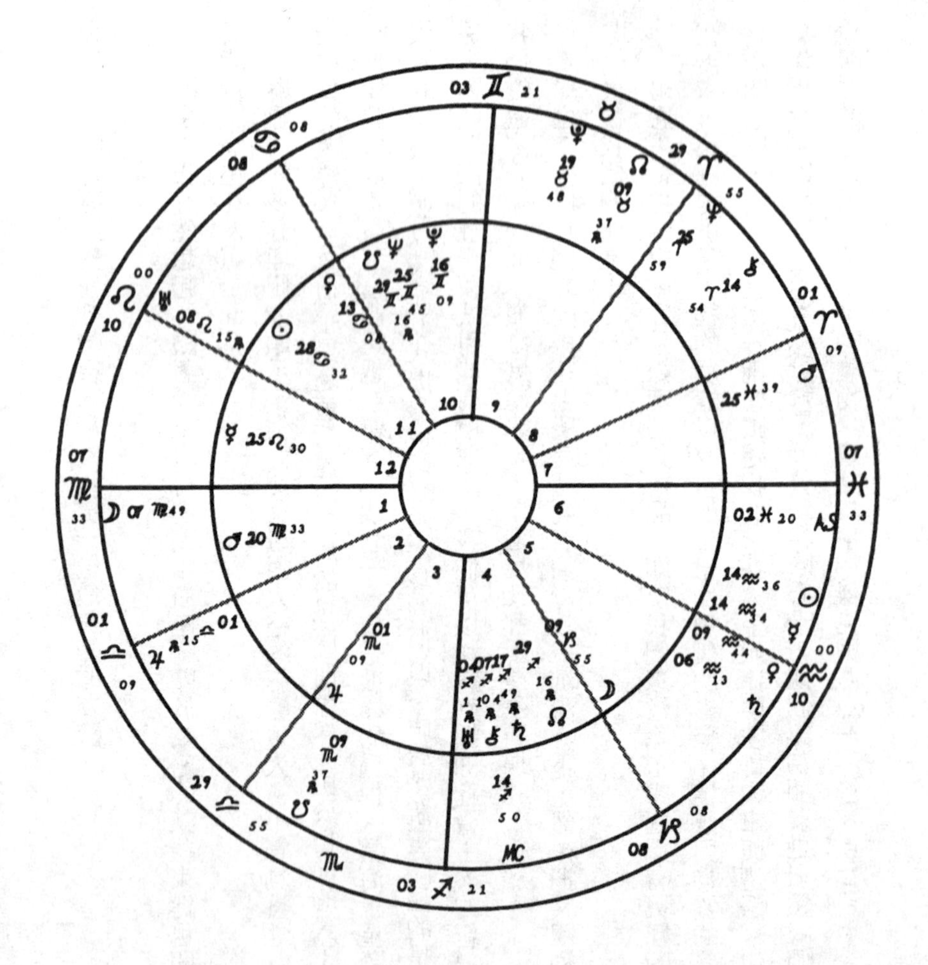

圖四十六

內圈：歐內斯特・米勒海明威，1899年7月21日早上8點生，CST，伊利諾伊州，橡樹園。

外圈：葛楚斯坦・斯坦因。

母牛交換魔豆時，這個小販便扮演「守護靈」的角色。

再來看一個例子。葛楚斯坦．斯坦因建議海明威去西班牙看鬥牛，她指引了這條路，海明威因而與西班牙結下良緣。我們之前已經看過葛楚斯坦的星盤，將她與海明威的星盤【原註三】進行比對也許會很有意思（圖四十六）。葛楚斯坦的水瓶座行星灑落在海明威的五宮與六宮之間，她收藏並展出他的作品。她的月亮緊密地合相海明威的上升點，因而激發葛楚斯坦內在滋養的能量。但葛楚斯坦未解決的母性議題遲早會浮現，且海明威十一宮的宮頭又落在巨蟹座。

海明威的母親是什麼樣的人？她非常吸引人、控制欲強，不是傳統型的母親，她美麗、有創意且從不委屈自己做平凡的家庭雜務，這呼應了五宮裡的巨蟹座月亮。海明威對他的母親既愛又恨，他的冥王星落在天頂，對分土星，又四分火星，是具有高度攻擊性的T型三角相位，直指面對權威、壓抑憤怒的議題。由於這個T型三角相位，他企圖一再證明自己的勇氣，像是透過受傷的戰地記者、獵人或「硬漢」的形象來證明。

海明威與葛楚斯坦經常促膝長談寫作，她鼓勵海明威精簡語言，離開新聞媒體，成為小說家。朋友們形容海明威異常地順從她，雖然海明威的性格比葛楚斯坦激烈，卻很容易吸引幫助他的人。由於海明威的金星與太陽在十一宮，使他擁有很多贊助者，但傳言當他開始談戀愛時，卻巴不得這

原註三　海明威的出生資料取自洛伊絲．羅登的《星盤資料庫》（*AstrodateII*）。

些贊助者通通消失。值得一提的是，他倆的火星對分，當友誼的蜜月期結束後，即爆發一場刀槍往返的筆伐。海明威揶揄葛楚斯坦的大胸部為「肥屁股」，以拒絕葛楚斯坦對他的「滋養」，是個滿有趣的隱喻。

學生：這不像是金星落入十一宮的舉動。我好奇海明威為何會採用這方式？這個T型相位是否造成某種斷裂的關係？

琳恩：似乎是這樣。這也許與海明威無法接受自己的脆弱有關。月亮對分金星，或許是形容他的母親總是果決地選擇擁抱或拒絕他。當十一宮的守護星呈現出困難的特質時，友誼將形同燙手山芋。信任是友誼的基礎，所以強勢的冥王星特質，在友誼中也可能是個問題。剛才中場休息時，冥王星落十一宮的卡蘿表示，她只能在別人的星盤中看見冥王星的影響力，卻看不出該如何應用自己的棋子。這種說法是否指出她目前的方向？她有什麼需要整合？也許她的朋友與友好的社群會教導她冥王星領域的課題。而從長遠來看，卡蘿將擁有改革群體的影響力。

學生：土星在十一宮的評價通常不太好，不是沒有朋友，就是朋友都很陰鬱，但我卻發現不盡如此。

學生：我猜想在警察的星盤裡，土星特質應該非常明顯。

琳恩：這裡有警察嗎？

土星或海王星入十一宮

學生：我是警察，我的土星、海王星落十一宮。

琳恩：我想到的是，你父親能否順利地在社會裡找到定位。一般來說土星可能暗示對外界懷有不安，而海王星則有漂浮在「海上」的感覺。

學生：沒錯，他就像一座孤島。

琳恩：這裡的土星與承襲自父親的態度有關，因為土星總是需要專注與努力，更需要突破被排拒的恐懼。由於土星在這位置，你的父母可能無法與外界建立關係而成為局外人，這種情形經常發生在移居的家庭裡。矛盾的是，它也可能意味著你的家庭非常認同某個排外的團體、階級或身分。土星與海王星將這種歸屬與排外的議題白熱化。因為缺少典範而產生某種程度的不安全感，所以必須努力地在群體中尋找定位。土星落十一宮的人可能變得精通於此，卻永遠無法感到自在。

十一宮裡的木星

木星在十一宮的人很可能對其他人的看法極其樂觀。身為「最大的利益提供者」，此處的木星容易收到朋友帶來恩寵與好運，所以可將其視為「善良的守護靈」。木星協助一個人拋開三宮與四宮內困難的行星。根據法米庫司．馬特奴斯（FirmicusMaternus）所說的：「最大的財富與聲譽，

也就是執政官或地方官的權力，這來自於十一宮裡的木星。」【原註三】

學生：聽起來，落入十一宮的木星似乎帶來了最好的守護靈。

月亮或金星入十一宮

學生：我是茱莉（Julie），想問一個比較複雜的組合：月亮、金星合相於金牛座，但是被截奪的行星，且這組十一宮裡的合相同時與天秤座的海王星、射手座的凱龍星形成上帝的手指相位。

琳恩：這個圖形相位十分複雜。我們先看月亮、金星的合相，它呈現出豐沛的溫情與感性，可能還帶有些孩子氣的占有欲。有這種組合的人在朋友身上投注大量的情感，可能有如母親般的照顧朋友，或要求朋友像母親一樣照顧、了解與安慰自己。我看見某種逐漸建立親密、忠誠的關係，你是這樣嗎？

茱莉：是的，很精準的描述。我在產後與一位老朋友失去連結，她替我的孩子織了一雙襪子後，再也沒有消息。我想她可能覺得我已經成為母親，再也無法照顧她了。

琳恩：你也許說出了自己照顧朋友的需求，卻完全沒意識到這個需求如此強烈，聽你的陳述，你似乎正在解決這段關係裡某些未解決的母親議題。這組上帝手指帶來的改變，可能會打壞這段關係裡的幻想。也許是因為雙方有著由你扮演照顧角色的默契，而現在有個真正的嬰兒需要你的關心，所以這段想像中的照料關係就此幻滅。這種突發性似乎是上帝手指的普遍現象，它促使某種改變。

如果只有一個十二分之五相位，改變的壓力多半還在控制中，不至於會有讓人措手不及的場面。

茱莉：我再也不曾見過她。

琳恩：她不再打電話或寫信了嗎？由於你的月亮在金牛座，一定相當難受。月亮四分冥王星嗎？

茱莉：是的。我想她的重要性讓我的孩子取代了。

琳恩：所以你再也沒有找過她。也許她的離開是想看你會不會再找她，這段關係中應該一直存在着某些不平衡。通常月亮與金星在金牛座代表無比的忠誠，但冥王星寧可讓事情走向「我不想再看見她或是再跟她說話」的極端終點。

你四宮裡的海王星，可能表示你在關係中缺乏穩定性。與家庭關係的疏離造成需要向外追求情感的安慰，並藉由友情或群體關係來滋養自我。另外，若由月相的循環意涵切入，十一宮象徵的月相代表自我的感覺需要由外界擷取，這是家族所沒有辦法給予的。

茱莉：我曾在集體生活社區中待了一年。

學生：我和茱莉一樣是海王星落入四宮。我的家庭不曾支持我的創作與藝術才華，但我最要好的朋友是個藝術家。她對情感的表現熱情激烈，但我覺得她這樣的表現並不穩定。順便一提，我的

原註三 朱力葉斯・法米庫司・馬特奴斯（Julius FirmicusMaternus）為古典占星家，本句摘自《數學第八冊》（*MatheseosLibri VIII*）。

火星在十一宮。

琳恩：有趣的是，朋友正好豐富你缺乏的部分。火星比較刺激，甚至可能變成競爭，你們之間競爭激烈嗎？

火星入十一宮

學生：我通常會被她鼓舞，我們經常一起畫畫。

琳恩：十一宮的宮頭起始於牡羊座，等同火星落於此處，可能會吸引富有挑戰意味的關係。對方將激勵我們踏上冒險的旅程，或迫使我們為自己挺身而出。朋友之間經常相互刺激，而不是直接的競爭，是種強烈的激勵感，甚至像是效仿。這讓人聯想到接力賽跑，前一個人交棒給下一個人，這種結合群體的努力超越了個人所能完成的。但當這種競爭心態被激發時，我們需要有所察覺，否則可能瓦解關係。你覺得呢？

學生：對我來說，友誼結束是一件稀鬆平常的事情。我有很多八宮與冥王星特質強烈的朋友。

學生：在比對朋友的星盤時，你經常看到一個人的太陽或月亮落在另一個人的十一宮嗎？

琳恩：古典占星裡，當合盤中出現這樣的配置時，很可能會發現雙方有場浪漫的邂逅。我有兩張四十多歲男性的星盤，米歇爾與尚恩從小就是朋友，米歇爾的月亮獅子座緊密地合相尚恩的太陽，兩人的冥王星也同時合相（由於他倆年紀相仿，故外行星位置接近）。這種太陽與月亮的連結真是一拍即合，就像你不會想丟掉一雙完美的鞋。尚恩是個優秀的學生，因為失怙而與米歇爾纖細且精通文學的父親十分親近。米歇爾的父親曾經稱讚米歇爾，認為他與尚恩的友誼是他最大的長處，但這不是真正的讚美，因為米歇爾不像姊妹們天賦異稟，在課業上必須很努力，因此對於尚恩的聰明有些崇拜。

成年後，尚恩移居海外，感覺和米歇爾不再有太多話好說，當時米歇爾的工作與感情都陷入瓶頸。之後由於孩子的關係，他倆再度有交集，因為兩人都很重視為人父的角色。占星學認為，太陽在關係中占有重要地位，這例子就是個證明；而冥王星的出現則解釋了為何其中一人扮演支配的角色。他倆的十一宮宮頭都起始於火象星座，加上兩人的月亮在火象星座和太陽在固定星座，他們都很珍視友誼，一直對這段理想中的友誼加諸重要的意涵。米歇爾的金星合相太陽（上升與十一宮的守護星）在一宮的天蠍座裡，暗示他的自我意識來自於建立友誼的能力。

若從「守護靈」的觀點來看，米歇爾幫助尚恩與自己的父親連結。巧合的是，這段友誼正是在米歇爾父親過世時開始疏離。兩人早年都喜愛旅行，也都與外籍女性邁入婚姻，但尚恩擁有新的國籍，米歇爾卻留在原本的社區，並與母親同住。尚恩的十一宮宮頭在射手座，因此他必須在友誼裡挖掘，如今他將自身的異國經驗帶入這段關係中。至於米歇爾，他偶爾會提到想離開法國，也許有一天他真的會這麼做，也不會令人感到意外。我們與朋友常隨著時光流逝而漸行漸遠，之後卻因不期而遇熱絡了起來。

十一宮的宮頭星座與落於此處的行星，描述著你從友誼中想要獲取何種能量。茱莉的月亮、金星在十一宮，意味著她可能需要經由自由選擇，才能得到真正的親密感。有段時間，她對家族以外的成員比較能夠表達出愛的能力，因此加入社區生活。十一宮具有創造的特質，另一位學員在群體中發現一種新的親密模式，她對友誼的研究，可能是與自由和親密界線的定義有關。

我們試著詮釋十一宮，但重要的是記得探索合盤中呈現的意涵，任何關係的合盤都能提供令人滿意的「收獲」，包括友誼在內。如同某人的土星在七宮，便會在伴侶關係中經歷土星的因素，而土星落入十一宮的人會在友誼中探索土星。有些人覺得土星的重要性大於其他行星，但仍需要參考整個星盤。

集體意識的推手

琳恩：十一宮在經典古籍裡通常也代表財富，但馬特爾努斯【譯註二】認為這個宮位能夠影響眾人，一個人的生命能夠觸動其他人的生命。我常常會用這種角度來思考安妮．法蘭克（Anne Frank）【譯註三】的星盤，她的北交點合相木星落入十一宮金牛座，太陽、水星位於雙子座，我們可以如何理解？

學生：她成為猶太群體的「代言人」。透過她的日記，整個世界才了解什麼不見了。

琳恩：非常好的觀點。

學生：整體來說，她幾乎未曾獲得人性中正面的待遇！

琳恩：儘管命運充滿悲劇與苦難，她在日記中卻透露出對人性的樂觀態度，處處可見文字裡懷抱著希望的力量。十一宮裡的一部分會超越我們實質的形體，超越個人的意圖，甚至超越生命本身的界限。位於十一宮的行星能夠觸及到集體意識且傳播訊息，例如尼爾・阿姆斯壯（Neil Armstrong）的天王星就在十一宮，他踏出了「人類的一大步」。莫扎特（Mozart）的海王星在十一宮，對分五宮裡的太陽、土星、水星，是個天才兒童並得到社會上的寵愛。他非常有才華，但當代人並不喜歡他成年後的作品。海王星象徵著外界沒有反應，或是大眾對他的失望，他在遭受共濟會的拒絕之後，才寫下《魔笛》這部偉大作品。他的影響力在他死後持續透過音樂發酵，這也是海王星的力量。

十一宮擁有能夠觸及未來的面向，也能喚醒集體靈魂的某些意識。文森・梵谷在世時並沒有朋友，他的冥王星、天王星、土星都落在十一宮，因為人們非常害怕他，所以他一度被迫遷居，但他的作品及生命故事卻在後世感動無數人。但有個完全相反的例子，伍迪・艾倫（Woody Allen）

譯註二　古羅馬基督教作家與占星家。

譯註三　一九二九年出生於德國法蘭克福，十五歲時死於伯根-貝爾森集中營（Bergen-Belsen concentration camp），是最受後人關注的猶太人大屠殺中的受害者之一。她的日記成為第二次世界大戰期間納粹德國消滅猶太人的見證，亦為全世界發行量最大的圖書之一。

【譯註四】的冥王星在十一宮，他能以自身的性事與背叛經驗攪動集體意識裡的一池春水。

霍華．薩司波塔斯（Howard Sasportas）在著作《占星十二宮位研究》（*The Twelve House*）如此描述十一宮：「我們的心靈，不僅與我們親密的人產生連結，也與全人類的心靈產生連結。」友誼是我們踏出族群與生物認同的第一步，以開放的心向外擴展自我，建立初次集體感受的經驗。在十一宮裡，我們會回饋，這種回饋並非想要膨脹自我，而是像呼吸那般自然。我們會意識到自己變得更龐大、更立體、更加與世界接軌。強勢的十一宮行星可以延伸我們的脈絡，串連起時間與空間，透過意識的隔網連結其他個體。所以整體來說，十一宮也與我們及社會、人道的關係有連結。我們跳脫純粹的個人，進入更為廣闊的世界。

學生：是否可以談談落在這裡的月亮交點，特別是南交點，它指的是自我否定嗎？

琳恩：月亮交點落在此，你必須打開你的心胸，接受矛盾的議論。北交點在五宮要求你專注在個人的表達上，而非尋求伴侶關係，你得吸取生命經驗並融入自己的創作，而不是去理會別人正在做什麼。南交點在十一宮，暗示一種對群體心智特別的敏銳度，容易與他人連結。你可能無需努力於尋求歸屬感。南交點也帶來許多禮物，但是當北交點沒有辦法好好發展時，這些禮物就會成為問題。

學生：因此，在五宮裡，我們給予是基於我們必須表達；在十一宮裡，我們則以無私的方式奉獻。

整體系統裡的一份子

琳恩：在十一宮，我們開始消彌與他人不同的個人意識，最後與他人連結。薩司波塔斯所說的成為「整體系統裡的一份子」，佛教徒稱之為「相即相入」（inter-being），亦即萬事萬物皆形構我們的存在，互融無礙的意識。我有過一次這樣的美好經驗。我當時搬入一個有小庭園的屋子，與許多住家緊鄰而居。那時，小庭院裡空無一物，我便在心中想像花團錦簇的畫面，之後更從常逛的花店裡，採買大量的花草來綠化庭院。

不過一開始人們對我這行為有些意見，因為法國的本土意識頗為強烈。一個大部分時間都在喝酒，過著基層生活的臭臉水管工開始感到不悅，他說：「在一九四〇年代，德國人入侵法國，現在美國人卻用院子裡的花草來占領我們的土地！」他大概比較喜歡德國人，但幸好他即將退休，於是將他的土地賣給我那喜歡花花草草的鄰居。這個鄰居和我在頭一年裡種了很多植物，當其他人也發現這麼做確實改善環境後，便加入栽種。長期以來，住在那裡的人從未將植物搬出家門、創造一個花園。但到了第三年的夏天，這個自然而然的集體意識過程開始轉變成實質的回報，造景過程已全然地將景色改觀。一開始他們會說：「你能擁有這一切真是太好了。」但我更希望與大家分享，這

譯註四　美國電影導演、編劇、演員、喜劇演員、作家、音樂家與劇作家。其獨具風格的電影，範疇橫跨戲劇、脫線性喜劇，是當今美國最受尊敬的導演之一。

才是最令人開心的地方。人們聚集在這裡，共同創造了錦簇花壇，同時豐富了社區意識及溫馨的感覺。

學生：你怎麼界定受人照料的關係？這些人並不是自願選擇住在一起，而是被迫如此。

琳恩：收容機構的照料一般屬於十二宮。如果只是分享空間，例如室友或養子女之間的關係，大概是第三宮，除非結合了群體意識。我的鄰居屬於三宮的鄰近關係，但我們投注群體的能量之後，庭園變成一種十一宮的經驗。

十一宮為我們帶來連結的經驗。十一宮呼應水瓶座的基本意涵，讓我們在群體中沒有失去自我的恐懼，願意付出而沒有被掠奪的感覺。我搭乘「歐洲之星」列車來這裡時，原本想在車上做點事，但坐在我身旁的男士用手機打了很多通電話後，接著拿出一台錄音機開始說道：「第二階段的報價是一百五十萬，底層三十英畝。」他把我的苦笑視為友善，於是我們開始交談，十一宮的主題開始源源湧出。他提到自己如何應付推銷員：「不管你是做什麼的，你必須撥出時間給其他人，所以如果一個推銷員打電話向我推銷影印機，我會停下手邊的事，然後回答：『我不需要，但我真的感謝你打電話來，非常謝謝你，請隨時再打來。』」

學生：他的雙魚座是不是在十一宮？

琳恩：我不會這麼想。他是一位三十多歲的成功生意人。他說：「如果你做的一切只為了自己的人生，而沒有回饋給其他人，那有什麼意義？」。我問起他的出生資料，結果他有五顆星在十一宮，我們交談裡的每件事都與如何回饋有關，或是如何與他人連結。正是這段受益良多的相遇，激發了我對這次研討會的想法。

十一宮不是只關乎友誼，這個宮位顯示出朋友與我們、我們存在意義的連結方式，且呈現出我們的內在特質及潛能。希臘人相信，當你協助他人完成天命時，你就扮演起他人的「守護靈」，無論此舉是有意或無意，無論恩惠是兩肋插刀或舉手之勞，你都成為此人命運前進的推手。我們會一直相互摩擦，透過言語或行為產生火花，激勵彼此前進。有時這種摩擦的範圍相當廣闊，讓我們啟開各種的可能，讓人類成就最好的自己，這就是十一宮的意涵。

雖然我還有很多話想說，但讓我們在此告一段落。謝謝各位。

【附錄一】

基礎占星關鍵字詞

行星

行星	符號	關鍵字詞
太陽	☉	生命的力量、追求的事情、成就、自我的尋找、父親特質、自我的認識
月亮	☽	情緒、需求、照顧、每天生活、與伴侶的關係、母親特質、童年生活
水星	☿	聽、説、讀、寫、學習、自我表達、思考、移動、交易、交流、兄弟姊妹
金星	♀	戀愛、生產、衡量價值、賦予價值、人際關係、美化、女性特質
火星	♂	保護、生氣、競爭、攻擊、性愛、男性特質
木星	♃	擴張、相信、法律、信仰、宗教、冒險、高等教育、長途旅行
土星	♄	壓抑、限制、責任、架構、長輩、權威
天王星	♅	科技、分離、獨立、革命、改變自我、改變性的事件

海王星	♆	犧牲、上癮、慈悲、幻覺、影像、理想化
冥王星	♇	隱藏的、掌握的、控制的、深層結合的、需要挖掘的、擁有巨大影響力的
凱龍星	⚷	傷痛的、虛弱的、被傷害的、被遺棄的、治療的、教導的
北月交	☊	成長的、吸取經驗的、學習的、吸引力
南月交	☋	熟悉的、擅長的、釋放的、作用力

星座賦予的特質

星座	符號	元素	屬性	陰陽性	守護星	特質
牡羊座	♈	火	開創	陽	火星	自我，行動力，領先，創造，迅速的，直接，挑戰
金牛座	♉	土	固定	陰	金星	物質，擁有，感官，實際的，美感的，慢速的
雙子座	♊	風	變動	陽	水星	學習、交流、分享，善變，敏捷，調整，溝通

巨蟹座	♋	水	開創	陰	月亮	養育，保護，母性的，家庭，情緒，歸屬感
獅子座	♌	火	固定	陽	太陽	創造，娛樂，自我展現，眾人矚目，表演，表達
處女座	♍	土	變動	陰	水星	檢查，維護，健康，分析，精確，務實，規律
天秤座	♎	風	開創	陽	金星	對等，互動，公平，交換，優雅，客觀，理智
天蠍座	♏	水	固定	陰	火星、冥王星	生存，危機，深刻，結合，隱藏，恐懼
射手座	♐	火	變動	陽	木星	自由，探索，思考，智慧，遠大，幻想，冒險
摩羯座	♑	土	開創	陰	土星	秩序，務實，觀察，限制，經驗，保守，結構
水瓶座	♒	風	固定	陽	土星、天王星	改革，理想，理性，人道主義，獨特，先知
雙魚座	♓	水	變動	陰	木星、海王星	博愛，犧牲，同情心，慈悲，迷途，鄉愁，孤獨

宮位掌管的生活領域

宮位	掌管的生活領域
第一宮（上升點、上升星座）	自我、他人如何看自己、給他人的第一印象、個性特質、自我的潛力
第二宮	財務、財運、價值觀、自我價值、有形且實際可以觸摸到的物質或資源、才能
第三宮	兄弟姊妹、溝通、思考、短期旅遊、交通、基礎教育、傳播與分享
第四宮（天底）	父母（傳統概念認為是父親）、房屋、土地、家族背景、過去的歷史與根源、歸屬感
第五宮	創造力、創意、潛能、目標、戀愛、興趣、嗜好、娛樂、遊戲
第六宮	每日例行的工作、儀式、工作的環境、服務、僕人、健康、寵物
第七宮（下降點）	婚姻、伴侶、與他人的關係、合夥人、公開的敵人
第八宮	他人的資源、繼承遺產、保險、稅務、基金、合夥、親密關係、危機、恐懼、死亡
第九宮	信念、世界觀、高等教育、哲學思想、宗教、國外旅遊與文化、成長、生命的意義
第十宮（天頂）	父母（傳統概念認為是母親）、權威、成就、受到尊敬的方式、與權威之間的關係、事業
第十一宮	群體、朋友、社群
第十二宮	隱藏的、神祕的、奉獻與犧牲的領域、集體無意識的領域

相位

相位名稱	符號	度數	容許度	對應數字、對應星座	基礎意涵
合相 conj Conjunction	☌	0	8	1 牡羊	結合、一體、交互影響
對分相 opp Opposition	☍	180	8	2 天秤	二元、投射到他人身上、衝突、對立、合作、結合、伴侶關係
三分相 tri Trine	△	120	8	3 獅子 射手	特質相似的、協調的、能夠產生和諧共鳴的、完整、接受的、輕鬆簡單的
四分相 squ Square	□	90	8	4 巨蟹 摩羯	挑戰的、困難的、壓力的（內心或外在）、無法兩全的
六分相 sex Sextile	⚹	60	4	6 水瓶 雙子	學習的、溝通的、活潑互動的、友誼的
半六分相 (ssx) Semi-sextile	⚺	30	2	12 金牛 雙魚	刺激的、不舒服的、無法掌握的、無法了解的、難以互動的
十二分之五相 (qcx) Quincunx	⚻	150	2	12 處女 天蠍	刺激的、不斷調節的、感到罪惡、焦慮不安、無法清楚意識的心理與身體上的不適應
半四分相 (ssq) Semi-square	∠	45	2	8 雙子 水瓶	艱辛、小衝突、加倍努力的付出、狹隘
八分之三相 (ses) sesquiquadrate	⚼	135	2	8 獅子 射手	艱辛、小衝突、加倍努力的付出、狹隘

【附錄二】

參考書目

- Ancelin Schuetzenberger, Anne, *Aie, mes aieux!*, Desclee de Brouwer/La Meridienne, Paris, 1993-1999.
- Boszormenyi-Nagi, Ivan, and Spark, G. M., *Invisible Loyalties*, Harper & Row, New York, 1973
- Bowen, Murray, *Family Therapy in Clinical Practice*, Jason Aronson, New York, 1978.
- Ebertin, Reinhold, *The Combination of Stellar Influence*, Ebertin-Verlag, 1960.
- Graves, Robert, *The Greek Myths*, Penguin, London, 1992.
- Green, Liz, *The Astrology of Fate*, Harpercollins, London, 1985.
- Green, Liz and Sasportas, Howard, *The Development of the personality*, Samuel Weiser Inc, York Beach, ME, 1987.
- Haley, Jay and Hoffman, Lynn, *Techniques of Family Therapy*, Basic Books, New York, 1967.
- Hellman, Lillian, *An Unfinished Woman: A Memoir*, Little, Brown, Boston, 1969.
- Kerenyi, C., *The Gods of the Greeks*, Tames & Hudson, London, 1982.
- Lener, Harriet Goldhor, *The Dance of Intimacy*, Harper & Row, New York, 1989.

- Lindbergh, Anne Morrow, *Gift From the Sea*, Vintage Books, New York 1991.
- McGoldrick, Monica and Gerson, Randy, *Genograms in Family Assessment*, W. W. Norton, New York, 1985.
- Rodden, Lois, *AstroData II*, AFA, 1988.
- Rodden, Lois, *Profiles of Women*, AFA, 1979.
- Satir, Virginia, *People Making*, Science and Behaviour Books, USA, 1972.
- Selvini, Mara, *Family Games*, Karnac Books, London, 1989.
- Sharman-Burke, Juliet, *The Family Inheritance*, CPA Press, London, 1996.
- Smiley, Jane, *A Thousand Acres*, Ballantine Books, New York, 1991.
- Sullivan, Erin, *Dynasty: The Astrology of Family Dynamics*, Penguin Arkana, London 1996.
- Toman, Walter, *Family Constellation*, Springer, New York, 1976.
- Whitaker, Carl A., *Dancing With the Family*, Brunner/Mazel, New York, 1988.
- Wolfe, Thomas, You Can't Go Home Again, HarperCollins, 1988.
- Aristotle, *Les Grands Livres d'Ethiques, trad*. Catherine Dalimier Arlea, Paris, 1995
- Bank, Stephen P. and Kahn, Michael D., *The Sibling Bond*, Basic Books, New York, 1997
- Calvini, Italo, *Italian Folk Tales*, Harcourt Brace Jovanovich, 1980

- Clark Brian, *The Sibling Constellation: The Astrology and Psychology of Sisters and Brothers*, Arkana, London, 1999
- Costello, Darby, *The Astrological Moon*, CPA Press, London 1966
- Edel, Leon, *Henry James: A life*, Lippincott, Philadelphia:
- Vol 1: *The Untried Years*, 1843-1870(pub. 1953)
- Vol 2: *The Conquest of London*, 1870-1882(pub.1962)
- Vol 3: *The Middle Years*, 1882-1895(pub.1962)
- Vol 4: *The Treacherous Years*, 1895-1901(pub. 1965)
- Vol 5: *The Master*, 1901-1916(pub.1972)
- Elniski, James, "Finding One's Twin", *Twins, Parabola*, Vol. XIX, May 1994, Number 2
- Firmicus Maternus, *Julius Matheseos Libri VIII*, Trans. Jean Rhys Bram, Ascella Publications, Mansfield, UK, 1995
- Hand, Robert, *Horoscope Symbols*, Schiffer Publishing Ltd, 1987
- Hillman, James, *The Soul's Code*, Bantam Books, London, 1997
- James, Henry, Autobiography, ed. Frederick W. Dupree, Criterion, New York, 1956
- Kenzaburo, *A Healing Family*, trans. Stephen Snyder, Kodansha International, 1996
- L'Amitié, Les Editions Autrement, Nr 17, Paris, fevrier 1995, especially Jacqueline Lagrée , "L'homme,

un loup ou un dieu pour l'homme?" p116-134

- Lazard, Madeleine, *Michel de Montaigne*, Fayard, Paris, 1992
- Mellow, James R. Hemingway, *A Life Without Consequences*, Perseus Press 1994
- Montaigne, Michel *de, Essais*, Edition Thibaudet-Rat, Paris, Gallimard, coll. Bibliotheque de la Pleiade, 1967
- Rodden, Lois, *AstroData II*, AFA, 1988
- Rodden, Lois, *Profiles of Women*, AFA, 1978
- Roskill, Mark, ed., *The Letters of Van Gogh*, Fontana/Collins, London, 1963
- Sasportas, Howard, *The Twelve Houses*, The Aquarian Press, Wellingborough, 1985
- Wineapple, Brenda, *Sister Brother*, Bloomsbury Press, London, 1997
- Yeats, W. B., *Selected Poetry*, ed. Norman Jeffers, Pan Books Ltd., London, 1974
- Zazzo, René, Le Paradoxe des Jumeaux, Editions Stock, Paris, 1984

當下，繁花盛開

作者—喬・卡巴金
譯者—雷叔雲　定價—300元

心性習於自動運作，常忽略要真切地去生活、成長、感受、去愛、學習。本書標出每個人生命中培育正念的簡要路徑，對想重拾生命瞬息豐盛的人士，深具參考價值。

有求必應

【22個吸引力法則】
作者—伊絲特與傑瑞・希克斯夫婦
譯者—鄧伯宸　定價—320元

想要如願以償的人生，關鍵就在於專注所願。本書將喚醒你當下所具備的強大能量，並帶領讀者：把自己的頻道調和到一心所求之處；善用吸引力心法，讓你成爲自己人生的創造者。

超越身體的療癒

作者—勞瑞・杜西
譯者—吳佳綺　定價—380元

意義如何影響心靈與健康？心識是否能超越大腦、時間與空間的限制，獨立運作？勞瑞・杜西醫師以實例與研究報告，爲科學與靈性的對話打開一扇窗。

不可思議的直覺力

【超感知覺檔案】
作者—伊麗莎白・羅伊・梅爾
譯者—李淑珺　定價—400元

知名精神分析師梅爾博士，耗費14年探究超感官知覺（ESP），從佛洛伊德有關心電感應的著作，到中情局關於遙視現象的祕密實驗。作者向我們揭露了一個豐富、奇幻的世界。

占星、心理學與四元素

【占星諮商的能量途徑】
作者—史蒂芬・阿若優
譯者—胡因夢　定價—260元

當代美國心理占星學大師阿若優劃時代的著作！本書第一部分以嶄新形式詮釋占星與心理學。第二部分透過風、火、水、土四元素的能量途徑，來探索本命盤所呈現的素樸秩序。

占星・業力與轉化

【從星盤看你今生的成長功課】
作者—史蒂芬・阿若優
譯者—胡因夢　定價—480元

富有洞見而又深具原創性的本書結合了人本占星學、榮格心理學及東方哲學，能幫助我們運用占星學來達成靈性與心理上的成長。凡是對自我認識與靈性議題有興趣的讀者，一定能從本書中獲得中肯的觀察。

心靈寫作

【創造你的異想世界】
作者—娜妲莉・高柏
譯者—韓良憶　定價—300元

在紙與筆之間，寫作猶如修行坐禪
讓心中的迴旋之歌自然流唱
尋獲馴服自己與釋放心靈的方法

狂野寫作

【進入書寫的心靈荒原】
作者—娜妲莉・高柏
譯者—詹美涓　定價—300元

寫作練習可以帶你回到心靈的荒野，看見內在廣闊的蒼穹。撞見荒野心靈、與自己相遇，會讓我們看到真正的自己，意識與心靈不再各行其是，將要成爲完整的個體。

傾聽身體之歌

【舞蹈治療的發展與內涵】
作者—李宗芹　定價—280元

全書從舞蹈治療的發展緣起開始，進而介紹各種不同的治療取向，再到臨床治療實務運作方法，是國內第一本最完整的舞蹈治療權威書籍。

非常愛跳舞

【創造性舞蹈的新體驗】
作者—李宗芹　定價—220元

讓身體從累贅的衣服中解脫，用舞蹈表達自己內在的生命，身體動作的力量遠勝於人的意念，創造性舞蹈的精神即是如此。

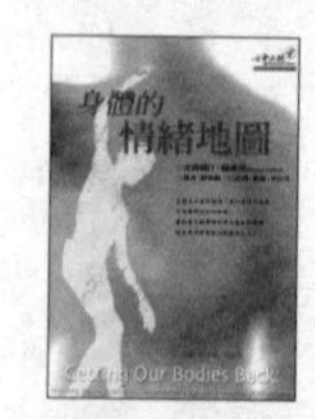

身體的情緒地圖

作者—克莉絲汀・寇威爾
譯者—廖和敏　定價—240元

身體是心靈的鑰匙，找回身體的感覺，就能解開情緒的枷鎖，釋放情感，重新尋回健康自在。作者是資深舞蹈治療師，自1976年來，運用獨創的「動態之輪」，治癒了無數身陷情緒泥淖的人。

敲醒心靈的能量

【迅速平衡情緒的思維場療法】
作者—羅傑・卡拉漢、理查・特魯波
譯者—林國光　定價—320元

在全世界，思維場療法已經證明對75%至80%的病人的身心產生恆久的療效，成功率是傳統心理治療方法的許多倍。透過本書，希望讀者也能迅速改善情緒，過著更平衡的人生。

探索身體，追求智性，呼喊靈性，
攀向更高遠的意義與價值
是幸福，是恩典，更是內在心靈的基本需求，
企求穿越回歸眞我的旅程

Holistic

綠野仙蹤與心靈療癒
【從沙遊療法看歐茲國的智慧】
作者一吉妲・桃樂絲・莫瑞那
譯者一朱惠英、江麗美　定價一280元

心理治療師吉妲・桃樂絲・莫瑞那從童話故事《綠野仙蹤》中的隱喻出發，藉由故事及角色原型，深入探索通往人們心理的療癒之路。本書作者莫瑞那是《綠野仙蹤》原作者李曼・法蘭克・包姆的曾孫女，她爲紀念曾祖父贈與這世界的文學大禮，特地於此書中詳載《綠野仙蹤》的創作背景、家族故事及影響。

覺醒風
【東方與西方的心靈交會】
作者一約翰・威爾伍德
譯者一鄧伯宸　定價一450元

東方的禪修傳統要如何與西方的心理治療共冶一爐，帶來新的覺醒？資深心理治療師約翰・威爾伍德提供了獨到的見解，同時解答了下列問題：東方的靈性修行在心理健康方面，能夠帶給人什麼樣的啓發？追求靈性的了悟對個人的自我會帶來什麼挑戰，並因而產生哪些問題？人際關係、親密關係、愛與情欲如何成爲人的轉化之鑰？

教瑜伽・學瑜伽
【我們在這裡相遇】
作者一多娜・法喜
譯者一余麗娜　定價一250元

本書作者是當今最受歡迎的瑜伽老師之一，她以二十五年教學經驗，告訴你如何找對老師，如何當個好老師，如何讓瑜伽成爲幫助生命轉化的練習。

瑜伽之樹
作者一艾揚格
譯者一余麗娜　定價一250元

艾揚格是當代重量級的瑜伽大師，全球弟子無數。本書是他在歐洲各國的演講結集，從瑜伽在日常生活中的實際運用，到對應身心靈的哲理沉思，向世人傳授這門學問的全貌及精華。

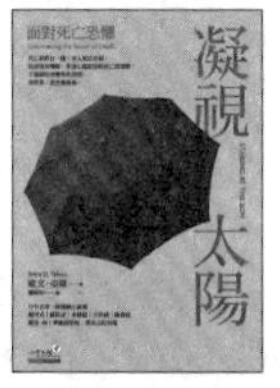

凝視太陽
【面對死亡恐懼】
作者一歐文・亞隆
譯者一廖婉如　定價一320元

你曾面對過死亡嗎？你是害怕死亡，還是怨恨沒有好好活著？請跟著當代存在精神醫學大師歐文?亞隆，一同探索關於死亡的各種疑問，及其伴隨的存在焦慮。

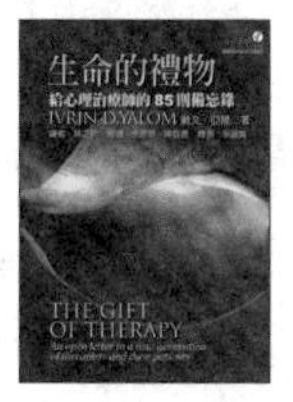

生命的禮物
【給心理治療師的85則備忘錄】
作者一歐文・亞隆
譯者一易之新　定價一350元

當代造詣最深的心理治療思想家亞隆認爲治療是生命的禮物。他喜歡把自己和病人看成「旅程中的同伴」，要攜手體驗愉快的人生，也要經驗人生的黑暗，才能找到心靈回家之路。

日漸親近
【心理治療師與作家的交流筆記】
作者一歐文・亞隆、金妮・艾肯
審閱一陳登義　譯者一魯宓　定價一320元

本書是心理治療大師歐文・亞隆與他的個案金妮共同創作的治療文學，過程中兩人互相瞭解、深入探觸，彼此的坦承交流，構築出這部難能可貴的書信體心理治療小說。

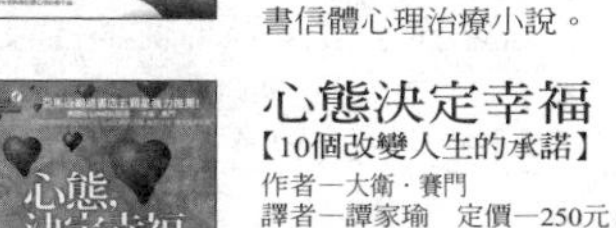

心態決定幸福
【10個改變人生的承諾】
作者一大衛・賽門
譯者一譚家瑜　定價一250元

「改變」爲何如此艱難？賽門直指核心地闡明人有「選擇」的能力，當你承認你的「現實」是某種選擇性的觀察、解讀、認知行爲製造的產物，便有機會意志清醒地開創自己的人生。

Holistic 087

家族占星

Planetary Threads: Patterns of Relating Among Family and Friends

作者—琳恩．貝兒（Lynn Bell）

譯者—魯道夫、陳燕慧

出版者—心靈工坊文化事業股份有限公司
發行人—王浩威　總編輯—王桂花
主編—周旻君　執行編輯—林依秀、黃心宜　內頁編排—李宜芝
通訊地址—10684台北市大安區信義路四段53巷8號2樓
郵政劃撥—19546215　戶名—心靈工坊文化事業股份有限公司
電話—02）2702-9186　傳真—02）2702-9286
Email—service@psygarden.com.tw　網址—www.psygarden.com.tw

製版印刷—漾格科技股份有限公司
總經銷—大和書報圖書股份有限公司
電話—02）8990-2588　傳真—02）2290-1658
通訊地址—248新北市五股工業區五工五路二號
初版一刷—2013年12月　初版二刷—2021年1月
ISBN—978-986-6112-55-3　定價—580元

國家圖書館出版品預行編目資料

家族占星／琳恩．貝兒（Lynn Bell）著；魯道夫、陳燕慧譯. -- 初版. -- 臺北市：心靈工坊文化，2013.12
面；公分.--（Holistic；87）
譯自：Planetary threads : patterns of relating among family and friends

ISBN 978-986-6112-55-3（平裝）

1.占星術　2.人際關係

292.22　　101018028

心靈工坊 PsyGarden 書香家族 讀友卡

感謝您購買心靈工坊的叢書，爲了加強對您的服務，請您詳填本卡，
直接投入郵筒（免貼郵票）或傳眞，我們會珍視您的意見，
並提供您最新的活動訊息，共同以書會友，追求身心靈的創意與成長。

書系編號－HO087　　書名－家族占星

姓名　　是否已加入書香家族？ □是 □現在加入

電話（公司）　　（住家）　　手機

E-mail　　生日　年　月　日

地址 □□□

服務機構／就讀學校　　職稱

您的性別－□1.女 □2.男 □3.其他

婚姻狀況－□1.未婚 □2.已婚 □3.離婚 □4.不婚 □5.同志 □6.喪偶 □7.分居

請問您如何得知這本書？
□1.書店 □2.報章雜誌 □3.廣播電視 □4.親友推介 □5.心靈工坊書訊
□6.廣告DM □7.心靈工坊網站 □8.其他網路媒體 □9.其他

您購買本書的方式？
□1.書店 □2.劃撥郵購 □3.團體訂購 □4.網路訂購 □5.其他

您對本書的意見？

封面設計	□ 1.須再改進	□ 2.尚可	□ 3.滿意	□ 4.非常滿意
版面編排	□ 1.須再改進	□ 2.尚可	□ 3.滿意	□ 4.非常滿意
內容	□ 1.須再改進	□ 2.尚可	□ 3.滿意	□ 4.非常滿意
文筆／翻譯	□ 1.須再改進	□ 2.尚可	□ 3.滿意	□ 4.非常滿意
價格	□ 1.須再改進	□ 2.尚可	□ 3.滿意	□ 4.非常滿意

您對我們有何建議？

▲您的意見，我們將轉貼在心靈工坊網站上，www.psygarden.com.tw

廣　告　回　信
台北郵局登記證
台北廣字第1143號
免　貼　郵　票

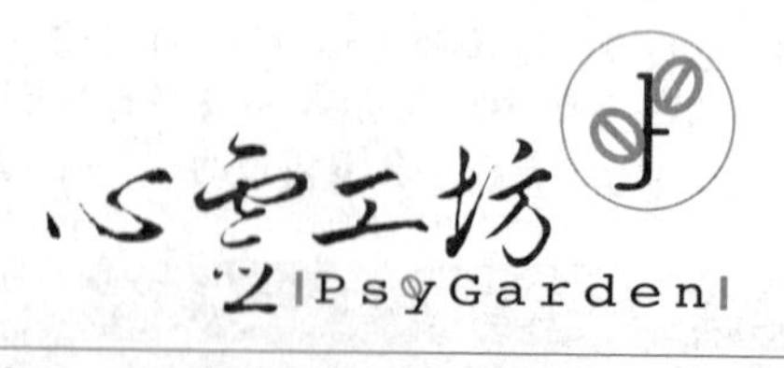

台北市106 信義路四段53巷8號2樓

讀者服務組　收

（對折線）

加入心靈工坊書香家族會員
共享知識的盛宴，成長的喜悅

請寄回這張回函卡（免貼郵票），
您就成爲心靈工坊的書香家族會員，您將可以——

⊙隨時收到新書出版和活動訊息

⊙獲得各項回饋和優惠方案